新能源项目
案例解读与风控指南

司军艳　李　军◎主编

U0914150

中国电力出版社
CHINA ELECTRIC POWER PRESS

内容提要

《中华人民共和国民法典》自2021年1月1日正式施行，最高院也陆续对一系列司法解释进行修订和整理，以配套《民法典》的适用，作为我国新时代社会主义法治建设的重大成果。本书基于《民法典》这一重要立法背景，从法律法规及司法实践出发，深入分析了目前新能源行业在“碳达峰”“碳中和”的背景下面临的种种常见争议及法律风控要点，通过精心筛选、解读新能源领域典型案例，并结合新能源项目特征提出了有效的法律风控建议。本书分为新能源之风电篇、新能源之光伏篇、新能源之综合能源篇、新能源融资与并购篇、《民法典》及其他风控理论篇5章，每章包含典型案例分析、重点法律法规解读、法律风控要点提示及实务建议等部分，内容丰富，涵盖面广，旨在研究当前亟待解决的新能源企业法律风控热点问题，进而有针对性地为相关企业提供专业法律建议。本书为新能源项目风控指南系列之案例解读篇，鉴于新能源政策复杂多变，本书观点具有一定时效性，后续将会编著融资并购等新能源风控主题系列书。

本书可作为高等院校能源法学课程及相关专业附属教材，也可作为新能源项目投融资和工程建设从业者的法律实务参考书。

图书在版编目（CIP）数据

新能源项目案例解读与风控指南 / 司军艳，李军主编．—北京：中国电力出版社，2021.7（2026.2重印）
ISBN 978-7-5198-5733-2

Ⅰ.①新… Ⅱ.①司… ②李… Ⅲ.①新能源－能源工业－项目风险－风险管理－指南 Ⅳ.① F416.2-62

中国版本图书馆 CIP 数据核字（2021）第 120860 号

出版发行：中国电力出版社
地　　址：北京市东城区北京站西街19号（邮政编码100005）
网　　址：http://www.cepp.sgcc.com.cn
责任编辑：冯宁宁（010-63412537）
责任校对：黄　蓓　常燕昆
装帧设计：赵姗姗
责任印制：吴　迪

印　刷：北京天宇星印刷厂
版　次：2021年7月第一版
印　次：2026年2月北京第七次印刷
开　本：787毫米×1092毫米　16开本
印　张：16
字　数：273千字
定　价：56.00元

版权专有　侵权必究

本书如有印装质量问题，我社营销中心负责退换

序

法律的生命在于经验，枯燥刻板的法律条文的字里行间，流淌的是对生活的关照与体验，反映的是社会各种关系的相互作用与内在逻辑。每一个法律条文都蕴含着对特定生活的阅历，都描绘着一种理想的社会关系构造。离开了法律所根植的社会生活，法律便失去了生机与活力，不了解法律所调整的领域，便无法理解法律的逻辑和内涵。

在一般人看来，所有的法律都属于同一个专业，所有的法律人都可以在法律的殿堂里畅行无阻。然而，只有法律人自己才知道，不同领域的法与法之间相隔着多么遥远的距离。其实，隔断它们的并不是法律概念和法律技术，而是对法律所调整的那个领域的了解和体验。比如：一个人对合同法无论多么精通，如果对分布式光伏一无所知，他也不可能起草出一份完善的分布式光伏建设项目的合同；一个人哪怕对知识产权法倒背如流，如果他毫无人工智能方面的知识背景，对一项关于人工智能的技术是否构成对他人相类似专利技术的侵权，他也不可能作出准确判断。

与日常的生活领域不同，电力系统有其非常复杂而特殊的运行方式，即使对于大多数专业的法律人而言，电力法也是一个非常陌生的领域。不仅以电力法为研究对象的专业法律书籍寥若晨星，有关电力法的实务方面的书籍同样屈指可数。在法律人的印象中，电力法也许只是一个极少谋面、关系淡漠的远亲，他操着一口陌生的外地口音，夹杂着一些法律人不大明白的词汇，连正常的沟通都变得有些困难，更不要说经常的往来走动了。

而对于电力行业人员而言，法律不过是一位从远方请来的客人，这个客人总是保持着法律之乡的传统习惯与思维方式，举止呆板，表情严肃，这让他们同样不容易适应。对待这样的客人的态度于是也从最初的殷勤热情逐渐变得冷淡疏远。由此我们看到，电力法那套年久失修的旧宅院，爬山虎早已布满全身，再加上脱落的窗户和开裂的角楼，它似乎越发不适宜居住了。

然而，电力体制改革的成果最终仍需要以法律的形式固定下来，离不开这位本来不应被冷落的客人。目前，随着电力体制改革的推进，颁布于 20 世纪 90 年代的《电力法》越来越不能跟上改革的步伐，目前有关电力方面的规范多以法规规章和政策文件的方式出现，不同效力等级之间的法不可避免地会出现各种冲突与抵牾，需要认真梳理法律适用过程中存在的各种问题。同时，法律人也不应忘记这位远房的亲戚，需要与他恢复长期不通的音讯。随着《民法典》的颁布和一系列配套司法解释的出台，必然会对电力法领域带来重要影响。需要法律人和电力人在此背景下重新处理各种关系的法律适用问题。

本书主编之一司军艳，复旦大学法学院的优秀毕业生，上海电力大学的副教授和大成律师事务所的兼职律师，既是电力系统的堂上客，也是法律领域的娘家人，有资格也有能力完成这样的使命；本书的另一位主编李军先生，在国网工作多年，系电力行业专家；本书可以说正是这种使命下的初步成果。本书的目的并不在于为电力法修葺宅院，但它向不熟悉电力行业的人（也包括法律人）勾勒出了电力问题的基本模样；本书也无意系统介绍《民法典》，然而它清晰展示了《民法典》与电力法之间血脉相连的关系，得以使我们能够在《民法典》的框架和视角下重新审视电力行业所面临的法律问题。

法律不应是一个独立的王国，它是分散的，因而也是无处不在的，每一行业、每一领域都应当为它留有领地。然而，由于某些行业过于复杂的专业性，阻挡了法律人进入这片领地的脚步。我们应当呼吁更多的法律人能关注这些特殊行业内的法律问题，这不仅是行业之幸，也更是社会之幸、国家之幸。

复旦大学法学院　王全弟教授

2021 年 6 月

前言

2020年9月，我国在第七十五届联合国大会一般性辩论上郑重提出碳达峰、碳中和目标。“双碳”目标是党中央作出的重大决策，关系中华民族永续发展和构建人类命运共同体。实现“双碳”目标的过程是一场广泛而深刻的经济社会变革，在能源供给侧要构建多元化清洁能源供应体系，大力发展非化石能源，重点是加大风电、光伏等新能源发电的开发利用，要求电力系统展现更大作为。新能源产业再一次受到高度关注。如何在发展浪潮中找到规避法律风险、推动项目开发的有效措施成为各大能源相关企业现阶段的重要研究课题。

2021年3月15日，在中央财经委员会第九次会议上首次提出构建以新能源为主体的新型电力系统，是“双碳”目标背景下党中央对电力系统发展作出的最新重大决策。构建以新能源为主体的新型电力系统是习近平生态文明思想的最新原创性成果，是我国能源电力发展的根本遵循。实现“双碳”目标时间紧迫、任务艰巨、影响广泛，需要全行业迅速统一思想，形成推动能源电力转型的强大合力。

双碳背景下，我国新能源产业热度快速提升，行业内机会与风险并存，能源相关企业无不“披荆斩棘”以求发展。伴随着新能源产业的发展，国家及地方政策复杂且多变，业内对政策的解读也呈现出多样化的特征。同时，新能源的快速发展导致相关争议逐年增加，法律风险潜伏在新能源项目开发、建设、运营的各个阶段。

在“碳中和”时代，新能源行业已经迎来了前所未有的发展机遇，但与此同时，《关于加快推进可再生能源发电项目补贴项目清单审核工作的通知》（财办建［2020］70号）等新政策、新规定使“抢装潮”加速进入白热化阶段，新能源项目将面临诸多的法律风险。

经过研究和统计，新能源领域风电及光伏项目相关法律争议主要集中在供货合同、工程质量、工期延误等传统工程纠纷，但也常常会涉及一些新能源项目的特有问题，例如：项目开发受阻、组件价格上涨、机械设备供应紧张、并网迟延、新能源补贴不确定、发电量损失等。此外，为了保证项目按时投产，传统的银行贷款融资模式已经无法满足新能源项目的开发及运营需要，相较而言，融资租赁、总包垫资（EPC+F）、股权收购等模式更受开发方青睐，但对投资方来说，也面临着诸如尽职调查不当、项目建设受阻等因素导致融资失败的风险。

在我国新能源市场逐渐成熟的过程中，综合能源项目以分布式能源为落脚点，凭借其在提高能源利用效率、降低用能成本等各方面的优秀表现成为市场的焦点，随着国家一系列“互联网＋”政策的出台，以及一系列多能互补、智慧能源示范项目的落地，综合能源已是“大势所趋”，但在现有标准不明确，法律及监管制度尚不完善的背景下，综合能源项目的开发、建设及运营阶段同样存在诸多法律风控问题亟待解决。

为有效解决上述法律问题，向新能源相关企业提供更为专业、有效的法律风控指南，本书以新能源相关法律法规、相关政策及司法实践为基础进行撰写，包含五个重要篇章，旨在研究当前亟待解决的实务问题，进而有针对性地为相关企业提供专业法律建议。书中收录的案例系从数百个案例中精选产生，大部分为近几年中院及以上层级法院审理的真实案件，部分案例是本书作者律师亲自代理的诉讼案件（为避免负面影响，已对案件当事人信息作模糊和改编处理），精选的案例中法院观点丰富，涵盖面广，参考价值高。需要说明的是，我国判例在法律体系中的地位尚未完全凸显，但随着 2020 年 7 月 27 日最高院发布《关于统一法律适用加强类案检索的指导意见（试行）》，可以预见，判例将在我国司法实践中发挥更大的作用，对以往经典裁判思路的解读将对法律风险防控及解决大有裨益。

考虑到大部分读者系非法学背景，本书第 1～4 章中的案例分析均采用了介绍典型案例、法律分析及风控指南三部论方式展开论证，对于广大读者来说浅显易懂，具有较强的实务引导性。书中对所有判决书中涉及《合同法》及其他民法典生效之前的司法解释部分均进行了新法备注，引导读者对新旧法进行比对。同时，作者在法律分析部分适用《民法典》及系列新司法解释、最高人民法院《全国法院民商事审判工作会议纪要》（法〔2019〕254 号，即《九民纪要》）进行了分析和说理，具有一定时代性和新颖性，期待本书能对新能源企业的风控管理发挥一定作用。

本书由法律专家团队上海电力大学经济与管理学院法学副教授、北京大成（上海）律师事务所兼职律师司军艳、北京大成（上海）律师事务所律师阙子璇、顾丹妮联合国网综合能源服务集团有限公司专家李军、杨颂、丁伟、牛少华、韩豪、胡春雨、刘晨龙、葛雯、聂智等编著。在此，特别致谢在本书编著过程中对案例筛选、法律及政策分析、能源专业问题解答等工作提供了大量帮助的上海电力大学、北京大成（上海）律师事务所、国网综合能源集团有限公司、复旦大学的诸多法学及电力专家。

上海电力大学创建于1951年，多年来以能源电力为特色，聚焦清洁安全发电、智能电网及综合智慧能源管理等多个领域，积极服务于国家能源电力发展战略。学校拥有强大的师资力量和大量上海市精品课程、国家级规划教材及上海市优秀教材、上海市教学团队，培养了大批能源电力行业专业人才，是能源电力特色鲜明的高水平地方大学。

国网综合能源服务集团系综合能源服务产业的龙头企业，积极服务实现碳达峰、碳中和目标，主动适应能源革命和数字革命融合趋势，助力构建以新能源为主体的新型电力系统。自成立以来，集团发挥电网企业的资源优势，积极推动并致力于构建完整的综合能源服务发展体系。

大成上海办公室作为沪上成立最早的一批合伙制律师事务所，其中能源与自然资源业务组汇聚了该领域的精英律师，凭借敏锐的洞察力和专业能力，能够为境内外客户提供全方位的能源领域法律服务；能源与自然资源领域连续多年获得国际知名法律评级机构《钱伯斯》《The Legal 500》等的重点推荐。

限于时间紧迫、水平有限，书中难免有不足之处，恳请业界人士和读者批评指正。

编　者

2021年6月

目 录

第 2 章　新能源之光伏篇

第 3 章　新能源之综合能源篇

第 5 章 《民法典》及其他风控理论篇

《新能源项目案例解读与风控指南》
精选篇章短视频

第1章 新能源之风电篇

“双碳”背景下，新能源产业的快速发展，使得风电项目的设备供应、安装等整体工期更显急迫。本章旨在通过分析风电项目开发、设备买卖、施工建设等实务案例中的争议焦点，提炼法律风控要点，为各相关风电企业提供有效且专业的法律风控指引。

01 未经招投标的新能源项目施工总承包合同效力研究

新能源项目建设过程中，许多项目业主会倾向于选择有既往合作经验，或者因工期紧张直接选定在项目当地有较好施工经验的施工方作为 EPC 总承包方进行电站的总承包施工；或者以为只有国有企业才必须履行招投标确定施工单位，民营企业使用自有资金无需招投标。存在意向合作方的情形下，项目业主可能会不经招投标程序，直接与意向 EPC 方签订施工合同。

在新能源项目建设过程中，未经招投标程序是否对施工合同的效力产生影响？新能源项目是否属于强制招投标的建设工程范畴？民营企业开发、建设新能源项目无需招投标选定施工单位吗？如果因未经招投标导致施工合同效力产生瑕疵，又会对双方当事人权利义务产生哪些影响？

一、典型案例［某电建公司与某项目公司及其股东《建设工程施工合同》纠纷案］

（一）当事人关系图

当事人关系图如图 1-1 所示。

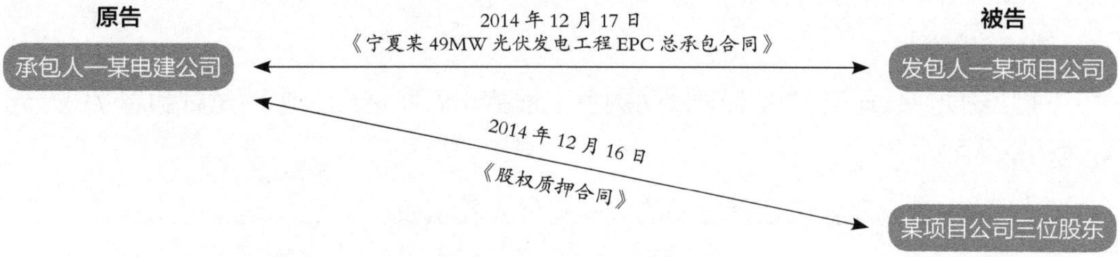

图 1-1　当事人关系图

（二）案件基本事实

该电建公司（作为合同乙方）与该项目公司（作为合同甲方）于 2014 年 12 月 17 日签订了《宁夏某 49MW 光伏发电工程 EPC 总承包合同》，约定由乙方作为 EPC 总承包工程垫资承包建设甲方 49MW 光伏发电工程。该工程分为两期建设，一期项目总装机容量为 20MW，合同固定总价 1.7 亿元；二期项目总装机容量为 29MW，合同暂定总价为 2.2 亿元。

2014 年 12 月 16 日，该项目公司三位股东甲、乙、丙与该电建公司签订了《股权质押合同》，约定项目公司三位自然人股东甲、乙、丙分别以其持有该项目公司的 51%、25% 和 34% 的股权作质押，担保的债权为该电建公司于《宁夏某 49MW 光伏发电工程 EPC 总承包合同》项下应取得的工程款（一期 EPC 合同额为 1.7 亿元，二期合同额约为 2.2 亿元）。随后，各方办理了股权出质登记。

2015 年 6 月 19 日，双方签订补偿协议，约定双方在 2014 年 12 月 16 日签订的合同的基础上，将一期项目总装机容量 20MW 进行调整，增加 1.58MW，增加部分总价约 1100 万元。一期项目总价为 1.81 亿元。

案涉一期项目于 2016 年 6 月 14 日并网发电，并交付项目公司使用。二期因尚未取得建设指标文件，不具备开工条件，尚未进行建设。

工程交付后，经该电建公司多次催要，该项目公司仅就一期项目支付了约 790 万元工程款。后因多次索要工程款无果，该电建公司遂向人民法院起诉该项目公司及该项目公司三位股东，请求判令该项目公司支付剩余工程款，并确认该电建公司就该工程质押的股权享有优先受偿权。

（三）当事人主张

原告该电建公司诉讼请求：

请求法院判令：

（1）该项目公司支付该电建公司剩余工程款 1.731 亿元、逾期付款利息 79 万元及违约金 482 万元。

（2）该电建公司就该工程质押的股权有优先受偿权。

（四）争议焦点

法院认为本案的争议焦点：

（1）涉案总承包合同的效力。

（2）该电建公司就该工程质押的股权是否享有优先受偿权。

（五）法院判决结果

1. 关于涉案总承包合同的效力问题

根据《中华人民共和国招标投标法》第三条[1]、2000 年《工程建设项目招标范围和规模标准规定》（2018 年 3 月 8 日废止）第二条第一项规定：关系社会公共利益、公众安全的基础设施项目的范围包括电力、新能源等能源项目。第七条规定：本规定第二条至第六条规定范围内的各类工程建设项目，包括项目的勘察、设计、施工、监理以及与工程建设有关的重要设备、材料等的采购，达到下列标准之一的，必须进行招标……本案所涉工程系光伏发电建设工程，项目属于必须进行招标的项目，双方当

[1]《中华人民共和国招标投标法（2017 修正）》第三条：在中华人民共和国境内进行下列工程建设项目包括项目的勘察、设计、施工、监理以及与工程建设有关的重要设备、材料等的采购，必须进行招标：（一）大型基础设施、公用事业等关系社会公共利益、公众安全的项目；（二）全部或者部分使用国有资金投资或者国家融资的项目；（三）使用国际组织或者外国政府贷款、援助资金的项目。前款所列项目的具体范围和规模标准，由国务院发展计划部门会同国务院有关部门制订，报国务院批准。法律或者国务院对必须进行招标的其他项目的范围有规定的，依照其规定。

事人未履行法律规定的招标投标程序，违反了法律的强制性规定。根据有关法律及司法解释规定，可以认定涉案总承包合同为无效合同。

2. 关于该电建公司就该工程质押的股权是否享有优先受偿权的问题

《最高人民法院关于适用〈中华人民共和国担保法〉若干问题的解释》第八条规定：主合同无效而导致担保合同无效，担保人无过错的，担保人不承担民事责任；担保人有过错的，担保人承担民事责任的部分，不应超过债务人不能清偿部分的三分之一。

因涉案总承包合同无效，作为从合同的《股权质押合同》应属无效，无效的合同自始不具有法律约束力。因此，该电建公司不享有优先受偿权。该电建公司作为主合同总承包合同的签订一方，明知涉案工程未进行招投标，对主合同及从合同的无效均有过错。项目的三位股东明知涉案工程未进行招投标，而与该电建公司签订《股权质押合同》，亦存在过错。故项目三位股东应在项目公司债务不能清偿部分的三分之一范围内承担赔偿责任。

二、法律分析

（一）关于涉案总承包合同的效力问题

虽然本案判决时有效的《工程建设项目招标范围和规模标准规定》现已废止，但是按照现行有效的《必须招标的基础设施和公用事业项目范围规定》（发改法规规［2018］843 号）第二条[1]、《必须招标的工程项目规定》（国家发展改革委令第 16 号）第五条[2]，电力、新能源等能源基础设施项目仍属于必须招标的工程范畴。如果项目勘察、设计、施工、监理以及与工程建设有关的重要设备、材料等的采购金额达到规定标准的，则必须通过招标的方式签署相应合同，例如施工单项估算金额在 400 万

---

[1]《国家发展改革委关于印发〈必须招标的基础设施和公用事业项目范围规定〉的通知》（发改法规规〔2018〕843 号）第二条：不属于《必须招标的工程项目规定》第二条、第三条规定情形的大型基础设施、公用事业等关系社会公共利益、公众安全的项目，必须招标的具体范围包括：（一）煤炭、石油、天然气、电力、新能源等能源基础设施项目。

[2]《必须招标的工程项目规定》（国家发展和改革委员会令第 16 号）第五条：本规定第二条至第四条规定范围内的项目，其勘察、设计、施工、监理以及与工程建设有关的重要设备、材料等的采购达到下列标准之一的，必须招标：（一）施工单项合同估算价在 400 万元人民币以上；（二）重要设备、材料等货物的采购，单项合同估算价在 200 万元人民币以上；（三）勘察、设计、监理等服务的采购，单项合同估算价在 100 万元人民币以上。同一项目中可以合并进行的勘察、设计、施工、监理以及与工程建设有关的重要设备、材料等的采购，合同估算价合计达到前款规定标准的，必须招标。

元人民币以上，采购单项估算金额在200万元人民币以上的，设计、监理等单项在100万元以上的，无论是民营企业还是国有企业，均需要招投标。

哪些特殊情况下不需要招投标呢？根据《工程建设项目施工招标投标办法》（2013修订）第十二条规定[1]，工程建设项目不需要招投标的情形包括涉及国家安全、国家秘密、抢险救灾或者属于利用扶贫资金实行以工代赈需要使用农民工等特殊情况，不适宜进行招标的；施工主要技术采用不可替代的专利或者专有技术的；已通过招标方式选定的特许经营项目投资人依法能够自行建设的；采购人依法能够自行建设的项目等。

风力发电项目作为新能源项目，与其相关的、达到一定金额的施工合同、采购合同、服务合同等，均属于法定的必须招投标的项目，除符合《工程建设项目施工招标投标办法》（2013修订）第十二条规定的情形外，项目如不进行公开招投标的，相应合同存在被人民法院认定为无效的风险。

本案中，案涉工程系某49MW光伏发电工程，属于“电力、新能源等能源基础设施项目”，且案涉EPC总承包合同总金额高达3.9个亿，不论是按照判决时有效的《工程建设项目招标范围和规模标准规定》，还是按照现行有效的《必须招标的工程项目规定》，本合同金额远超出招标限额标准，且不属于《工程建设项目施工招标投标办法》（2013修订）第十二条规定的情形，因此必须进行招投标。

根据本案判决时有效的《最高人民法院关于审理建设工程施工合同纠纷案件适用法律问题的解释》[2]（法释〔2004〕14号）第一条第三款规定，建设工程必须进行

---

[1]《工程建设项目施工招标投标办法》（2013修订）第十二条：“依法必须进行施工招标的工程建设项目有下列情形之一的，可以不进行施工招标：

（一）涉及国家安全、国家秘密、抢险救灾或者属于利用扶贫资金实行以工代赈需要使用农民工等特殊情况，不适宜进行招标；

（二）施工主要技术采用不可替代的专利或者专有技术；

（三）已通过招标方式选定的特许经营项目投资人依法能够自行建设；

（四）采购人依法能够自行建设；

（五）在建工程追加的附属小型工程或者主体加层工程，原中标人仍具备承包能力，并且其他人承担将影响施工或者功能配套要求；

（六）国家规定的其他情形。”

[2] 现已废止，现行有效的司法解释为《最高人民法院关于审理建设工程施工合同纠纷案件适用法律问题的解释（一）》（法释〔2020〕25号），沿用了原司法解释第一条第三款规定：第一条 建设工程施工合同具有下列情形之一的，应当依据《民法典》第一百五十三条第一款的规定，认定无效：（一）承包人未取得建筑业企业资质或者超越资质等级的；（二）没有资质的实际施工人借用有资质的建筑施工企业名义的；（三）建设工程必须进行招标而未招标或者中标无效的。

招标而未招标的，应当根据《合同法》第五十二条第（五）项的规定，认定无效。2021 年 1 月 1 日起《中华人民共和国民法典》（以下简称《民法典》）施行后，现行修订后并生效的《最高人民法院关于审理建设工程施工合同纠纷案件适用法律问题的解释（一）》（法释〔2020〕25 号）仍沿用了此观点。即对于应招而未招的施工合同，存在因违反法律法规规定而被认定为属于无效合同的风险。

（二）关于电建公司就该工程质押的股权是否享有优先受偿权的问题

以股权出质的质权属于担保物权中权利质权的一种，是担保人为债务人履行主债务提供担保的方式之一，在债务人到期不履行主合同项下债务或出现约定情形时，债权人可以基于担保合同主张实现担保物权，优先于其他普通债权受偿。根据我国《民法典》规定，担保合同属于主债权债务合同的从合同。如果主债权债务合同无效的，担保合同也将无效（法律另有规定的除外）。如果债务人、担保人、债权人对担保合同无效具有过错的，则各方应当根据其过错各自承担相应的民事责任。

关于承担赔偿责任的比例。本文典型案例中，因主合同无效，因此作为从合同的《股权质押合同》也属于无效合同。因电建公司、项目公司、项目公司三位股东在明知涉案工程未进行招投标的情形下签订主合同《EPC 总承包合同》及从合同（《股权质押合同》），各方对合同无效均有过错，因此，按照原担保法司法解释[1]的规定，项目公司三位股东应在项目公司债务不能清偿部分的三分之一范围内承担赔偿责任。

三、风控指南

（一）新能源项目选定施工单位应依法公开招投标

实践中，由于新能源项目建设工期紧张，项目业主通常倾向于直接选定已经有合作关系的施工单位作为 EPC 总承包方，降低建设成本，缩短建设周期，以实现项目

[1] 现已废止，现行有效的司法解释为《最高人民法院关于适用〈中华人民共和国民法典〉有关担保制度的解释》（法释〔2020〕28 号），沿用了原司法解释第八条规定：第十七条第二款 主合同无效导致第三人提供的担保合同无效，担保人无过错的，不承担赔偿责任；担保人有过错的，其承担的赔偿责任不应超过债务人不能清偿部分的三分之一。

尽早竣工并网投产。但需注意的是，电力、新能源等能源基础设施项目属于必须招标的工程范畴，如相关合同（包括施工、采购、监理等）达到规定限额应招标而未招标，省略招投标流程或者“明招暗定”直接与意向合作方签订合同的，则可能因违反《招投标法》强制性法规而导致合同被认定为无效。

（二）签署担保合同前，应注意施工合同是否存在效力瑕疵

新能源项目中，由于EPC工程款回款周期较长，垫资回款风险大，EPC方通常会要求项目公司股东方以提供项目公司股权质押的方式为实现工程款债权提供担保。提醒承包人注意的是，签订此类股权质押合同前，首先应当注意确保主合同有效，避免因为主合同无效导致担保合同无效，进而导致承包人无法主张实现担保物权的优先权。如果发包人及担保人（通常为项目公司股东方或实际控制人）在明知主合同效力存在瑕疵可能导致担保合同无效的情形下，仍提供担保的，亦应在法律规定的范围内承担相应赔偿责任。

（三）EPC方垫资建设新能源项目前，对项目公司的尽职调查必不可少

建议EPC方在垫资建设前对新能源项目公司进行尽职调查，以查清项目用地、核准/备案指标、环保批复、电力接入批复等开发文件是否合规，以防止项目竣工后无法顺利并网投产或者因建设在自然保护区或其他法律规定的禁区内被拆除的风险。届时，即使《EPC合同》合法有效，《股权质押合同》合法有效，但是项目无法投产发电，项目公司资产严重贬值，相应的项目公司股权价值也随之降低，项目公司无电费收益，工程款将难以获得偿还。

02 风电项目建设以邀请招标替代公开招标选定施工单位的法律后果分析

受限于国家对风电项目并网时间的要求，风电项目的工期往往较为紧张。业主为快速推动风电项目建设可能会忽略公开招标程序而通过直接指定或以邀请招标的方式确定施工单位。此时，相应建设工程施工合同是否有效？施工单位和业主的权利义务应当如何界定？施工单位可以继续按照双方签署的建工合同主张权利吗？

一、典型案例［B 公司、A 公司《电力建设工程施工合同》纠纷案］

（一）当事人关系图

当事人关系图如图 1-2 所示。

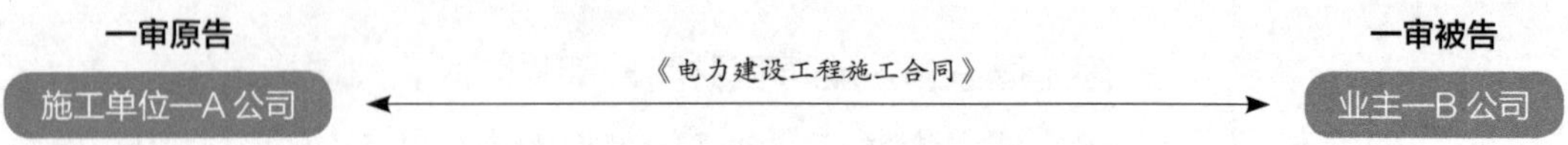

图 1-2 当事人关系图

（二）案件基本事实

2016 年 4 月 3 日，黑龙江省发展和改革委核准某风电场项目，项目业主为 B 公司，要求项目招标范围为全部招标，招标组织形式为委托招标，招标方式为公开招标。

2015 年 11 月 30 日，业主 B 公司与施工单位 A 公司通过邀请招标的方式签订《电力建设工程施工合同》，业主 B 公司将风电场风机基础工程发包给施工单位 A 公司，合同约定：

（1）具体工程为风电场内 33 台风机基础（包括桩基和承台）的施工。

（2）计划开工日期为 2015 年 12 月 1 日，计划竣工日期为 2016 年 2 月 28 日，工期总历天数 90 天。

（3）合同价格为固定单价和固定总价，每台风机基础工程单价 115 万元，总价为 3795 万元人民币，单价和总价中已包含施工单位承包工程的全部冬季施工费用。

（4）非施工单位原因的暂停施工，由业主承担有关的经济费用，工期相应顺延，停工责任在施工单位，由施工单位承担停工所发生的费用。

2016 年 2 月 26 日，业主 B 公司与施工单位 A 公司签订《补充协议》，协议约定：由于现场气候恶劣，不可抗力导致工期需顺延，将竣工日期自 2016 年 2 月 28 日顺延至 2016 年 8 月 28 日。

2017 年 4 月 11 日，业主 B 公司与施工单位 A 公司签订《单位工程竣工报告》，涉案工程经验收合格。

工程竣工验收后，业主 B 公司仅支付工程款 1995 万元，尚余 1800 万元未支付。

（三）当事人主张

2018 年 4 月 25 日，原告施工单位 A 公司诉至法院：请求依法判令业主 B 公司给付工程款 1800 万元及相应逾期付款利息。

被告业主 B 公司抗辩：施工单位 A 公司存在工期延误，延误时间长达 7 个月，应承担给业主造成的发电量损失（具体以司法鉴定为准）。

（四）争议焦点

人民法院认为，本案的争议焦点在于案涉合同未经公开招标（邀请招标）的效力及工期延误责任的承担。

（五）法院判决结果

一审法院支持施工单位 A 公司诉请，其认为：

1. 未经公开招投标，建设施工合同无效

风电场项目属于大型基础设施、公用事业等关系社会公共利益、公众安全的项目，依法属于强制招投标工程的范围，无论是民营企业还是国有企业均应依法履行招投标手续。黑龙江省发展和改革委员亦在核准文件中明确要求风电场项目的招标范围为全部招标，招标方式为公开招标，并未核准涉案项目可进行邀请招标。现业主 B 公司就涉案项目并未采用公开招标的方式进行招标，案涉合同违反法律、法规的强制性规定，应为无效合同。

2. 风电项目通过竣工验收，合同无效不影响工程款支付

因涉案工程已于 2017 年 4 月 11 日验收合格。根据 2004 年最高人民法院《关于审理建设工程施工合同纠纷案件适用法律问题的解释》第三条规定，施工单位 A 公司请求业主 B 公司参照合同约定支付工程款应得到法律的保护。[1] 本案工程造价为固定总价，减去已支付的工程款，B 公司还应给付 A 公司工程款 1800 万元。

---

[1] 原规定已被《民法典》第一款将原规定修改为："建设工程施工合同无效，但是建设工程经验收合格的，可以参照合同关于工程价款的约定折价补偿承包人。"

给付工程款的利息是给付工程款的附随义务。本案风电项目已于 2017 年 4 月 11 日验收合格，应将该日视为实际交付之日并计算利息。由于合同无效，应视为双方当事人对欠付工程价款利息计付标准没有约定，依法应按照中国人民银行发布的同期同类贷款利率计息。

二审阶段，双方观点如下：

业主 B 公司不服一审判决，提起上诉，上诉请求依法驳回施工单位 A 公司全部诉讼请求，其上诉理由为：

施工单位 A 公司存在工期延误，应承担给业主 B 公司造成的实际损失。尽管补充协议将工期顺延至 2016 年 8 月 28 日，但施工单位又拖延 7 个多月才完工。一审法院判令合同无效，因此未支持工程延误违约金损失；但是根据原《合同法》的相关规定，有过错的一方应当赔偿对方因此受到的损失。业主的实际损失就是施工单位延误工期造成的预期发电量的损失，一审判决给付的工程款应当减去该损失。

针对业主 B 公司的上诉请求，施工单位 A 公司抗辩：

工期延误的责任不在施工单位。业主 B 公司在补充协议签订后仍然没有修建完成通往风机基础位置的道路。截止于 2016 年 10 月 22 日，道路施工只完成 50%，尚不具备施工条件。根据合同约定，甲方原因导致延期开工，工期可顺延。

同时，施工单位 A 公司提交新证据——监理项目部出具的两份情况说明，该等情况说明的内容为：

至 2016 年 3 月 22 日，A 公司已完成 31 个风机基础的施工（共 33 个），但由于客观条件所限，业主项目部仍没有修通道路，无法通行，业主项目部决定暂时停止施工。2017 年 1 月 18 日，业主项目部决定由施工单位重新开始风机基础施工。至 2017 年 1 月 22 日，施工单位完成全部风机基础施工，施工有效期共计 85 个日历天。

二审法院最终维持原判，具体观点如下：

（1）认同一审法院关于风电项目施工合同未经公开招投标无效的观点。

（2）关于工期延误的原因及责任认定问题。当事人双方签订的补充协议系双方真实意思表示，该协议将工期顺延至 2016 年 8 月 28 日，且明确了系现场气候恶劣，不可抗力导致工期需顺延，证实此次工期顺延并非施工单位 A 公司原因所致。监理公司出具的工期情况说明亦证实，在 2016 年 3 月 23 日至 2017 年 1 月 18 日期间因不具备施工条件，通知施工单位 A 公司停止施工，故补充协议确定的竣工日期后的工期延误亦非因施工单位 A 公司原因所致。业主 B 公司虽对监理公司的说明真实性有异议，但未能提供有效证据支持其主张。业主 B 公司申请对工程逾期交付使用产生的发电量损失进行鉴定，并主张由施工单位 A 公司赔偿该损失的请求，本院不予支持。

（3）认同一审法院关于工程款及利息计算的观点。

二、法律分析

1. 可以邀请招标的法定情形

邀请招标也称选择性招标，是由采购人根据供应商或承包商的资信和业绩，选择一定数目的法人或其他组织（不能少于 3 家），向其发出招标邀请书，邀请他们参加投标竞争，从中选定中标供应商的一种采购方式。

根据《工程建设项目施工招标投标办法》（七部委 30 号令）、《招投标法实施条例》等的相关规定："依法必须进行公开招标的项目，有下列情形之一的，可以邀请招标：

（一）项目技术复杂或有特殊要求，或者受自然地域环境限制，只有少量潜在投标人可供选择；

（二）涉及国家安全、国家秘密或者抢险救灾，适宜招标但不宜公开招标；

（三）采用公开招标方式的费用占项目合同金额的比例过大。"

2. 新能源项目施工、采购、服务合同未经公开招投标而无效

《必须招标的基础设施和公用事业项目范围规定》（发改法规规〔2018〕843 号）第二条规定："不属于《必须招标的工程项目规定》第二条、第三条规定情形的大型基础设施、公用事业等关系社会公共利益、公众安全的项目，必须招标的具体范围包括：（一）煤炭、石油、天然气、电力、新能源等能源基础设施项目……"

本案中，案涉施工合同由于未进行公开招投标而被人民法院认定为无效。

3. 建设工程施工合同无效的，不影响工程款的支付，但会导致合同条款继续适用存在困难

《民法典》第七百九十三条规定："建设工程施工合同无效，但是建设工程经验收合格的，可以参照合同关于工程价款的约定折价补偿承包人。"

基于上述规定，可以看出：建设工程施工合同无效但工程竣工验收合格的，业主仍需承担工程款支付责任，即合同无效不构成拒付工程款的理由。

《最高人民法院关于审理建设工程施工合同纠纷案件适用法律问题的解释（一）》（2021 年 1 月 1 日生效）规定："建设工程施工合同无效，一方当事人请求对方赔偿损失的，应当就对方过错、损失大小、过错与损失之间的因果关系承担举证责任。损失大小无法确定，一方当事人请求参照合同约定的质量标准、建设工期、工程价款支付时间等内容确定损失大小的，人民法院可以结合双方过错程度、过错与损失之间的因果关系等因素作出裁判。"

上述规定显示，在建设工程施工合同无效的情况下，相应的质量标准、工期、工程价款支付等约定不具备直接的约束力，当一方违反该等约定时，人民法院将参照该等约定作出酌情的处理，而非直接适用无效合同中的具体条款作出裁判。

在本案中，人民法院虽然支持了施工单位 A 公司关于业主 B 公司逾期付款赔偿责任的诉请，但因合同无效视为双方当事人对欠付工程价款利息计付标准没有约定，因此最终按照中国人民银行发布的同期同类贷款利率计算工程款利息。

4. 补充协议 / 工程签证与监理

补充协议、工程签证是厘清各方权利义务的重要依据。本案中，施工单位 A 公司便通过与业主 B 公司签署补充协议的方式明确了工程工期顺延的事由和期限，从而顺利证明自身在相应期限内不存在工期延误责任。

工程监理是指监理单位接受业主的委托和授权，对工程施工单位的行为和责任权利进行必要的协调和约束，以实现项目投资目的的监督管理活动。基于该等活动的特殊性，监理单位往往了解工程建设的具体情况并掌握相关资料。在案件事实真伪难辨的情况下，监理单位作为中立的、最了解工程建设全过程的法人，其作出的证言将对案件事实形成有力的补充。在本案中，在原告、被告各执一词的情况下，二审法院正是基于对监理单位证言的采纳而对工期延误不应归责于施工单位 A 公司作出最终的裁判。

三、风控指南

1. 风电项目建设相关合同未经公开招投标或以邀请中标替代公开招标的将被认定无效

风电项目作为关系社会公共利益、公众安全的新能源项目，同时具备投资额度大的特点，其涉及的建工合同、采购合同、服务合同等如果超过法律规定的标的额均需要通过公开招投标（民营企业及国有企业无一例外），否则相应合同存在被人民法院认定无效的风险。一旦合同无效，该合同便对业主和施工单位均无约束力，无法起到保护双方商业目的实现的最终效果。因此，业主在签署项目相关合同前应当进行公开招投标程序，除非特殊情况经过特别审批或业主单位可以自行建设，必须公开招投标选定施工企业，也不能以邀请招标替代公开招标，以保证施工合同的效力。

2. 重视书面协议 / 工程签证的重要性

在项目建设过程中，设计变更、工期顺延等事项对工程最终结算具有重要意义，而这些事项在法律层面则依赖于相应书面协议 / 工程签证来予以证明。业主及施工单位均应当重视书面协议 / 工程签证的完整真实，并注意上述证据的留存工作。

3. 重视监理单位在诉讼中的重要地位

监理单位履行监督管理职责，掌握工程建设的全过程具体情况，业主及施工单位均应当重视监理单位在诉讼中对案件待证事实的重要作用，必要时，可以通过监理单位的书面证言、出庭作证进一步还原案件事实，以配合法院查明事实，实现公允的裁判。

03 风电项目委托开发协议的法律风控要素分析

实践中由于风电项目开发指标的稀缺性及申请的专业性，业主企业往往会委托第三方代为开发项目，并向其支付服务费。

那么，业主企业与开发方签订的委托开发服务协议签约及履行过程中有哪些需要注意的法律风控要素呢？

一、典型案例［北京公司与大连公司服务合同纠纷案］

（一）当事人关系图

当事人关系图如图 1-3 所示。

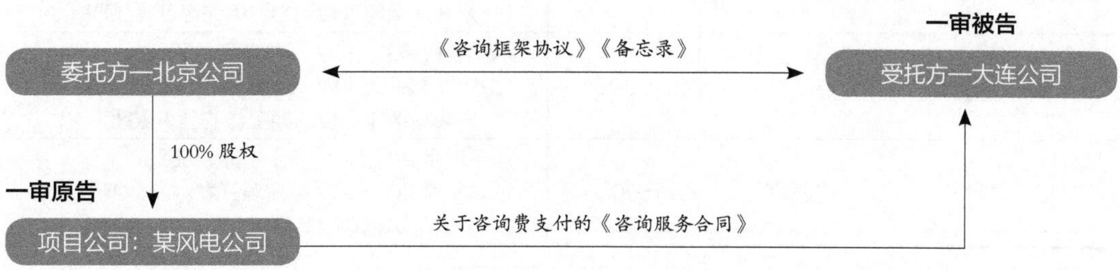

图 1-3　当事人关系图

（二）案件基本事实

2016 年 1 月 28 日，某国有控股的北京公司与大连公司签订《咨询框架协议》，协议约定大连公司需要为北京公司取得 10 万 kW 风电指标，北京公司支付大连公司 800 万元（单价 0.08 元 /W）服务费。

2016 年 3 月 28 日，某市发展改革委员会（简称发改委）向北京公司全资子公司（即项目公司）出具《关于配置特高压外送新能源资源的函》，主要内容为：拟为贵司配置风电 20 万 kW、光伏发电 5 万 kW，请贵司商请当地发改委将拟开发情况予以上报。

2016 年 5 月 28 日，北京公司与大连公司签订《备忘录》，约定北京公司将为其项目公司已取得的 25 万 kW 指标支付大连公司咨询费 5000 万元，并通过另行签署协议方式予以支付（单价 0.2 元 /W）。

注：此时相应项目仅取得上述配置资源的函件，并无其他行政许可性质文件。

《备忘录》签署后，北京公司又安排其项目公司与大连公司或其关联公司总计签署了四份《咨询服务合同》，四份《咨询服务合同》约定共计服务价款 5000 万元，具体约定内容见表 1-1。

表 1-1　具体约定内容

合同名称	相对方	价格（元）	付款节奏
咨询服务合同 1	大连公司关联方 A	1050 万	旗政府受理 20 万 kW 风电项目上报资料：35% 20 万 kW 风电项目前期工作的函：35% 20 万 kW 风电项目电力业务许可证：30%
咨询服务合同 2	大连公司关联方 B	450 万	旗政府受理 20 万 kW 风电项目上报资料：35% 20 万 kW 风电项目前期工作的函：35% 20 万 kW 风电项目电力业务许可证：30%
咨询服务合同 3	大连公司	2000 万	风电项目 20 万 kW 开发指标：55% 地方政府 20 万 kW 风资源开发协议：25% 20 万 kW 风电项目前期工作的函：20%
咨询服务合同 4	大连公司	1500 万	风电项目 20 万 kW 开发指标：55% 地方政府 20 万 kW 风资源开发协议：25% 20 万 kW 风电项目前期工作的函：20%

2016 年 6 月，北京公司累计向大连公司支付《咨询服务合同 4》项下咨询费 825 万元（就四份咨询服务合同共计支付约 2450 万元，剩余款项未支付）。嗣后，项目公司上级单位在对时任总经理李某进行离任审计时，认定：《备忘录》及包括后续咨询合同在内的相关合同，均为虚假合同，导致了国有资产流失，已支付款项应全部追回，未支付的款项不再支付。

2017 年 4 月 12 日，市发改委向项目公司出具《关于某地区特高压外送风电项目启动核准工作的函》，主要内容为经研究确定为你公司配置风电开发容量 25 万 kW。

（三）当事人主张

2018 年 1 月 4 日，原告项目公司向一审法院起诉请求：

（1）依法确认北京公司与大连公司于 2016 年签署的《咨询服务合同 4》为虚假合同，自始无效。

（2）依法判决大连公司返还项目公司已支付的《咨询服务合同 4》项下 825 万元咨询费并支付相应利息。

原告项目公司主张理由：

（1）相关合同是在市发改委已经向其下达 2016 年 3 月 28 日初步同意配置 25 万 kW 指标通知的情况下，化整为零、倒签的虚假合同，相关合同内容大量重复，明显均为逃避监管签署的无效协议，造成了国有资产的重大流失。

（2）《备忘录》及案涉《咨询服务合同 4》，违反了国有企业“三重一大”决策制度的规定，违反了行政法规的强制性规定。

（3）项目公司上级公司审计单位出具的审计报告等相关文件已经依法认定案涉《咨询服务合同 4》为虚假合同。

被告大连公司抗辩：

（1）双方签署的涉案合同是双方的真实意思表示，且双方已按合同履行了相关义务。

（2）涉案合同不存在相关法律规定的合同无效的情形，项目公司提出的审计意见不能作为认定合同是否有效的依据。涉案合同未经过项目公司内部审批程序，只是其内部管理的问题，其提出的"三重一大"决策制度实施意见，不属于法律行政法规的范畴。

（3）案涉合同为咨询服务合同，我公司及相关关联公司在涉案合同的履行过程中投入了大量的资源，进行了大量的沟通和协调工作。

大连公司在项目地区投入大量资源进行民生建设，对当地的民生建设有重大贡献。通过其咨询服务才能协助某风电公司获得风电 20 万 kW、光伏发电 5 万 kW 开发指标。

（四）争议焦点

一审及二审法院认定本案争议焦点为：

（1）本案《备忘录》及案涉《咨询服务合同 4》是否存在违反法律、行政法规强制性规定的情形。

（2）案涉合同是否存在意思表示不真实的情形。

（3）审计报告相关认定以及"三重一大"决策制度对本案合同效力的影响。

（五）法院判决结果

一审和二审法院最终支持了项目公司的诉请，其论证如下：

1. 案涉四份《咨询服务合同》违反《招投标法》而无效

涉案的四份《咨询服务合同》所涉及的风电和光伏均为新能源开发和建设，应属于关系社会公共利益、公众安全的基础设施项目和公用事业项目；且项目所使用和支付的为国有企业自有的资金，国有资产投资者项目公司对项目实际拥有控制权；合同价格无论是单项价格还是总体价格均超过了规定标准，故根据《招投标法》的规定，其属于必须招标的项目。而本案中，经本院询问，双方当事人均认可四份《咨询服务合同》的签订均未经过公开招投标程序。

对于违反招投标强制性规定的法律行为，从效力上不应当给予积极、肯定的正面评价。

2. 案涉四份《咨询服务合同》存在意思表示不真实的情形

在《备忘录》签署之后，项目公司与大连公司及其关联公司签订了四份《咨询服务合同》，但该四份合同在内容上存在大量重复，且约定均过于原则，无法看出每一份合同、不同的咨询服务主体在各自的合同中需要履行的义务存在何种实质性的差别。

大连公司及其关联公司应当为某风电公司提供的咨询服务中具体包括哪些内容、是否包括取得前述 2016 年 3 月 28 日《关于配置特高压外送新能源资源的函》这一问题，对于认定本案《四份咨询服务合同》的效力而言极为重要。如果包括，那么将大连公司实际上已经完成的咨询服务内容再次写入新的合同，并约定由新的主体一并参与完成、一并享有服务报酬的做法明显与客观实际不符；而如果不包括，那么剩余咨询服务的内容又是哪些？将其价值总额确定为 5000 万元又是否足够公平合理？是否符合正常的市场交易价格？

根据庭审中的证据无法认定在订立案涉四份《咨询服务合同》时缔约各方通过合同条款所表示出来的意思就是其内心的真实意思，且遵循了基本的公平原则。因此，相关合同不产生拘束力。

3. 关于审计报告相关认定以及“三重一大”决策制度对本案合同效力的影响

根据审计法的相关规定，审计结果并不当然可以成为认定合同无效的依据，其只是履行国家财政收支管理要求、维护国家财政经济秩序的结果。

“三重一大”决策制度作为党中央、国务院进一步规范国有企业决策管理，实现企业科学决策、民主决策的重要制度，亦并非原《合同法》所规定的法律及行政法规，故违反“三重一大”决策制度要求而签订的合同亦并非当然无效。

二、法律分析

（一）风电项目招投标

《招标投标法（2017 修正）》第三条规定：“在中华人民共和国境内进行下列工

程建设项目包括项目的勘察、设计、施工、监理以及与工程建设有关的重要设备、材料等的采购，必须进行招标：（一）大型基础设施、公用事业等关系社会公共利益、公众安全的项目；（二）全部或者部分使用国有资金投资或者国家融资的项目……”

另，风力发电项目作为新能源项目，按照 2018 年 6 月国家发改委《必须招标的基础设施和公用事业项目范围规定》，属于关系社会公共利益、公众安全的项目，而且本案中项目公司某风电公司属于国有实际控制企业，使用国有资金，因此，本案中，人民法院以相关《咨询服务合同 4》的金额较大且未经过公开招投标程序为由认定合同无效。

需要注意的是，《招标投标法》第三条规定的是“工程建设项目包括项目的勘察、设计、施工、监理以及与工程建设有关的重要设备、材料等的采购，必须进行招标”，案涉合同目的系咨询服务而非工程建设，本不应属于前款规定中的必须招投标项目，但本案中某风电公司为国有控股公司，由于其开发项目的资金来源全部或部分使用国有资金或者国家融资，法院适用《招标投标法（2017 修正）》第三条规定：（二）全部或者部分使用国有资金投资或者国家融资的项目……”对本案进行了判决。

（二）服务内容与合理对价

公平原则是民法的一项基本原则，它要求当事人在民事活动中应以社会正义、公平的观念指导自己的行为、平衡各方的利益。公平原则在合同签订、履行的部分体现便为协议内容与合同对价的公允性。

如果不遵守公平原则，合同内容明显有失常理，便存在被人民法院认为合同内容系同谋虚伪并非各方真实意思表示的可能。

本案中，法院便以案涉《咨询服务合同 4》与其他咨询服务合同约定明显重复、意思表示不真实且未体现公平原则为由对合同效力给予了负面的评价。

（三）审计法与“三重一大”决策制度

《民法典》第一百五十三条规定：“违反法律、行政法规的强制性规定的民事法律行为无效。但是，该强制性规定不导致该民事法律行为无效的除外。”

由于违法审计法下的审计结论及“三重一大”决策制度难以归类于法律、行政法规的强制性规定，因此人民法院认为该等审计结论的定性对合同效力并不产生重要的影响。

但需要注意的是，《民法典》将弘扬社会主义核心价值观作为立法宗旨，公序良俗原则即是重要体现。该原则通过维护社会公共秩序与善良风俗，用法治的力量引导公众。

公序良俗包括公共秩序与善良风俗两个方面。公序，即社会一般利益，包括国家利益、社会经济秩序和社会公共利益；良俗，即一般道德观念或良好道德风尚，包括社会公德、商业道德和社会良好风尚。

《民法典》进一步确认和强化公序良俗，共提及8次。其中第八条规定："民事主体从事民事活动，不得违反法律，不得违背公序良俗"，将公序良俗确定为民法的基本原则。第一百四十三条规定："具备下列条件的民事法律行为有效：（一）行为人具有相应的民事行为能力；（二）意思表示真实；（三）不违反法律、行政法规的强制性规定，不违背公序良俗。"将公序良俗作为认定民事法律行为有效的必备条件之一。第一百五十三条规定："违反法律、行政法规的强制性规定的民事法律行为无效。但是，该强制性规定不导致该民事法律行为无效的除外。违背公序良俗的民事法律行为无效"，可见，当存在损害国家利益、社会公益和社会道德秩序的行为，而又缺乏相应的强制性法律规定时，法院可依据公序良俗原则认定该行为无效。

随着《民法典》的颁布与实施，公序良俗将不再是人们内心的道德评判，而是判定民事行为效力的重要法律依据。其价值在于将道德伦理规范引入法律适用，起到扩充法律渊源、弥补法律漏洞的作用。因此，在实践中并非仅仅是违反法律、行政法规的强制性规定才会导致合同无效，从《民法典》的规定来看，如果规定的内容涉及公序良俗的，也会造成合同效力被法院给予否定的评价的后果。

三、风控指南

（一）合同未经招投标而无效

《招标投标法（2017修正）》第三条规定："在中华人民共和国境内进行下列工程建设项目包括项目的勘察、设计、施工、监理以及与工程建设有关的重要设备、材料等的采购，必须进行招标：（一）大型基础设施、公用事业等关系社会公共利益、公众安全的项目；（二）全部或者部分使用国有资金投资或者国家融资的项目……"

同时，根据《必须招标的基础设施和公用事业项目范围规定》（发改法规规

[2018]843 号）第二条[1]及《必须招标的工程项目规定》（国家发展和改革委员会令第 16 号）第五条[2]规定，无论是民营企业还是国有企业，其标的额较大的服务合同等均需要通过公开招投标，否则相应合同应当按照无效处理。而一旦合同无效，该合同便对双方均无约束力，无法起到保证双方商业目的实现的最终效果。因此，相关企业在签署项目相关开发服务合同前，特别是签署大额合同前，应当审慎考虑并落实招投标程序，以保证合同的效力。

（二）服务内容与合理对价

服务内容与合同对价的公允性是公平原则的基本体现，业主和服务单位应当妥善地使服务内容与合同对价形成符合常理的对应关系，合同约定的服务内容应当明确具体、体现具体价值及双方真实的意思表示。

在本文案例中，相应《备忘录》及《咨询服务合同》存在拆分、倒签而且未经招投标的情况，因而被人民法院认定无效。但如果系列协议是基于具体服务内容，约定公允对价、权利义务具备合理性，并通过招投标方式确定服务方，其效力应当得到认可。

（三）合同的效力与强制性规定

从目前的法院审判口径来看，并不仅仅是违反法律、行政法规的强制性规定的民事法律行为存在无效风险，违反直接体现金融安全、市场秩序、国家宏观政策等公序良俗的规章、政府文件、党的政策等文件规定的民事法律行为都会被给予消极的法律评价。业主及服务单位在签订、履行合同过程中，除了法律、行政法规的强制性规定，还应当关注相关协议内容是否违反了国家能源相关政策的规定。

---

[1]《国家发展改革委关于印发〈必须招标的基础设施和公用事业项目范围规定〉的通知》（发改法规规〔2018〕843 号）第二条：不属于《必须招标的工程项目规定》第二条、第三条规定情形的大型基础设施、公用事业等关系社会公共利益、公众安全的项目，必须招标的具体范围包括：（一）煤炭、石油、天然气、电力、新能源等能源基础设施项目。

[2]《必须招标的工程项目规定》（国家发展和改革委员会令第 16 号）第五条：本规定第二条至第四条规定范围内的项目，其勘察、设计、施工、监理以及与工程建设有关的重要设备、材料等的采购达到下列标准之一的，必须招标：（一）施工单项合同估算价在 400 万元人民币以上；（二）重要设备、材料等货物的采购，单项合同估算价在 200 万元人民币以上；（三）勘察、设计、监理等服务的采购，单项合同估算价在 100 万元人民币以上。同一项目中可以合并进行的勘察、设计、施工、监理以及与工程建设有关的重要设备、材料等的采购，合同估算价合计达到前款规定标准的，必须招标。

04 风电项目的合作开发与“投资主体变更”之典型案例分析

2014 年 10 月，国家能源局出台了《国家能源局关于规范光伏电站投资开发秩序的通知》（国能新能〔2014〕477 号）规定：“出于正当理由进行项目合作开发和转让项目资产，不能将政府备案文件及相关权益有偿转让。已办理备案手续的项目的投资主体在项目投产之前，未经备案机关同意，不得擅自将项目转让给其他投资主体。项目实施中，投资主体发生重大变化以及建设地点、建设内容等发生改变，应向项目备案机关提出申请，重新办理备案手续”。随后，国家能源局于 2015 年发布《新建电源项目投资开发秩序监管报告（新能源部分）》（国能监管〔2014〕450 号），2016 年 5 月 30 日国家发改委能源局《关于完善光伏发电规模管理和实施竞争方式配置项目的指导意见》（发改能源〔2016〕1163 号）等文件严令禁止倒卖新能源项目核准文件（即“买卖路条”）的违规行为。

实践中，存在新能源项目开发单位为了缓解资金压力，选择引入外部投资者以尽快实现项目建成并网投产的目标。某些开发单位在取得项目核准文件后与外部投资方共同设立合资公司，并将项目核准转移至合资公司的方式对项目进行开发和建设。这种开发方式是否符合法律规定？相关的合作开发协议在实践中又是否会被法院认定为“买卖路条”“投资主体违法变更”而最终判定无效？

一、典型案例［项目公司、青海公司开发合同纠纷案］

（一）当事人关系图

当事人关系图如图 1-4 所示。

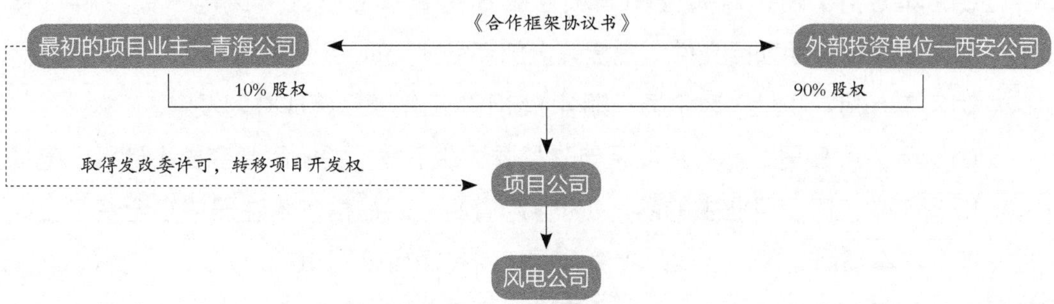

图 1-4　当事人关系图

（二）案件基本事实

2012 年 3 月 20 日，青海公司（即案涉项目最初业主）与西安公司（即案涉项目投资单位）签署了《合作框架协议书》，协议书的主要内容为：

（1）青海公司拥有小灶火 30 万 kW 风电场项目的建设审批手续文件（即指标文件），拟分六期工程实施，每期工程 5 万 kW。青海公司已取得一期项目（5 万 kW）的相关审批核准手续，并完成部分基建工程的建设工作。

（2）青海公司愿意与投资单位西安公司共同开发经营。

（3）双方共同出资成立项目公司，由项目公司实施完成小灶火 30 万 kW 风电场项目的投资、建设、运营。青海公司出资 300 万元，占有项目公司 10% 的股权；西安公司出资 2700 万元，占有项目公司 90% 的股权。

（4）项目公司有偿接收青海公司小灶火风电场项目资源。

（5）项目转让价款包括有形资产和无形资产。有形资产是指实物资产、土地使用权、所有图纸、建设开工许可证、在建工程等，以及与小灶火风电场项目其他相关联的所有文件；无形资产是指项目相关联的合法建设、运行所需经政府相关部门审批核准的全部手续。无形资产的转让价款为人民币 1700 万元 / 每期工程（5 万 kW）（注：单价 0.34 元 / W）。

（6）青海公司同意将小灶火风电场项目的有形资产和无形资产转入项目公司，并由项目公司支付有形资产转让费和无形资产转让费，转让支付协议由青海公司和项目公司另行签署。

2012年4月28日，项目公司成立，青海公司占有项目公司10%的股权，西安公司占有项目公司90%的股权。

2012年6月7日，青海公司与项目公司签署了《小灶火风电一期文件交接表》，青海公司将一期项目文件、批复等全部手续移交项目公司。

2013年6月，小灶火风电场一期49.5MW工程项目建成并网发电。

2013年7月9日，青海省发展与改革委员会下发《关于同意变更小灶火风电场一期49.5MW工程项目业主的函》，内容为青海公司在格尔木注册成立全资子公司（注：即指本案项目公司，但实际青海公司只持有项目公司10%股权），同意小灶火风电场一期49.5MW项目业主单位由青海公司变更为项目公司。

2017年9月20日，项目公司出具《电场一期49.5MW项目前期建设工程造价说明》，内容为一期项目前期建设（对应合作协议中的“有形资产”）总投资为2000万人民币，青海公司予以认可。

但截止于2018年3月，项目公司仅仅支付青海公司无形资产转让费1600万元，剩余无形资产转让费100万元及有形资产转让费共计2000万元，共计2100万元一直未支付。

（三）当事人主张

2018年3月，青海公司向一审法院起诉请求：

判令项目公司立即支付有形资产转让费和无形资产转让费2100万元并支付相应利息。

项目公司提出反诉请求：

（1）依法确认2012年3月20日签署的《合作框架协议书》无效；

（2）依法确认青海公司向项目公司出售格尔木小灶火风电场一期49.5kW工程项目行为无效；

（3）判令青海公司返还项目公司已经支付的1600万元。

项目公司的反诉理由：

（1）案涉项目为行政许可项目，青海公司将取得开发权的行政许可变相出售给项目公司，该行为违反了《行政许可法》的禁止性规定，本质属于“买卖路条”，应属无效行为。

（2）《合作框架协议书》中约定的具体支付金额并未经上级主管单位核准、更未经享有国有资产评估资格证书的评估单位进行评估。

（3）已建项目至今未达到青海公司所称年平均发电量 9360 万 kWh，加之后期项目无法实施，致使项目公司已投入近 5 亿元资产但无法取得收益，损失惨重。

（四）争议焦点

一审、二审法院认定本案争议焦点如下：

（1）2012 年 3 月 20 日《合作框架协议书》是否合法有效。

（2）青海公司主张项目公司向其支付有形资产转让费与无形资产转让费合计 2100 万元的请求是否成立。

（五）法院判决结果

一审和二审法院支持了青海公司的本诉诉请，驳回了项目公司的反诉诉请，具体论证如下：

1. 2012 年 3 月 20 日《合作框架协议书》合法有效

青海公司将其前期投资的成果包括相关建设工程手续、项目合法运营手续注入移交到项目公司，并由项目公司向青海公司支付相应的费用，符合合作开发的要素，并不违反法律规定。

2013 年 7 月 9 日，青海省发改委出具《关于同意变更小灶火风电场一期 49.5MW 工程项目业主的函》，因此双方的合作事项经过了主管单位的层报审批、许可，项目公司有关几方当事人倒卖国家批文非法获利以及骗取主管单位审批同意损害国家利益的主张无事实与法律依据，项目公司反诉主张《合作框架协议书》无效的请求依法不能成立。

2. 青海公司主张项目公司向其支付有形资产转让费与无形资产转让费合计 2100 万元的请求成立

项目公司接收持有了项目资源并已经开发运营收益，经过了主管部门的审批同意，且已经依据协议书支付了 1600 万元的费用，即项目公司知晓协议内容、已经接受了协议并按此协议履行。《合作框架协议书》对项目公司有约束力。

案涉无形资产包含青海公司从项目计划、立项直至各种审批核准后可以合法开发的过程中付出的大量无形劳动和精力。案涉有形资产指的是在建工程及相关的所有手续，实际也包括形成各种工程建设手续过程中付出的大量劳动和精力。按照协议约定，青海公司将有形资产和无形资产移交给项目公司开发后，项目公司应向青海公司支付前述有形资产和无形资产转让费，当事人约定虽名为“转让费”，根据前述有形资产、无形资产内涵的认定，实际上系项目公司向青海公司支付的其为项目所形成劳动成果进行的资金投入、劳动精力等投入以货币的形式予以回报和补偿的费用。

青海公司提交了移交清单作为证据，证明其履行了合同中约定的义务。青海公司主张相关转让费的条件已经成就。

二、法律分析

2012 年 3 月 20 日《合作框架协议书》是否构成“买卖路条”，需从该协议书的内容及主管部门审批意见进行判断：

第一，从协议书内容上看，青海公司将其前期投资的成果包括相关建设工程手续、项目合法运营手续移交给项目公司，并由项目公司向青海公司支付相应的费用，鉴于青海公司为项目公司股东，协议内容明显不同于一般的资产买卖合同，人民法院据此认定协议书不构成“买卖路条”。笔者理解，在此处，青海公司身份的复杂性（兼具出售资产的所有权人及项目公司股东双重身份）是影响人民法院判断的关键因素。

第二，从行政行为的确定力来说，显而易见，青海省发改委出具公文明确认可案涉项目的开发主体由青海公司变更为项目公司的行为，对于人民法院的裁判倾向具有重要的意义。

需要注意的是，青海省发改委公文的表述为“青海公司在格尔木注册成立全资子公司”，而实践中青海公司仅持有项目公司 10% 的股权，该行政批文的表述确实存在一定瑕疵。但从维持法律关系稳定性的角度来看，案涉风电场已经竣工验收合格且并网发电，青海公司已经依约履行完毕相应义务，相应协议书并未导致案涉风电项目不能正常开发的后果，如果裁判合同无效显然不利于既存的、事实上的法律关系。笔者理解，案涉风电场竣工验收合格并网投产的事实对于法院认可上述协议书效力起到了非常重要的影响。

三、风控指南

项目开发单位不能简单地认为合作开发的模式可以规避被认定为“买卖路条”的风险，而应当进一步看到在本案风电项目中几个特殊的事实和背景：

（1）项目开发单位在项目公司的股东身份；

（2）案涉风电场顺利竣工验收并网发电；

（3）风电项目经发改委同意变更业主为项目公司。

在实践操作中，如开发企业因资金短缺等问题选择联合开发和建设，开发企业应当注意在项目投产前继续保持项目公司股东身份，协同外部投资单位积极推动相应项目落地建成并网投产，同时开发企业应积极同项目核准主管部门沟通，取得该部门出具的同意项目开发主体变更为项目公司的函件，从而降低被人民法院认定为“买卖路条”的风险。

诚然，要求项目开发单位完成上述全部程序和工作并非易事，如项目不能顺利竣工并网投产或者无法获得发改委变更业主的函件都将面临巨大的风险。因此，笔者建议，应考虑在项目起始的开发阶段（即未获得项目核准文件前）即开展合作成立合资项目公司，或者先签署预收购协议，在项目并网投产后再进行股权收购，上述两种模式仍为相对安全的选择。

05 风电项目业主指定材料不合格引发的工程质量责任之争

在新能源项目施工建设过程中，部分业主为节约时间或控制工程质量，会提前指定设备 / 施工材料供货商、生产商，后由承包人与相应供货商、生产商直接签署供货合同。

在此种情况下，如果因设备 / 材料质量不合格而导致工程发生质量问题时，业主能否向承包人主张赔偿损失呢？

一、典型案例［风电项目业主 A 公司与承包方 B 公司建设工程施工合同纠纷案］

（一）当事人关系图

当事人关系图如图 1-5 所示。

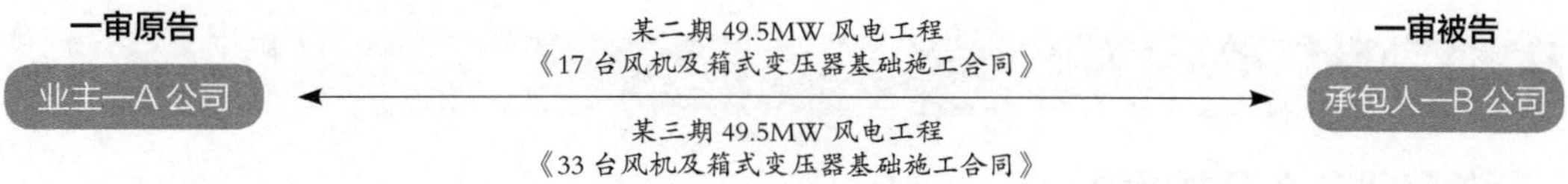

图 1-5　当事人关系图

（二）案件基本事实

2011 年 8 月 10 日，业主 A 公司与承包人 B 公司签订某二期 49.5MW 风电工程《17 台风机及箱式变压器基础施工合同》（工程费用约 1250 万元）以及某三期 49.5MW 风电工程《33 台风机及箱式变压器基础施工合同》（工程费用约 2445 万元）。

上述合同约定，工程所需材料全部由承包人 B 公司采购提供，运输至施工现场并管理使用，但业主 A 公司保留部分装置性材料采购的权利。合同还约定对所需材料需报经监理单位、业主 A 公司批准后方可进场，并附设备生产商产品质量证明书，且指定了某质量检测中心检验合格后才能投入使用。

后经法院查明，上述施工合同签署前，业主已与两家供货商签订相关技术协议，对价格、技术指标以及选定生产商（C 公司）生产进行约定。

2011 年 10 月，承包人 B 公司与两家供货商公司分别签订了《供货协议书》。

2013 年 2 月 2 日、2013 年 3 月 30 日，案涉二期、三期工程经验收合格后分别全容量并网投产，但在风机运行过程中，二期和三期共 3 台风机中的钢筋发生断裂。

2013 年 4 月 15 日，业主 A 公司委托某测试中心对案涉风机钢筋断裂原因进行检测，检测结果为风机内精轧钢筋质量未达标。

2014 年 7 月 13 日，业主 A 公司与承包人 B 公司签订《钢筋修复合同》，约定由承包人 B 公司包工包料、包工期、保质量，并约定了合同金额及付款。

业主A公司提供的付款凭证等证据表明，2014至2015年期间，业主A公司重新采购钢筋连接件，承包人B公司负责修复三期项目工程；2017年5月，业主A公司重新采购施工材料，承包人B公司负责施工修复二期项目工程。2017年12月完成整体更换。

2018年8月15日，业主A公司认为案涉工程未达到合同约定的质量标准，诉至法院，要求承包人B公司赔偿相应损失。

（三）当事人主张

原告业主A公司诉请：

判令由承包人B公司承担因处理风机中钢筋断裂问题造成的直接损失（包括材料、修复工程费用等，共计约68万元）及利息，并要求承包人B公司根据风电场发电量统计表数据赔偿断裂钢筋修复期间的上网电量电费损失（约136万元）及利息，以上损失及利息共计约227万元。

被告承包人B公司抗辩：

案涉风机钢筋断裂系因为产品质量不合格，与施工无关。风机钢筋生产商和供货商均由业主A公司指定，应由业主A公司自行承担质量把关责任，且业主A公司诉讼请求已过诉讼时效，请求法院予以驳回。

（四）案件争议焦点

法院认为，本案当事人争议焦点为：

（1）业主A公司的诉讼请求是否已过诉讼时效；

（2）承包人B公司应否承担相应赔偿责任。

（五）法院判决结果

1. 诉讼时效问题

2013年12月2日业主A公司组织并召开了钢筋断裂分析处理专题会，并形成了会议纪要。以此可以证明至2013年12月2日业主A公司就知道其权利受到损害，2014年7月13日，业主A公司与承包人B公司签订《钢筋修复合同》，亦可证明至2014年7月，修复费用已经产生，而业主A公司一直未向B公司主张权利，直至2018年8月15日才提起诉讼。由于业主A公司未提交证据证明本案诉讼时效存在中止、中断的情形，其诉讼请求已超过诉讼时效。

2. 修复费用、电费损失的赔偿责任

本案中造成业主 A 公司损失的根本原因是所使用的钢筋断裂，核心问题是案涉钢筋材料是不是由业主 A 公司指定购买。根据查明的事实，业主 A 公司与承包人 B 公司签订施工合同之前就确定了所需钢筋及材料配件由案外人两家供应商提供，生产商为 C 公司。案涉施工合同签订后，承包人 B 公司按照业主 A 公司的要求与案外人两家供货商分别签订了供货协议书，所有技术指标、价格均由业主 A 公司与两家供货商确定，相应的钢筋材料款由承包人 B 公司进行结算，在市场钢筋降价后，业主 A 公司和承包人 B 公司又签订补充协议对材料款进行了调整，故承包人 B 公司认为建筑材料由业主 A 公司指定购买的理由成立。

由于承包人 B 公司在施工中已严格按照合同约定审查了供货商的产品合格证、现场进行了检验，并由业主 A 公司指定的某质量检测中心进行检验，业主 A 公司亦未提供被告在施工过程中有过错的证据。故业主 A 公司请求承包人 B 公司赔偿其因工程质量遭受的各项损失于法无据，本院不予支持。

二、法律分析

1. 诉讼时效问题

《民法典》第一百八十八条（即原《中华人民共和国民法总则》第一百八十八条）规定："向人民法院请求保护民事权利的诉讼时效期间为三年。法律另有规定的，依照其规定。诉讼时效期间自权利人知道或者应当知道权利受到损害以及义务人之日起计算。法律另有规定的，依照其规定。但是，自权利受到损害之日起超过二十年的，人民法院不予保护，有特殊情况的，人民法院可以根据权利人的申请决定延长。"

《最高人民法院关于适用〈中华人民共和国民法总则〉诉讼时效制度若干问题的解释》第三条规定："民法总则施行前，民法通则规定的二年或者一年诉讼时效期间已届满，当事人主张适用民法总则关于三年诉讼时效期间规定的，人民法院不予支持。"

2018 年 8 月业主 A 公司起诉，诉讼中，业主 A 公司提出其诉请适用 20 年诉讼时效的规定，但事实上，20 年最长诉讼时效针对的是权利人一直都不知晓自身权益受损的情形，属于对善意权利人的保护。而本案中，业主 A 公司的诉请包括钢筋断裂造成的直接损失和修复期间的电费损失（可得利益损失），该等损失均是业主A公司能够在事实发生后就清楚认识到的，不符合适用最长诉讼时效的条件。

法院认为相应修复费用已于2014年7月双方签订《钢筋修复合同》时产生，且前述损失赔偿请求权的诉讼时效已于《民法总则》施行（2017年10月1日）前届满，无法适用3年诉讼时效，而应当受《民法通则》2年诉讼时效的规制，并据此认定业主A公司的诉请已过诉讼时效。

但笔者认为，根据业主A公司提供的证据，若法院可以认定风机修复费用实际发生于2017年12月修复完毕之日才最终确定，则请求赔偿的诉讼时效应自该修复费用最终确定之日开始起算；相应的电费损失亦应于2017年12月修复完毕重新投产之日方可确定。因此，笔者认为，业主A公司就二期项目遭受的修复费用及电费损失应自2017年12月起计算诉讼时效，2018年8月15日起诉时诉讼时效尚未届满。

2. 相关损失的赔偿责任

《最高人民法院关于审理建设工程施工合同纠纷案件适用法律问题的解释（一）》［2021年1月1日生效，下称“建设工程施工合同司法解释（一）”］第十三条规定：“发包人具有下列情形之一，造成建设工程质量缺陷，应当承担过错责任：（一）提供的设计有缺陷；（二）提供或者指定购买的建筑材料、建筑构配件、设备不符合强制性标准；（三）直接指定分包人分包专业工程。承包人有过错的，也应当承担相应的过错责任。”

本案中，业主A公司已于施工合同签订前与相关供应商、材料生产商签订技术协议，并要求承包人B公司直接与前述供应商签订供货协议。显然，本合同下的供应商及材料生产商均由业主A公司指定，承包人B公司并未参与相应供应商/生产商的选定过程。又由于生产商已提供产品质量证明书，且承包人B公司已依据约定履行了委托检测义务，其在尽到应尽的注意义务后，承包人B公司不应再为单纯的材料质量问题承担赔偿责任。

业主A公司在指定购买施工材料过程中具有明显过错，并最终造成了案涉工程的质量缺陷，应当承担过错责任，因此无权向承包人B公司主张相关损失。但业主A公司的损失并非无处求偿，由于已有检测报告证明案涉风机中钢筋的质量未达标，业主A公司在向承包人B公司索赔失败后，仍有权依据技术协议要求供货商/生产商承担产品质量责任，赔偿全部损失，但诉讼过程中可能会因业主A公司并未与供应商签署供货协议遇到索赔障碍，同样还会涉及诉讼时效问题，因此诉讼过程中需要《供货协议》的买方承包人大力配合。

三、风控指南

（一）工程质量责任

《建设工程施工合同司法解释（一）》第十三条规定："发包人具有下列情形之一，造成建设工程质量缺陷，应当承担过错责任：（三）直接指定分包人分包专业工程。"第十三条第二款规定："承包人有过错的，也应当承担相应的过错责任。"由此可见，业主方就指定分包的工程质量缺陷承担过错责任。承包人有过错的，也应当承担相应的过错责任。

笔者仍建议，业主选择设备或施工材料供应商 / 生产商的，应尽量选择知名品牌的大型企业，并应注意核实相应供应商 / 生产商的资质，事先对其供货 / 生产能力、相关产品质量进行审慎调查，避免因后续供货及设备 / 材料质量问题影响项目整体收益，造成巨额损失。建议业主在此种情况下提前与相应供应商 / 生产商签订书面协议，明确因质量问题造成损失时的违约责任；在与承包人签订的施工合同中，业主也应当注意约定承包人对供应商资质的核实及设备 / 材料质量检验责任，全方位保障自身权益。

特别提醒，风电项目属于新能源项目，项目设备、材料一般标的额较大，根据国家发展改革委《必须招标的基础设施和公用事业项目范围规定》的要求，无论是民营企业还是国有企业，选定上述设备或施工材料供应商 / 生产商的均应通过公开招投标程序开展。

（二）权利行使时间

在风电项目建设过程中，一旦发现工程或设备质量问题，业主应迅速且持续地向承包人或供应商发函主张质量责任，并注意留存相应书面证据（包括但不限于会议纪要、验收证明、往来函件、具备资质的机构出具的检测报告等），避免由于长期怠于主张权利导致因诉讼时效届满而丧失胜诉权，最终导致损失无法受偿的风险。

06 海上风电风机设备延期供货，业主主张合同解除权研究

众所周知，海上风电项目施工难度大，工期相对长，设备供应商延期供货会导致风机设备无法按照计划工程进度进行吊装，进而可能导致工程建设进度严重阻滞。在享受国家可再生能源补贴的海上风电项目中，如项目未按照既定的计划投产时间并网运行发电，则可能无法享受电价补贴，项目预期收益将会严重缩减。在此情形下，项目业主是否可以主张解除合同并向设备供应商进行索赔呢？

一、典型案例［A 公司与 D 设备供应商设备买卖合同纠纷案］

（一）当事人关系图

当事人关系图如图 1-6 所示。

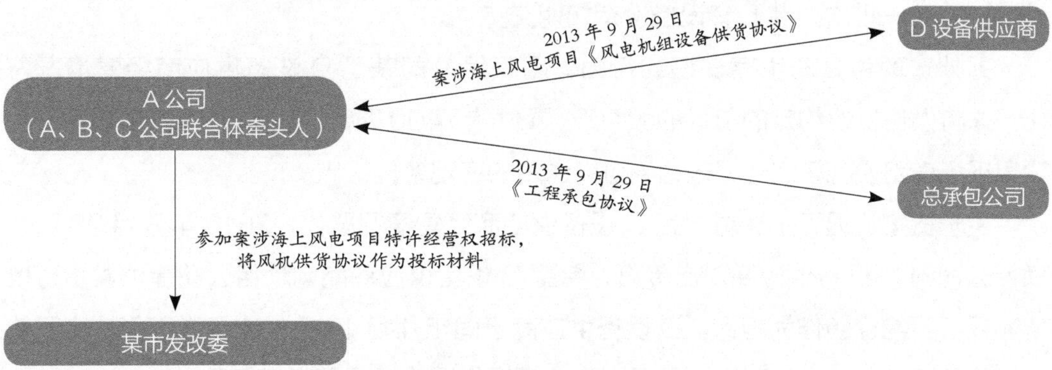

图 1-6　当事人关系图

（二）案件基本事实

2013 年 9 月 29 日，A 公司作为联合体（A、B、C 三家公司）的牵头人与 D 设备供应商签订了案涉海上风电项目《风电机组设备供货协议》（以下简称“供货协议”），约定由上市公司 D 设备供应商就该项目向 A 公司提供某新型的风机 17 套，合同总金额为 7.4 亿多元，约定第一批货物交货时间是 2015 年 9 月 1 日，项目应于 2016 年年底并网。合同对延迟供货进行了如下约定：每延期一周，违约金为合同总标的额的 1%，此项违约金总额不超过合同总金额的 10%。

2013 年 9 月 29 日，A 公司与总承包公司签订《工程承包协议》。

2013 年 9 月 30 日，A、B、C 三家公司组成联合体，参加由某市发改委作为招标人的案涉海上风电项目特许经营权招标，联合体将风机供货协议作为投标材料附件提供。

2014 年 10 月 15 日，联合体在该项目中中标。根据联合体与某市发改委签署的海上风电项目特许经营权中标协议约定，由组成联合体的三家公司共同投资设立项目公司，全面负责案涉海上风电项目的投资、设计、建设、运营等工作，如果项目在

2016年年底并网将获得国家及地方补贴，项目公司成立后将继承联合体在中标协议中的全部权利和义务。

项目公司成立后，D设备供应商在履约过程中出现了以下几项违约行为：

（1）未按约定在供货协议生效后1个月内提供协议总价10%的履约保函；

（2）未按约定提供应在供货协议签署后21个工作日内提交的塔架设计方案及图纸；

（3）第一批次共计5套设备没有如期交货。

另外，项目公司也存在违约行为。因项目公司获悉D设备供应商经营情况恶化，未将供货协议约定的总标的额10%预付款7400万元支付给D设备供应商，且项目现场道路设施等也迟迟未达到可以送货的客观条件。

由于货物迟迟无法交付，且D设备供应商经营情况恶化。2016年3月28日，项目公司向D设备供应商发出传真，希望D设备供应商能向项目公司提供供货协议全额银行履约保函作为担保。D设备供应商于同年4月14日作出承诺回复，将尽快完成生产任务，并未对项目公司提出的全额银行履约保函做出任何回应。

2015年5月至2016年6月期间，D设备供应商经营状况进一步恶化，主要有以下情形：

（1）2015年5月，证监会某监管局对其下达通知。因其部分业务单据、相关数据、财务记录失实，导致2013年度利润虚增，违反了《上市公司信息披露管理办法》第2条的规定，要求限期改正。

（2）2016年2月，因其涉嫌违反证券法律法规，证监会决定对其进行立案调查。

（3）2015年年度报告显示，当年度经审计的净利润为负值，公司已连续两年亏损。某市证券交易所在报告披露后，对其公司股票退市进行了风险警示。

（4）D供应商收到多份起诉书，多个法院冻结了其若干银行账户。

（5）某证券交易所决定自2016年6月起暂停企业的债券上市。

2016年8月，项目公司向D设备供应商发送传真函，正式提出双方可以协商解除供货协议。几日后，项目公司收到D设备供应商回复的传真函，表示希望双方先就损失赔偿问题达成一致意见后再解除供货协议。

2018年10月，D设备供应商向项目公司发出了传真，表示其已经为执行合同做了大量工作，但该项目因故未能顺利进行。并承诺将在2018年11月底前将工作进展通告项目公司。然而，直至 2018 年 12 月初，D 设备供应商也未给出任何工作进展的通告。

2018 年 12 月中旬，项目公司向 D 设备供应商发出了《关于解除供货协议的问询函》。称因 D 设备供应商无能力供货，要求其在收到解除问询函后 5 个工作日内，以书面形式确认同意解除供货协议。D 设备供应商收到问询函后立即回函，表示双方应另行商议供货相关事宜，但并未明确是否同意解除供货协议，同时提出，如果双方协商解除合同，项目公司应赔偿 D 因研发新的风机机型投入的研发费用 3000 万元。

2019 年 1 月中旬，项目公司正式向 D 设备供应商发出了《关于解除供货协议的通知函》，称如解除通知函送达 D 设备供应商后 5 个工作日内，项目公司未收到 D 设备供应商提出书面的异议文件，将视为 D 设备供应商同意无条件解除供货协议及一应相关协议。D 设备供应商收到解除通知函后 29 天回函表示不同意解除供货协议，项目公司没有就此回函。

2019 年 6 月，项目公司就采购新的风电机组，开展了招投标程序，D 设备供应商购买了案涉海上风电项目风电机组设备采购招标文件，并提交了投标文件，后 D 设备供应商未中标，也未对项目公司单方解除供货协议继续提出索赔。在项目公司办理变更（延期）核准等手续后，该风电项目于 2020 年 12 月建成并网投产。

该风电项目由于与 D 供货商签署供货协议无法正常履行，导致项目延迟并网长达 4 年之久。

二、法律分析

（一）业主项目公司可以采取的措施

项目公司解除《供货协议》的法律依据及存在问题如下：

（1）通过行使不安抗辩权解除合同。

《民法典》第五百二十七条（原《合同法》第六十八条）规定："应当先履行债务的当事人，有确切证据证明对方有下列情形之一的，可以中止履行：（一）经营状况严重恶化；（二）转移财产、抽逃资金，以逃避债务；（三）丧失商业信誉；（四）有丧失或者可能丧失履行债务能力的其他情形。当事人没有确切证据中止履行的，应当承担违约责任。"

第五百二十八条规定："当事人依据前条规定中止履行的，应当及时通知对方。对方提供适当担保的，应当恢复履行。中止履行后，对方在合理期限内未恢复履行能力且未提供适当担保的，视为以自己的行为表明不履行主要债务，中止履行的一方可以解除合同并可以请求对方承担违约责任。"

首先，法律规定通过行使不安抗辩权解除合同的，提出解除合同的一方必须是具有先履行义务的当事人，即项目公司，并且项目公司需要举证证明对方确实丧失履行债务能力或存在可能丧失履行债务的能力的可能性，才可以暂时中止履行，否则擅自中止履行需要承担违约责任。本案中，虽然在双方协商解决过程中，项目公司已经不断获得 D 设备供应商经营恶化、丧失商业信誉等信息，且后来知悉 D 公司被证监会采取了处罚措施等消息，但是这些负面消息是否足以证明 D 公司的债务履行能力丧失或者可能丧失？事实上，D 公司仍然作为上市公司正常从事日常交易活动，以上负面消息与 D 公司是否能够履行供货协议的义务并没有直接紧密联系，对项目公司来说，主张不安抗辩权存在风险。

其次，即使项目公司有足够证据可以成功主张不安抗辩权，中止供货合同的履行，但若卖方 D 设备供应商能够提供适当担保的，业主作为合同买方应当恢复履行。只有 D 设备供应商在合理期限内未恢复履行能力并且未提供适当担保的，项目公司才可以解除合同。

（2）经双方协商解除合同。

《民法典》第五百六十二条规定："当事人协商一致，可以解除合同。"

合同是有合作意向的双方通过充分意思表示后协商一致的产物，自然也可以在合同双方合意解除情形下自然消亡，这是民法意思自治原则的根本所在，也是民法的精髓与核心。在民法实务中，当合同双方都没有了继续履行的意思，且对于对方不继续履行的行为没有异议，那么一份合同就可以经过协商一致"自然死亡"。但是在本案中，由于《供货协议》的标的额高达 7.4 亿元，项目延迟时间长达数年之久，同时 D 设备供应商所称为研发新的风机机型投入研发费用 3000 万元，请求项目公司赔偿其损失。在双方均有大量时间投入以及巨额财物损失的前提下，双方对获赔以及赔偿额均有较高的诉求期待，因此计划通过协商让《供货合同》达到"自然死亡"的状态，即使经过长时间的协商，双方也很难达成协商一致解除合同的合意。

（3）通过主张约定解除权解除合同。

《民法典》第五百六十二条规定："当事人可以约定一方解除合同的事由。解除合同的条件事由发生时，解除权人可以解除合同。”

约定解除合同是指在双方协商订立合同时，在合同条款中约定在履行合同的过程中，在某些特殊情形下，赋予一方或者双方解除合同的权利。约定解除权可以是一方享有的，也可以是双方都享有的。在本案中，笔者在对《供货协议》的条款进行审查梳理后发现，协议条款中并没有对单方或者双方在特定情形或者条件下的解除权进行明确约定，因此约定解除权在本案中无法适用。对如此巨大标的额的风电机组供货合同未进行周全设计，以致合同中未约定某些情况发生后或违约行为出现后一方或者双方解除合同的权利，是该合同条款设计的最大败笔，也是导致后来争议久拖不决的重要原因。

（4）通过行使法定解除权解除合同。

《民法典》第五百六十三条规定："有下列情形之一的，当事人可以解除合同：（一）因不可抗力致使不能实现合同目的；（二）在履行期限届满前，当事人一方明确表示或者以自己的行为表明不履行主要债务；（三）当事人一方迟延履行主要债务，经催告后在合理期限内仍未履行；（四）当事人一方迟延履行债务或者有其他违约行为致使不能实现合同目的；（五）法律规定的其他情形……"

依据上述规定，行使合同法定解除权的前提，必须是违约方的行为已经构成了根本违约。所谓根本违约，是指合同一方当事人违反合同的行为，致使该合同的目的不能实现。比如在买卖合同项下，买方签订买卖合同的目的是为了获取货物并使用，卖方签订买卖合同的目的是为了及时获取货款，因此在买卖合同项下卖方不能按时交货、买方拒付货款等行为即属于根本违约行为。在本案中 D 设备供应商积极准备项目推进，主观上积极配合履行，但是客观上无法有效推进项目研发；同时项目公司也出现违约情形，即未依照合同约定支付 10% 的预付款且项目现场道路无法满足送货要求条件。在双方均违约的情况下，将 D 设备供应商的行为定性为根本违约将存在一定风险。

（二）设备供应商可能提出的抗辩

1. 项目公司未支付预付款的抗辩

根据项目公司提供的情况，《供货协议》约定的应支付总标的额 10% 预付款给 D 设备供应商，项目公司并未支付。因此，存在 D 设备供应商以买方未支付预付款作为其不履行交货义务的抗辩。即项目公司也存在没有支付 10% 总标的额预付款的违约行为。

笔者认为，依据《供货协议》约定，买方支付预付款的前提是D设备供应商已向买方支付了等额履约保函。但D设备供应商并未按《供货协议》约定提交履约保函。根据《民法典》第五百二十六条规定："当事人互负债务，有先后履行顺序，应当先履行债务一方未履行的，后履行一方有权拒绝其履行要求。先履行一方履行债务不符合约定的，后履行一方有权拒绝其相应的履行要求。"因此，若D设备供应商以买方未支付预付款作为其不履行交付义务的理由的，买方也可以D设备供应商未交付履约保函作为不支付预付款的抗辩。

2. 已投入研发等前期经费的抗辩

由于案涉海上风电项目的风力发电机组属于一种领先于当时技术水平的新型设备，因此，确实存在D设备供应商需要为其投入设计、研发等前期费用的可能。如果买方提出解除《供货协议》，D设备供应商将会提出买方承担D设备供应商已投入的研发等前期费用的抗辩。

但是，即使D设备供应商能够举证证明其为完成《供货协议》实际发生的费用或损失，买方项目业主也可以举证证明由于D设备供应商延误供货违约给买方造成的实际经济损失。双方损失金额在能够获得法院认可并认定违约过错责任承担比例的情况下，可以进行部分抵消或由过错方承担。

3. 解除供货合同将构成对特许经营权中标协议的实质性变更的抗辩

A公司作为联合体（A、B、C三家公司）的牵头人与D设备供应商签订供货协议后进行的投标，供货协议作为附件参与投标，即俗称与设备"打捆投标"。根据《招标投标法》第四十六条规定，招标人和中标人应当自中标通知书发出之日起三十日内，按照招标文件和中标人的投标文件订立书面合同。招标人和中标人不得再行订立背离合同实质性内容的其他协议。

那么，如果变更项目主要设备的供应商是否会构成对中标协议的实质性内容的背离呢？本案中，联合体中标后，与政府签署的特许权经营的中标协议里授权主体即乙方是联合体（项目公司的全体股东），中标合同中的权利义务均与D公司无关，且中标合同里并无设备采购相关的内容。因此，笔者认为，对于主要设备供应商的变更不是对特许经营权中标协议的实质性内容的背离，供应商的上述抗辩不成立。

三、风控指南

1.《民法典》赋予合同违约方“解除权”，给予企业交易“安全网”

根据原《合同法》第一百一十条的规定：“当事人一方不履行非金钱债务或者履行非金钱债务不符合约定的，对方可以要求履行，但有下列情形之一的除外：（一）法律上或者事实上不能履行；（二）债务的标的不适于强制履行或者履行费用过高；（三）债权人在合理期限内未要求履行。”

在此法律背景下，只要非违约方要求继续履行合同，违约方就可以引用此条进行抗辩，拒绝履行合同。但是违约方抗辩拒绝履行合同并不会对合同的效力产生实质意义上的影响，合同依然合法存续并生效，这也就意味着非违约方可以继续依照合同请求履行，而违约方依然可以援引第一百一十条拒绝履行，这就是著名的“合同僵局”。

实务中出现了此种情形后，最高法院对此作出了相应的调整，在《全国法院民商事审判工作会议纪要》中，最高法指出“在出现合同僵局的情况下，允许违约方向法院提起诉讼，请求法院通过裁判终结合同关系。”

《民法典》吸收了实务经验，第五百八十条在上述合同法的基础上后续添加了：“有前款规定的除外情形之一，致使不能实现合同目的的，人民法院或者仲裁机构可以根据当事人的请求终止合同权利义务关系，但是不影响违约责任的承担。”的表述。这样一来，在合同目的无法实现的情况下，通过赋予双方当事人都具有合同解除权，而不是仅仅赋予非违约方解除权，为“合同僵局”的解决提供了出路，切实提高市场整体交易效率以及交易质量，避免交易双方为解决合同僵局而浪费大量司法资源以及时间成本。为企业安心交易、稳妥交易提供了“安全网”。

2. 企业应提高风控意识，合理设计合同条款

虽然《民法典》给予了企业部分的安全保障，但是《民法典》是政府强制力从宏观层面对自然人、法人微观行为的调整与兜底。企业作为市场交易中的主体，其对风险的防范以及抗力单单依靠政府的宏观调控是远远不够的。企业在交易过程中，应当就自己所在行业领域可能涉及的风险，通过谨慎设计合同条款予以预防。例如在涉及新能源项目工期或供货期不可控的风险，以及涉及其他不可抗力等情形所带来的风险情形下，考虑企业自身可能面临什么程度的损失，企业可以承受什么程度的损失，在什么样的情形下企业的损失将超过交易所能获得的利益，有解除合同的必要。这些都是企业在交易合同签订前就应当思考涵盖并纳入交易条款范围之内，以预告对方，同时也可以在争议发生后可以找到路径，为高效地解决问题做好准备。

譬如在上文所述案件中，合同条款没有对单方或者双方可以解除合同的情形进行约定即未在风机供货协议中设置合同的约定解除权，以至于在纠纷发生之后，双方都遭受巨大的损失，但任何一方都不敢轻易解除合同及时止损。因此，假如交易双方在商定协议之初，能够通过双方合意后约定，在某些特殊或违约情形下，任何一方都有权直接解除合同，那么合同履约过程中双方均对其违约后果有预期，将更加谨慎地履行各自义务，也可以在发生损失后及时采取果断措施止损，避免久拖未决导致损失扩大。并且双方对争议处理结果均有预期，可以不必通过司法程序，极大节省了双方的时间成本以及司法诉讼资源。

在合同订立之初，交易双方应当以风险把控的视角周全设计合同条款，这是对交易双方自身利益保护的重要“安全网”，避免因签约时对风险防范上的空白和缺失而造成履约过程中产生不必要的损失和纠纷。

07 设备逾期交货导致项目延期并网，风电业主主张逾期交货违约金和发电量损失

在新能源项目建设中，如设备供应商不能及时交付设备，将会对项目的建设进度产生极大的影响，从而导致项目延期并网产生发电量损失。在合同已经约定了逾期交货具体违约金的情形下，采购方是否仍可补充要求供应商承担因逾期交付设备导致延期并网而产生的发电量损失？

一、典型案例［大庆公司与丹东公司买卖合同纠纷案］

（一）当事人关系图

当事人关系图如图 1-7 所示。

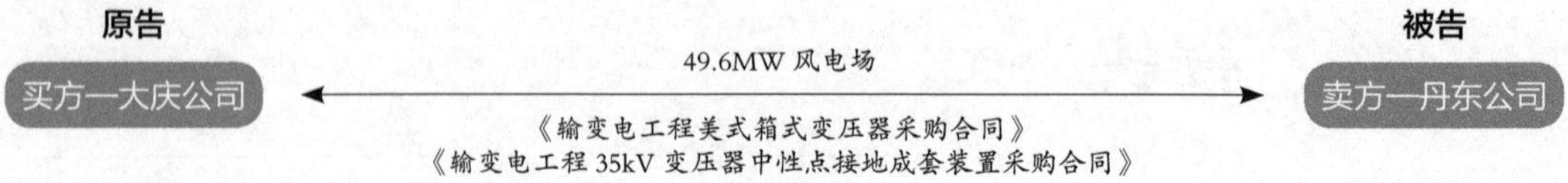

图 1-7　当事人关系图

（二）案件基本事实

2013 年 9 月 25 日，大庆公司与丹东公司签订《输变电工程美式箱式变压器采购合同》，大庆公司为 49.6MW 风电项目的施工采购箱式变压器 33 台，总价款为 792 万元。约定合同生效后 45 日内丹东公司将全部设备交货完毕。若延迟交货按如下方式收取违约金：迟交的第 1~2 周，每周违约金为 1% 合同总价；迟交的第 3~4 周，每周违约金为 2% 合同总价；迟交 4 周以上的，每周违约金为迟交的合同设备金额的 3%。

2013 年 12 月 10 日，丹东公司发生延期交货后，双方协商一致将箱式变压器交货期限变更为 2014 年 2 月 10 日交付 11 台合同设备，2 月 15 日前交付 11 台合同设备，2 月 20 日前将 33 台合同设备全部交货完毕。

2013 年 12 月 3 日，双方又签订《变压器中性点接地成套装置采购合同》，大庆公司采购变压器中性点接地电阻柜、接地变压器各 1 台，总价款为 30 万元，约定 45 日内丹东公司一次性交货完毕，违约金约定同 9 月 25 日合同约定。

2014 年 4 月 23 日，大庆公司向丹东公司发出催货通知，就丹东公司延期到货及产生相关损失的情况作出了说明，通知丹东公司在 15 日内到货，否则应当赔偿相应的发电损失。

大庆公司最终延期收到上述合同的全部设备，各批次美式箱式变压器的延期交货时间总计为 64 周，变压器中性点接地成套装置的延期交货时间为 25 周。

2017 年 3 月 27 日，大庆公司向一审法院起诉，要求丹东公司支付逾期交货违约金，并赔偿发电量损失。

（三）当事人主张

原告大庆公司主张：被告丹东公司延期交付设备，因违约行为共需向原告支付延期交货违约金 575 万元，同时被告逾期交货造成风电项目延期并网，造成发电量损失 2133 万元，要求被告赔偿上述款项合计 2708 万元。

被告丹东公司抗辩：原告主张的逾期交货违约金过高，请求法院调整；减少的发电的损失为可期待利益，并未实际发生，被告不应承担。

（四）争议焦点

（1）原告主张的逾期交货违约金是否过高？

（2）被告是否应当承担发电量损失？

（五）法院判决结果

1. 关于逾期交货违约金的问题

被告延期交付美式箱式变压器共计 64 周，逾期交付变压器中性点接地成套装置共计 25 周，严重超出了合同约定的交货期限，被告应当依照约定支付违约金；根据合同约定，计算得出两批货物延期交货分别产生违约金 554 万元和 21 万元，合计为 575 万元。

2. 关于原告主张发电量损失的问题

延期交货导致涉案输变电工程未能如期装机发电，给原告造成了减少发电量的损失。依照黑龙江省相关部门出具的批复、国家能源局出具的文件和意见等证据，结合输变电工程年利用小时数、单台机组容量、上网电价等因素，认定单台机组每天发电量损失金额为 4 309.45 元（1753h×1500kW×0.59 元 /kWh÷360 天），结合风机台数、被告延期到货的天数等情况，认定原告发电量损失共计为 2133 万元。

3. 关于违约金和损失并存时如何处理的问题

首先，在合同当事人违约后向对方承担相应责任时，赔偿损失与其他违约责任方式可以并用，即我国法律实际采纳了违约金系惩罚性的合同补救措施。因此，在当事人既主张违约金也主张损失的情况下，人民法院可以依据案件的具体情况同时支持。

其次，对方因违约行为遭受的可期待利益损失应当由违约一方进行赔偿，其中既包括直接损失，也包括间接损失，但应当以违约一方在订立合同时已经预见或者应当预见为前提。本案中，被告在订立合同时对出售设备用途应当是明知的，对原告经营业务及设备用途也应知晓。因风力发电的产出与效益具有明显的季节性，因此被告对货物延期交付将会给原告造成的发电量损失应当给予足够的预见。原告主张的减少发电量损失虽然尚未实际发生，但应当属于可期待利益的范围，并不违反我国合同法关于违约赔偿损失的立法精神，应当予以支持。

二、法律分析

本案中，根据法院查明的事实及当事人陈述，被告丹东公司在履行合同义务时，确有延期交货的行为，其中主设备箱式变压器及成套接地装置严重逾期交付，严重影响了原告风电场建设的进度，被告的违约行为最终也导致其需承担高额的违约金。

1. 针对违约金是否过高的问题

案涉两份合同总价 822 万元，被告最终承担的违约金高达 575 万元，相当于总货款的 69%。针对被告主张违约金过高的抗辩，法院最终也并未对违约金数额予以调整，而是严格依照合同约定进行判决。

民法典第五百八十五条规定，约定的违约金低于造成的损失或过分高于造成的损失的，当事人可以请求人民法院或仲裁机构予以适当增加或减少。该条款并未对违约金过高的认定标准及调整幅度进行量化规定，而是将其纳入法官自由裁量的范围。

2021 年 4 月 6 日《最高人民法院关于印发〈全国法院贯彻实施民法典工作会议纪要〉的通知》规定，当事人请求人民法院减少违约金的，人民法院应当以民法典第五百八十四条规定的损失为基础，兼顾合同的履行情况、当事人的过错程度等综合因素，根据公平原则和诚信原则予以衡量，并作出裁判。约定的违约金超过根据民法典第五百八十四条规定确定的损失的百分之三十的，一般可以认定为民法典第五百八十五条第二款规定的“过分高于造成的损失”。即，可以看出上述规定明确了认定违约金是否过高时，应当以损失额 30% 上限标准作为一般适用标准，在此基础上，人民法院也可以更加灵活地结合合同履行情况、当事人过错程度以及预期利益性等因素，在个案中综合认定违约金是否过高的问题。这也提醒当事人在自身出现违约情形后，不要抱有侥幸心理，而是要尽可能采取救济措施弥补履行瑕疵，避免日后需承担高额违约金的风险。

2. 关于违约金和损失并存时如何处理的问题

本案例中值得关注的是，法院在判决被告支付违约金后，同时支持了原告要求被告赔偿发电量损失的诉请。《民法典》第五百八十四条规定："当事人一方不履行合同义务或者履行合同义务不符合约定，造成对方损失的，损失赔偿额应当相当于因违约所造成的损失，包括合同履行后可以获得的利益；但是，不得超过违约一方订立合同时预见到或者应当预见到的因违约可能造成的损失。"

本案中，法院认为违约金和赔偿损失可以根据案件的具体情况同时适用。在认定损失时，由于被告系专业设备供应商，法院认为其在签订合同时，对设备用途、逾期供货的影响均应当有清楚预期。原告所主张的发电量损失虽未发生，但由于该损失属于被告应当合理预见的范围，属于可预期利益，因此被告应予以赔偿。

案例中，虽然原被告之间签署的采购合同中并没有约定供货商延迟交货导致项目无法如期并网发电的电费损失的赔偿责任，但是由于被告设备商丹东公司系专业设备供应商，且延期交货时间较长（最长逾期交货的时间达到一年之久），对项目影响较大，因此法院依法判决丹东公司应承担电费损失的赔偿责任。当然，中国并非判例法系国家，因此本案作为新能源领域中个案的指导意义和影响力都值得进一步研究和探讨。

三、风控指南

1. 违约方应谨慎履约，避免损失扩大

在 2019 年 11 月《全国法院民商事审判工作会议纪要》发布后，法院更加灵活地结合合同履行情况、当事人过错程度以及预期利益性等因素综合认定违约金是否过高。当事人在己方出现违约情形后，应尽可能采取救济措施弥补履行瑕疵，及时止损，将己方的过错程度尽可能降低，避免抱有侥幸心理。例如，本文案例中，合同总标的额为 822 万元，设备供应商承担了共计 575 万元的违约金和 2133 万元赔偿金，已经远远超出了违约方自己的预料。同时，违约方认为合同约定违约金过高的，在履行过程中及出现违约事项后，都应注意留存证明对方当事人相应损失的证据，避免日后在涉及诉讼申请调整违约金时，因举证不能而面临需承担高额违约金的风险。

2. 非违约方维权需制定合理诉讼策略

对于非违约方来说，考虑结合对方当事人的违约情况、损失数额等可以同时提出主张违约金与赔偿损失的主张，以尽可能维护己方利益。但需注意的是，两者是否能够同时并存往往需要法院结合具体的案件事实、双方当事人履行情况加以认定，非违约方同时提出上述主张的且金额较高时，需支出较高的诉讼成本，而该等主张亦有可能存在不被支持的风险。因此建议当事人委托专业的律师团队，寻求合理的法律意见或建议，制定合理的诉讼策略，降低诉讼风险，妥善解决争议。

3. 逾期付款发生在 2019 年 8 月 19 日前后的违约成本不同

现实中，采购方逾期付款的违约情形也时有发生，2021 年伊始，最高院对该等逾期付款违约责任作出了新的规定。

《最高人民法院关于审理买卖合同纠纷案件适用法律问题的解释（2020 修正）》第十八条第四款规定："买卖合同没有约定逾期付款违约金或者该违约金的计算方法，出卖人以买受人违约为由主张赔偿逾期付款损失，违约行为发生在 2019 年 8 月 19 日之前的，人民法院可以中国人民银行同期同类人民币贷款基准利率为基础，参照逾期罚息利率标准计算；违约行为发生在 2019 年 8 月 20 日之后的，人民法院可以违约行为发生时中国人民银行授权全国银行间同业拆借中心公布的一年期贷款市场报价利率（LPR）标准为基础，加计 30%~50% 计算逾期付款损失。"

需要注意的是，若当事人事先已在合同中列明违约金或该违约金的计算方法，应当优先适用合同约定；在未事先约定的情况下，方可适用上述司法解释规定。建议供应商提前就逾期付款违约责任与采购方协商一致并落实到书面条款中；采购方则应在保证严格按照约定履行付款义务的同时，格外注意上述利率变化。

08 风电机组年发电小时数未达约定标准，业主是否有权拒付工程款

新能源项目建设过程中，由于赶进度、赶工期，较之平常更容易产生设备及工程的质量问题。为了在发生争议时保护自身合法权益，合同双方往往会事先约定相应的质量标准，如设备参数等；也可能采用一定的技术指标间接约定设备或工程的质量标准，如项目年发电量等。

若风电项目的总承包单位提供由其自己生产或购买的风电机组并负责安装，双方约定了风电机组的年发电最低小时数，但项目并网投产后经检测相关数据未达到约定标准，业主能否以设备 / 工程存在质量问题为由拒付工程款？

一、典型案例［A 公司与 B 公司建设工程合同纠纷案］

（一）当事人关系图

当事人关系图如图 1-8 所示。

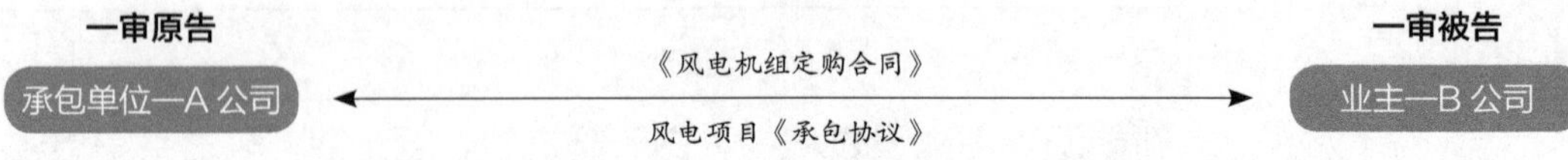

图 1-8 当事人关系图

（二）案件基本事实

案涉风电工程总装机容量为 49.5MW，承包单位 A 与业主 B 公司先后于 2010 年 9 月 21 日签署了 4 台 2MW 风电机组样机的《定购合同》，2010 年 10 月 15 日签署了《承包协议书》，约定承包单位 A 公司负责 8MW 的施工工程，并负责安装 4 台其自己生产的风电机组（即《定购合同》中的样机）。

《定购合同》约定的主要内容如下：

4 台样机考核依据为年有效发电小时数不低于 1360h。4 台样机通过预验收后，双方签署预验收证书（一式两份），并就相应样机签署采购合同。

《承包协议书》约定的主要内容如下：

1. 投产时间

2010 年 12 月 31 日前完成安装，全部机组应于 2011 年 1 月 25 日完成调试及并网。

2. 价款支付

合同总价约 4900 万（包括风机、塔筒、箱式变压器、安装费、集电线路，涉及设备采购、运输、安装、调试、试运行等）。合同签字生效后支付合同总额的 30%；在风电主机年发电量达到考核指标（1360h × 2000kW）后，业主 B 公司正式采购 4 台样机并支付合同总价的 60%。

3. 质保条款

质保期为 4 台样机全部取得预验收证书后 3 年，质保金为合同总价的 10%。

4. 性能验收试验

指卖方提供的设备经安装、调试和试运行，达到合同规定的预验收标准而进入质量保证期的验收。预验收证书是表明买方接受预验收结果的证明，证书由卖方和买方共同签字，单台机组试运行期限为 1 年。

2011 年 3 月，× 研究院针对案涉风电场工程出具可研报告，报告载明，根据 2009 年至 2010 年实测资料及风机布置方案，案涉型号的风电机组可利用率取 95%，推算风电场年平均风速为 5.8m/s，风电机组利用小时数为 1503h。

2011 年 10 月 28 日，案涉风电机组全部安装调试完成。2011 年 10 月 29 日，案涉风电工程正式并网发电，发电收益归业主 B 公司所有。

2012 年 4 月 19 日，业主 B 公司向承包单位 A 公司出具 4 份预验收证明书，证明由承包单位 A 公司负责安装的 4 台风电机组已完成 240h 稳定运行，且已通过合同规定的预验收试验。至此，项目风机验收工作全部完成，双方均在预验收证明书上签字盖章。

2012 年至 2015 年，案涉风电机组年利用率均在 95% 以上，但风场年发电时间均未达到 1360h 的考核指标，因此双方一直未签署案涉 4 台样机的正式采购合同。

2015 年 4 月 10 日至 2016 年 1 月 5 日，承包单位 A 公司多次致函业主 B 公司，主张风电场于 2012 年 4 月 19 日即通过预验收试验之日进入质保期，按照合同约定，3 年质保期将于 2015 年 4 月 18 日到期，要求签署最终验收证书并协商处理相关后续事宜。

2015 年 7 月 23 日和 2016 年 1 月 6 日，业主 B 公司两次回函，表示由于各种因素，风电场发电效率受限，未达到约定考核标准（年有效利用小时数不低于 1360h），拒绝签署最终验收证书，并要求承包单位 A 公司按照约定要求继续对风机进行改造。对此，双方最终协商未果，业主 B 公司拒绝付清剩余合同款项 3400 万元，因此承包单位 A 公司起诉。

（三）当事人主张

原告承包单位 A 公司诉请：风电机组及安装工程均无质量问题，请求判令业主 B 公司支付欠付合同款约 3400 万元（已扣除支付的 1500 万元）及相应利息。

被告业主 B 公司抗辩：案涉机组未达到约定的考核数据，导致样机采购合同无法签署，因此无法付款。

（四）争议焦点

法院认为，承包单位 A 公司负责供货及建设的风电机组未达到年有效发电小时数的原因是本案双方的争议焦点。

（五）法院判决结果

× 研究院出具的可行性研究报告显示，案涉风机可利用率取 95%，年平均风速为 5.8m/s。现承包单位 A 公司提供的风机年利用率均在 95% 以上，业主 B 公司亦未提供证据证明其对案涉设备提出了质量异议。但是，案涉风电机组投入使用后，实际上测量所得的风场年平均风速分别为 4.24、4.13、4.08、4.73m/s，明显低于可研报告中依据的年平均风速（5.8m/s），故案涉风电机组未达年有效发电小时数 1360h 的原因应为风场风速未达到可行性报告的要求。

法院认为，案涉风电机组未达年有效发电小时数 1360h 的原因为风场实际风速未达到可行性报告列明的年平均风速（5.8m/s）。案涉风电机组已于 2012 年 4 月 19 日通过合同约定的预验收，截至 2015 年 4 月 18 日，3 年质保期已经届满，期间承包单位 A 公司履行了售后义务，业主 B 公司对案涉风电机组质量亦无异议，且多年的并网发电收入已归业主 B 公司所有，根据公平、等价有偿、诚实信用原则，应视为承包单位 A 公司已如约履行义务，其要求业主 B 公司支付约 3400 万元及相应利息的诉讼请求，予以支持。

二、法律分析

本案中，根据业主 B 公司提供的相应风场数据及风机利用率情况统计表，案涉项目在 2012 年至 2015 年的运营期间，风机年利用率均在 95% 以上，均达到了前期可研报告内确定的标准；而实际上风场年平均风速明显低于可研报告中依据的年平均风速（5.8m/s）。又由于业主 B 公司在项目运营多年期间从未主张过设备质量异议，法院据此认定项目整体的年有效发电小时数未达到约定标准不可归咎于风机机组的质量问题，亦不能由承包单位 A 公司对此承担责任。

新能源项目中，判断风电机组质量是否符合标准的主要依据为当事人在合同中的约定。本案中，当事人双方在针对 4 台风电机组样机的《定购合同》中约定了“年有效发电小时数达到 1360h”的考核标准，又以“达到考核标准”作为业主 B 公司最终购买案涉风电机组样机的前提，可以推断，双方是以项目发电小时数是否达标作为风电设备质量是否合格的判断依据。由于实践中，新能源项目的发电量或发电小时数往往由多方面因素决定，除了主要设备及部件的质量外，项目现场的客观条件（例如风速，天气）、运维人员的技术操作水平和方法等均有可能对项目的实际发电情况产生影响；又由于业主 B 公司未提供充分的证据证明其曾在质量异议期或质保期内明确主张过风电机组质量不符合约定，仅凭发电小时数抗辩，法院无法直接认定风电机组存在质量问题。

另由于双方未对最终验收流程作出明确约定，本案中仅能依据双方签字确认的预验收证明文件判断双方已通过书面文件对风电机组质量达标形成合意。且项目正式投产使用后至 2018 年案件判决前，业主 B 公司已经从案涉项目中获取了近 6 年的发电收益，承包单位 A 公司事实上已将合同义务履行完毕，因此有权向业主 B 公司主张工程欠款（包含质保金）及利息。

三、风控指南

（1）新能源项目工程的承包单位在签约前应仔细查阅项目可行性研究报告、项目核准批复 / 备案证明等文件，确保自身提供的设备 / 工程质量符合既有文件确定的标准。业主为了更直观、更有针对性地保障自身合法权益，也可选择在合同中约定设备年利用率等明确的、与设备质量直接挂钩的指标，并约定清晰、完整的验收标准及流程，两者结合，保证设备质量符合项目收益目标及业主要求。

（2）工程施工及后续投产运营过程中，当事人双方均应注意留存相应的检测及验收证据，包括相关的数据、有对方签章确认的证明文件以及双方的往来邮件、函件等，一旦双方对设备 / 工程质量产生争议，这些材料均可作为有效证据。若不存在或未留存前述证据的，当事人可选择事后委托第三方机构出具质量鉴定或向法院申请鉴定，但也应当注意其中的程序性要求（如合同是否约定了鉴定 / 检测程序，向法院申请鉴定的条件及流程等），以及鉴定结果存在的不可避免的偏差。

第2章 新能源之光伏篇

光伏项目相较于风电项目而言存在开发便利、投资规模小、工期短等优势，也将是“碳中和”时代的投资热点之一。但是光伏行业在近几年来存在补贴退坡、政策多变、组件价格不稳定等问题。本章旨在通过分析光伏项目实务案例中工期延误索赔等争议焦点，提炼法律风控要点，为各光伏企业提供有效且专业的风控支持。

01 光伏项目工期延误且未经竣工验收，业主拒付工程款并主张可得利益损失

由于光伏项目补贴退坡，存量补贴光伏项目的“抢装潮”在2020年底已经基本尘埃落定，工期延误导致的延期并网投产、电费收益及补贴电价损失等争议已经越发凸显。

在本次分享的案例中，光伏项目工期延误，工程最终未经竣工验收即已并网投产，业主认为其因此遭受了发电量损失和补贴电价损失。在此情况下，业主能否要求总包单位承担赔偿责任？

一、典型案例[A 公司与 B 公司建设工程施工合同纠纷案]

（一）当事人关系图

当事人关系图如图 2-1 所示。

图 2-1　当事人关系图

（二）案件基本事实

2015 年 5 月，案涉 20MW 光伏电站项目经省发展改革委审核准予备案。2016 年 4 月，项目业主与总包单位就案涉项目签署了 EPC 总承包合同，承包范围包含地勘、设计、光伏组件等部分设备 / 材料的采购（其余设备 / 材料由业主自行采购）、施工、调试、验收等工作。合同约定：

1. 工期及交货期限

工程应于 2016 年 4 月 28 日开工，于 2016 年 6 月 30 日前并网发电（以 10MW 发电单元并网投产日期为准），2016 年 5 月 30 日前应到货 15MW 的组件，于 2016 年 7 月 30 日前完成项目竣工移交，实现 20MW 应全容量并网发电。

2. 合同总价及付款

合同总价约为 1.02 亿元。其中勘察设计费 145 万元，设备费约 7721 万元，施工费约 2333 万元，最后一笔付款节点为 2016 年 10 月 30 日。

3. 项目业主逾期付款违约责任

项目业主应承担因延期支付而产生的利息，利率按同期银行贷款利率上浮 20%计。

4. 质量与检验

项目业主委托第三方对施工质量进行检查、检验、检测和试验时，应书面形式通知总包单位，第三方的验收结果视为项目业主的验收结果。

5. 逾期并网发电的责任

因总包单位原因，造成项目在 2016 年 6 月 30 日未能并网发电，所造成的相应损失由总包单位承担赔偿责任。

合同签署后，2016 年 4 月 28 日，案涉工程如期开工；2016 年 5 月底，各方形成会议纪要，载明现场工程进度缓慢，业主要求赶工期，确保在 6 月 30 日并网发电以确保电价。

2016 年 6 月 16 日及 2016 年 7 月 1 日，总包单位项目部向业主发函，称村委会因手续和补偿费问题阻拦施工、进场道路因大雨山体滑坡不能通行，阻碍了项目进度。

2016 年 7 月底，仅有 3MW 的组件到达现场，直到 2016 年 8 月底，20MW 的设备才全部到货，各方在验收单上签字盖章确认。

2016 年 8 月 30 日至 12 月 20 日，各方在多份《工程量确认单》上签字盖章，确认工程综合完工程度累计已达 100%。

2016 年 12 月 23 日，四川省电力建设工程质量监督中心站出具专家意见书，载明工程质量符合设计及规范要求，部分问题需整改。12 月 28 日，各单位形成整改回复单，表明整改完毕。

2017 年 1 月 20 日，案涉工程首次并网，并网容量为 20MW（载于四川电力调度控制中心后续出具的通过并网试运行的意见）。2017 年 1 月 21 日，项目业主向总包单位发函主张工期延误长达 6 个月，要求赔偿相应损失。

2017 年 7 月 2 日，案涉工程通过 240h 连续带负荷试运行。

2017 年 8 月，总包单位向法院起诉要求项目业主支付拖欠的工程款及利息。

（三）当事人主张

原告总包单位诉请：请求判令项目业主支付拖欠设备费、施工费合计约 9940 万元，并按照同期贷款利率上浮 20% 计算利息。

被告项目业主抗辩：

（1）总包单位提供设备严重超期，致使 2016 年 6 月 30 日实现并网发电完全不可能；

（2）虽然工程于 2017 年 7 月 2 日通过 240h 连续带负荷试运行，但总包单位未履行竣工移交、最终验收等义务，导致项目至今未能竣工验收，给项目业主造成巨额损失。

项目业主提出反诉请求：判令总包单位赔偿发电电费损失约 1356 万元（按接入

批复内载明的项目年发电量 2441 万 kWh 计算）及补贴电价损失约 3375 万（按补贴电价 0.95 元 /kWh 与标杆电价 0.88 元 /kWh 的电价差计算）。

反诉被告总包单位抗辩：

（1）工期延误的原因是项目业主自行采购的部分设备未按期到场以及村民阻挠。且项目上网发电的时间推迟，只是导致电费收入的时间延后，项目业主的损失仅是从 EPC 合同约定的并网发电时间到实际并网发电之间电费收入的利息损失；

（2）案涉工程项目即使按照 EPC 合同约定的竣工时间交付项目业主，也仅能按照 2016 年上网标杆电价 0.88 元 / kWh 收取电费，不存在电价差，因此不应赔偿补贴电价损失。

（四）争议焦点

法院认为，本案的争议焦点为：

（1）项目业主支付工程款的条件是否成就？

（2）总包单位应否向项目业主赔偿发电损失以及补贴电价损失？

（五）法院判决结果

1. 项目业主以案涉工程未经最终竣工验收、存在质量问题为由，拒付工程款理由不成立

关于竣工验收是否影响工程款支付的问题：法院认为，根据各方签署的 3 份《工程量确认单》，截止于 2016 年 12 月 20 日，工程综合完工程度累计达 100%。虽本案工程未进行最终竣工验收，但工程已经实现并网发电，给项目业主带来经济效益，项目业主的合同目的已经实现，故其以此为由主张拒绝支付工程款的理由不能成立。

关于案涉工程是否存在质量问题：虽然项目业主提供了第三方对施工质量的检测报告，但该证据不符合双方对质量争议约定的检测程序（即业主委托第三方检测施工质量时应书面通知总包单位，对工程质量问题有争议且无法协商解决时应共同委托双方认可的第三方检测），项目业主没有证据证明工程质量不合格，也无证据证明其案涉工程未达到设计发电量，其拒付工程款的理由不能成立。

综上，项目业主应向总包单位支付拖欠的设备费约 6949 万元、施工费约 2114 万元及相应利息。

2. 总包单位不应向项目业主赔偿发电损失以及补贴电价损失

法院认为，约定并网发电日期至实际并网发电期间的电费只是迟延取得，并非不能取得，项目业主的损失应为迟延取得电费收入的利息损失（按照中国人民银行发布的同期同类贷款利率计算共计约 27 万元）。但相关证据表明，案涉工程的工期滞后有多种原因，除总包单位的原因外，还有设计单位原因以及非总包单位购置的设备、材料滞后的原因，以及农民阻工造成的道路原因，项目业主将工期延误的原因全部归咎于总包单位与事实不符。在项目业主未按约支付工程进度款的情况下，其要求总包单位承担延误工期的责任，于理不符。因此，对于逾期发电造成的利息损失 27 万元，项目业主应自行承担。

针对业主主张的电价补贴损失，本案中，双方虽约定在 2016 年 6 月 30 日前实现并网发电，但仅要求在该日期实现 10MW 发电单元并网发电。因此，即使按照双方约定，案涉项目也无法在 2016 年 6 月 30 日前完成 20MW 全容量投运，故案涉项目实际只能享受 2016 年上网标杆电价 0.88 元 / kWh，无法享受项目备案时（2015 年）四川地区上网标杆电价（0.95 元 / kWh）。据此，项目业主主张的补贴电价损失没有事实依据。

二、法律分析

1. 项目业主的付款条件是否成就

在实践中，新能源项目的业主为保障自身的利益，往往会将合同付款条件与工程竣工验收、项目并网投产等重要节点相关联。虽然竣工验收是新能源项目工程中的关键环节，但其并非是工程款支付的法定前提条件。基于意思自治原则，法院在认定工程款付款条件是否成就时，主要的依据仍然是当事人的合同约定。

本案中，双方在合同中约定的付款时间（除质保金外）为“项目通过连续 240h 试运转具备预验收条件 7 日内”，并未将工程竣工验收约定为付款前提。案涉工程虽然未经正式竣工验收，但结合多份由项目业主、监理单位等共同签字确认的《工程量确认单》等证据足以认定工程已施工完毕，相关证据也证明了案涉项目于 2017 年 7 月 2 日通过了连续 240h 试运转，顺利并网投产并移交业主使用。据此，合同约定的付款条件已成就，项目业主应当支付工程款。

至于项目业主主张的工程存在质量问题，其虽然提交了由第三方机构出具的检测报告，但由于该机构系业主单方委托，相应的检测程序不符合双方合同约定的共同委托条件，业主亦未提供其他证据证明其主张，因此法院未予支持。但需注意的是，随着《最高人民法院关于民事诉讼证据的若干规定（2019 修正）》的公布，司法实践中对此类单方委托检测有效性的认定可能会有所变化[1]，即在双方没有明确约定委托第三方检测的情况下，如果一方就专门性问题自行委托有关机构或者人员出具意见，人民法院可能采纳该等意见。但出于公允性考虑，如果另一方当事人能够提出相反证据足以反驳并重新申请鉴定的，人民法院应予以准许。

综合上述事实，案涉工程已完工移交并满足了合同约定的付款条件，项目业主也未能提供充分证据证明其抗辩理由，其应当按约支付工程款。

2. 总包单位应否承担电费收益损失及补贴电价损失

国家发展改革委《关于发挥价格杠杆作用促进光伏产业健康发展的通知》（发改价格［2013］1638 号）规定："光伏发电项目自投入运营起执行标杆上网电价或电价补贴标准，期限原则上为 20 年。"法院根据上述规定，认为即使案涉项目延迟并网投产，其 20 年运营期限并未减少，延期并网仅导致项目业主迟延取得部分电费，不会导致运营期电费收益有所减少。法院就本案的审判思路可谓另辟蹊径，但是是否妥当，还需要业内人士从光伏项目的生命周期、投资利润率、货币通胀指数等方面全方位思考和评价。

关于补贴电价损失的问题，案涉项目于 2015 年备案，当时四川地区光伏上网标杆电价为 0.95 元 / kWh，按照发改价格［2015］3044 号文，2016 年前备案但 2016 年 6 月 30 日前仍未全容量并网的项目，电价按照 2016 年上网光伏标杆电价执行，即电价降为 0.88 元 / kWh。双方在合同中仅约定了 10MW 发电单元的并网时间，并非项目整体全容量并网时间，因此即使总包单位按照双方约定完工，项目也无法在 2016 年 6 月 30 日前整体并网发电，亦无法享受 2015 年的光伏标杆电价 0.95 元 / kWh。

[1]《最高人民法院关于民事诉讼证据的若干规定（2019 修正）》第四十一条　对于一方当事人就专门性问题自行委托有关机构或者人员出具的意见，另一方当事人有证据或者理由足以反驳并申请鉴定的，人民法院应予准许。

三、风控指南

（1）无论是项目业主还是承包单位，在约定付款条件和付款时间时，都应谨慎考虑工期安排、项目手续 / 批文的取得情况、工程质量及项目验收等多方因素，并根据项目实际情况由双方协商一致后确定。无论合同中约定了何种付款条件，双方都应当秉持着诚信原则，严格遵守合同约定，若超出约定的条件和范围主张权利，或在己方先违约的前提下要求对方承担责任，则存在被司法机关驳回请求的风险。

（2）若项目业主以取得一定的国家补贴为履约目的，则应当在签约前仔细研究取得国家补贴的条件，包括但不限于并网时间、并网模式（是否全容量）等，并应按照相关法律、政策的规定，在合同中明确约定并网时间，以及因工期延误导致逾期并网的违约责任。建议项目业主将发电量损失、补贴电价损失等预期利益损失在违约责任中列明，避免因合同违反可预见性原则导致无法成功索赔相关损失的风险。

02 光伏项目因工期延误导致延期并网，电价损失的赔偿问题研究

《关于完善风电上网电价政策的通知》（发改价格〔2019〕882号）和《关于公布2019年光伏发电项目国家补贴竞价结果的通知》（国能综通新能〔2019〕59号）均对风电、光伏等新能源项目并网时间作出了限制，如项目不能在限定期限内并网，项目将面临电价补贴降低甚至被取消补贴资格的风险。

2020年初突如其来的新冠肺炎疫情对于建设工期本来就紧张的光伏项目来说更是雪上加霜。设备供材无法如期交付、承包方无法按期完成施工，组件价格持续飙升，种种原因均可能导致光伏项目建设进度严重阻滞，进而造成项目无法按期并网发电而产生电价损失、电费损失等。此部分预期利益损失如何承担，实践中一直都存在颇多争议，本文拟通过分析一起光伏电站建设的案例，对"光伏项目因工期延误导致延期并网，承包方是否需赔偿电价损失"的问题进行解读。

一、典型案例［B 公司与 A 公司建设工程施工合同纠纷案］

（一）当事人关系图

当事人关系图如图 2-2 所示。

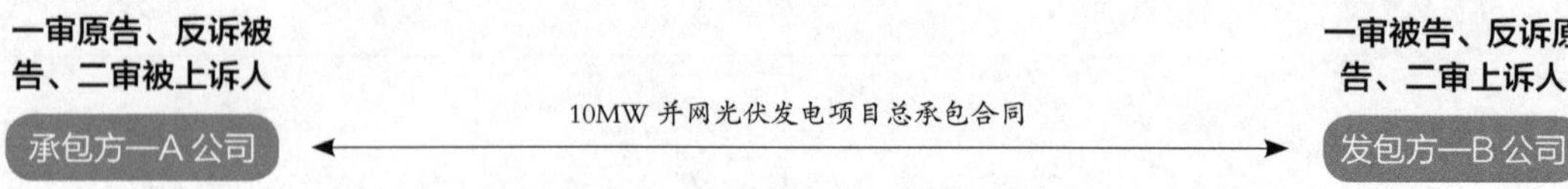

图 2-2 当事人关系图

（二）案件基本事实

2016 年 4 月 18 日，当事人双方签订《10MW 并网光伏发电项目总承包合同》，合同主要约定：

（1）由承包方 A 公司为发包方 B 公司承建 10MW 光伏项目的土建施工、安装、设备采购等，合同总价为 3543 万元。

（2）合同约定开工日期为 2016 年 4 月 11 日，竣工日期为 2016 年 6 月 15 日，并网日期为 2016 年 6 月 28 日。

（3）价款支付条件：工程验收合格后，发包方支付至合同额 70%，如果能在 2016 年 6 月 30 日前并网发电（可获得电价 0.9 元 /kWh），2016 年 8 月底付款 25%，留 5% 质量保证金；如果不能在 2016 年 6 月 30 日前并网发电（可获得电价 0.8 元 /kWh），2016 年 8 月底付款 10%，2016 年底付款 15%，留 5% 质量保证金。

（4）特别约定：如果由于项目验收不合格使项目未能在 2016 年 6 月 30 日前并网发电，导致电价调整给发包方造成损失的，损失部分由承包方负责赔偿。

2016 年 6 月，施工期间发包方对部分光伏支架进行了设计变更，承包方根据设计变更补充采购了两部分支架，但该部分支架于自 2016 年 6 月 7 日至 6 月 20 日才陆续到货。

2016 年 6 月 27 日，省电力质监站作出《光伏发电并网启动试运前质量监督检查报告》《电力工程质量监督检查并网通知书》，载明 A 公司已完成土建、电气部分的施工和安装，质量符合标准，满足光伏电站启动试运要求。

2016年6月30日，案涉光伏电站未能正式并网投运。

2016年7月17日，发承包双方形成工程施工完工确认单，载明完工日期为2016年7月14日，工程质量为合格。

2016年11月24日，工程整体竣工验收，发承包双方与工程监理方三方形成工程竣工验收单。

2017年12月5日，发承包双方形成建设工程决算书，载明项目在正常并网发电试运行3个月内整体运行状况良好。工程决算金额为3453万元，实际支付2270万元，未支付1183万元，含质量保证金180万元。结算后，经承包方多次催款，发包方一直未予以支付。

2018年4月初，承包方向一审法院起诉，请求发包方支付剩余欠款及违约金。

（三）当事人主张

承包方（原审原告、反诉被告、被上诉人）主张：

请求发包方支付剩余欠付款项1183余万元，并支付逾期付款违约金。

发包方（原审被告、反诉原告、上诉人）主张：

要求承包方承担工期延误的违约金及电价损失，并承担因施工缓慢、多次出现质量问题导致工期延误给发包方造成的电价损失1018万元。

（四）争议焦点

法院认为，本案的争议焦点为：

（1）发包方是否应当支付案涉工程剩余款项？

（2）发包方反诉主张的工期延误违约金及电价损失是否应予以支持？

（五）法院判决结果

1. 关于剩余工程款是否应当支付

2016年11月24日，涉案工程全部验收完毕；2017年12月5日，双方对项目整体进行工程决算。另外，根据合同约定，除质保金外，剩余工程款支付条件已成就，应予支持。

2. 关于发包方反诉请求承包方承担工期延误违约金的问题

根据本案查明的事实，合同约定工程在2016年6月15日竣工，实际于2016

年7月17日才完成全部10MW光伏组件安装，涉案工程于2016年11月24日竣工验收完毕，工程延期交工162天。光伏方阵设计变更及所购组件材料迟延到场，是导致合同工期延误的原因之一；同时，根据发包方提交的会议纪要及监理工程师通知单显示，在施工工程中承包方施工队施工人员不足、施工进度落后致使工期滞后，也是造成合同工期延误的原因。现双方均无证据证实前述情形中导致工期延误的主要原因，双方对合同工期延误均有过错，应当各自承担50%的责任。

3. 关于电价损失的问题

虽然双方签订的《总承包合同》第11.1条约定："如果由于验收不合格导致不能在2016年6月30日前并网发电，由于电价调整给发包方造成损失，损失部分由承包方负责赔偿"，但结合2016年8月25日某市能源局给某省发改委上报的《关于已建成光伏发电项目并网的请示》等证据分析可知，涉案项目能否并网发电，除工程质量要达到并网发电的条件外，还需经过政府相关部门的审批同意。因此，综合前述对违约责任的认定，涉案项目未能享受电价优惠与承包方并无直接因果关系；且发包方主张的电价损失属估算费用，其提交的证据不足以证实工程延期竣工造成其电价损失达1018万元，因此不予支持。

二、法律分析

本案中，双方主要争议焦点在于承包方是否需承担工期延误违约金，是否需赔偿发包方主张的电价损失。

1. 关于承包方是否需承担工期延误违约金的问题

本案中，合同约定在2016年6月28日前需实现全容量并网，但案涉项目在计划并网日期前，发包方对光伏电站的主要设备光伏支架进行了设计调整，并按调整后的设备型号重新采购了组件。该批重新采购光伏支架在6月20日才全部到货完毕，此时距离对案涉光伏电站6月30日抢装仅有10天时间，设计变更导致工期十分紧张，因此法院认为发包方设计变更系导致工期延误的主要原因之一。

但是，发包方在诉讼中提供了双方之间的会议纪要及监理通知等书面证据材料，上述证据有力证明了承包人存在施工人员不足导致施工进度缓慢等事实，法院亦据此认定承包方存在过错。

但由于双方当事人均未能有确切证据对各方过错程度具体加以明确，因此法院综合酌情认定双方对工期延误均有过错，各自承担 50% 的责任。

2. 关于承包方是否需赔偿电价损失的问题

尽管合同约定因项目验收不合格使项目未能在 2016 年 6 月 30 日前并网发电，承包方需承担电价调整的损失，但法院认为，工程质量验收合格仅是涉案项目能否并网发电的基础条件，考虑项目并网投产仍需政府部门的审批同意，因此无法认定系直接因承包方过错导致项目无法如期并网进而导致发包方遭受电价调整的损失。由于法院认定双方对项目未能及时并网均有过错，且发包方未有证据证明损失的实际数额，因此法院不予以支持发包方要求承包方赔偿电价损失的诉请。

3. 全生命周期补贴电量对类似案件的影响

2020 年 10 月，财政部、国家发改委和国家能源局联合印发《关于〈关于促进非水可再生能源发电健康发展的若干意见〉有关事项的补充通知》（下文简称《补充通知》）。《补充通知》指出，按照《可再生能源电价附加补助资金管理办法》（财建〔2020〕5 号）规定纳入可再生能源发电补贴清单范围的项目，全生命周期补贴电量内所发电量，按照上网电价给予补贴。在此前相关文件的基础上，此次《补充通知》设定了风电、海上风电、光伏发电、生物质发电等各类项目全生命周期合理利用小时数。其中，风电一类、二类、三类、四类资源区项目全生命周期合理利用小时数分别为 48 000、44 000、40 000h 和 36 000h。海上风电全生命周期合理利用小时数为 52 000h。光伏发电一类、二类、三类资源区项目全生命周期合理利用小时数为 32 000、26 000h 和 22 000h。国家确定的光伏领跑者基地项目和 2019 年、2020 年竞价项目全生命周期合理利用小时数在所在资源区小时数基础上增加 10%。生物质发电项目（包括农林生物质发电、垃圾焚烧发电和沼气发电项目）全生命周期合理利用小时数为 82 500h。

上述《补充通知》生效后，理论上 20 年的补贴期是计算全生命周期合理利用小时数的最高年限。补贴期系在全生命周期合理利用小时数和 20 年期限两者当中取较短者。对于存量项目，如果历史上实际发电小时数高于上述《通知》公布的年均合理小时数，则补贴期将不可能达到 20 年；如果项目发电小时数低于合理利用小时数，则最多补贴 20 年。因此，《补充通知》生效后，由于施工单位原因工期延误，导致项目无法如期并网进而无法获得电价补贴的，业主主张电费补贴的计算方式将与以前有很大不同，除非有证据证明电站历史上实际发电小时数低于《补充通知》公布的年均合理小时数，否则业主将只能根据项目的全生命周期主张补贴损失，而不能再直接根据固定的年限（例如 20 年）计算电费补贴。

三、风控指南

（1）实践中，工期延误可能由多方面原因造成，例如原材料供应不足，设备未能如期交付，设备或工程存在质量问题造成返工、返修，非正常停水停电、村民阻工等原因造成现场施工无法进行，业主中途增加工程量或设计变更等，均有可能影响项目建设进度，造成工期延误。

发包人业主应注意根据合同约定及时提供设计图纸，保证施工条件，在开工后尽量不要随意进行设计变更或增加工程量，避免承包人以此为由抗辩工期违约责任。同时，如发生工期延误，发包人在进行工期索赔时，双方之间形成的会议纪要、监理通知单、工程签证单、工程日志、往来函件等均是有力证据，应注意妥善留存。

（2）新能源电力项目正式并网投产前，需取得相应电力主管部门出具书面并网验收合格、工程建设质量验收合格、消防、环保验收合格等各类审批材料，工程竣工验收合格仅是项目具备并网投运的基础条件。在项目未能按期并网的情形下，如果发包方不能证明承包方过错与延期并网存在直接因果关系的，将难以主张承包方赔偿损失的责任。

（3）合同签订过程中，新能源项目业主如欲主张未能如期并网导致的电价损失，应注意在合同中约定明确的损失计算方式和赔偿金额的具体组成，例如如期并网和未如期并网的每度电价差额、主张赔偿的期间等。如果缺乏明确具体的依据，将难以得到法院的支持。

建议新能源项目业主在诉讼过程中提醒法院注意国家能源局及财政部颁布的新能源项目电价相关政策，并援引其中对逾期并网导致电价降低 / 取消补贴等后果的具体规定，用以佐证关于电价损失的主张。

03 光伏项目逾期并网，非业主发包方索赔25年电价补贴损失

对于符合领取可再生能源补贴条件的风电、光伏等新能源项目来说，工期无疑是项目的“生命线”，项目的建设过程中，发包方也会在施工合同中对工期进行严格把控，并设置严格的违约责任以规避项目延期并网的风险。

那么，如果合同中已经约定了逾期并网的补贴电价损失承担方式，在工期延误触发逾期并网的违约情形时，发包方是否能成功地要求承包方按照合同约定方式赔偿项目全生命周期电价补贴损失呢？

一、典型案例［某施工单位、某太阳能公司建设工程施工合同纠纷案］

（一）当事人关系图

当事人关系图如图 2-3 所示。

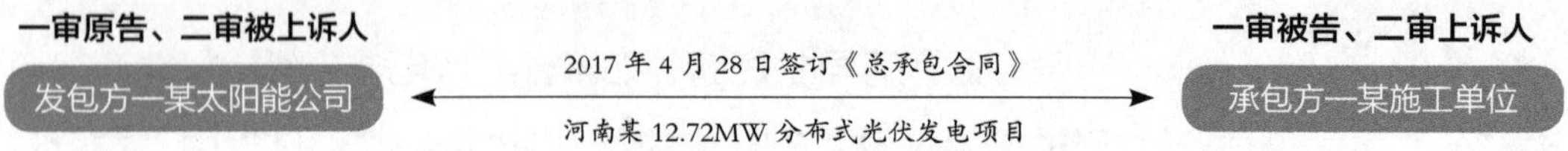

图 2-3 当事人关系图

（二）案件基本事实

2017 年 4 月 28 日，发包方某太阳能公司与承包方某施工单位签订《总承包合同》一份，约定由承包方某施工单位承建河南某 12.72MW 分布式光伏项目（发包方某太阳能公司并非项目业主，该项目业主系某电力公司）。

《总承包合同》约定工程固定单价为 2.37 元 /W，工程预估总价款约为 3014 万元；合同附件约定："如果本项目并网时间超过 2017 年 6 月 30 日，承包方需赔偿发包方 25 年电价（补贴）损失，损失计算标准为（25 年发电期限）乘以［（已批复电价及补贴）减去（实际取得电价和补贴）］"。

《国家发展改革委关于完善陆上风电光伏发电上网标杆电价政策的通知》（发改价格［2015］3044 号）载明，2017 年 6 月 30 日前完成并网的项目，全国光伏发电标杆上网电价为 0.98 元 /kWh；《国家发展和改革委员会关于调整光伏发电陆上风电标杆上网电价的通知》（发改价格［2016］2729 号）规定，2017 年 6 月 30 日后完成并网的项目，全国光伏发电标杆上网电价为 0.85 元 /kWh。即 2017 年 6 月 30 日以后并网将导致电价补贴 0.13 元 /kWh 的损失。

在实际建设过程中，案涉项目分三个并网点并网。2017 年 10 月 12 日，涉案项目整体竣工；2017 年 10 月 25 日，涉案项目经竣工验收合格；2017 年 11 月 14 日，承包方某施工单位将涉案工程交付发包方某太阳能公司。

结算过程中，双方对案涉项目实际并网时间存在争议。发包方某太阳能公司认可案涉项目并网点 1 并网时间为 2017 年 6 月 28 日，但主张项目并网点 2 和并网点 3

（合计容量 10.109 22MW）实际并网时间均为 2017 年 10 月 13 日，并提供了相应的并网验收意见单及 2017 年 7 月至 2019 年 7 月的发电客户电费清单等予以佐证。

发包方某太阳能公司提供证据证明项目并网点 2 和并网点 3（合计容量 10.109 22MW）未取得“2017 年 6.30 电价”（即 0.98 元 /kWh），实际取得光伏发电标杆上网电价为 0.85 元 /kWh。根据 2017 年 7 月至 2018 年 7 月一个完整的年度内统计的并网点 2、3 的发电量，每发一度电造成电价损失 0.13 元，计算所得 25 年电价损失总额为约为 3340 万元，因此主张承包方某施工单位赔偿电价损失总计约 3340 万元，但某太阳能公司在庭审中明确本次只主张 3340 万元中的 1300 万元部分，剩余部分另行主张。

（三）当事人主张

原告某太阳能公司诉请：

因被告某施工单位未按合同约定按时并网，因此主张判令被告某施工单位按照合同约定支付电价损失 1300 万元（剩余部分 2040 万元损失另行主张）。

被告某施工单位抗辩：

（1）涉案总包合同附件约定工期超过 2017 年 6 月 30 日的罚则实际为违约责任条款，该约定因违反公序良俗原则应属于无效条款。

（2）享受电价补贴的主体是项目业主，某太阳能公司不是项目业主，不是所谓电价补贴“损失”的主体，原告没有损失，因此没有资格主张电价损失。

（四）案件争议焦点

法院认为，本案的争议焦点：

被告某施工单位是否应按照合同约定赔偿电价损失。

（五）法院判决结果

《总承包合同》第四部分合同附件 1 第 2 条电价损失承担条款是违约条款，该条款提供了违约责任的计算标准，其适用的前提是发包方某太阳能公司因承包方某施工单位的违约行为而遭受到电价损失。

首先，本案中，某太阳能公司不是享受电价补贴的主体，享受电价补贴的主体是项目业主某电力公司。电价补贴的多少不会给某太阳能公司带来直接损失，但是会影响项目业主的利益。

其次，涉案工程每年的发电量不是恒值，政府对电价的补贴也会随着形势不断调整，项目业主遭受到的损失不能提前预估，某太阳能公司是否会为此遭受损失更不能提前预知，附件1第2条的适用条件并未成就，因此某太阳能公司的诉请应当予以驳回。

二、法律分析

1. 关于主张发电量损失的问题

新能源项目并网投产后运营期间所产生的电费能否取得，受到多种不确定因素影响。项目运行25年的收益属于在项目正常运营情形下，业主可以预期获得的收益，但由于该收益的取得具有不确定性，如果双方当事人在合同中未明确约定发电量的计算方式，存在被法院认为该电费收益因不满足可预见性原则而不予支持的风险。

与本案相类似，在某光伏项目建设工程施工合同纠纷上诉案（“类比案例”）中，因总包方原因致使工期延误，业主向总包方索赔发电量损失和财政补贴，法院同样认为，项目能否发电以及发电数额，可能会受到各种因素的影响，对于工程竣工后随着时间推移产生的间接效益等损失，总包方在合同签订时是无法预知的，案件中双方当事人并未在合同中约定明确的损失计算方式，因此法院最终以预期可得利益不明确为由，不予支持总包方赔偿发电量损失的诉求。

2020年10月，财政部、国家发改委和国家能源局联合印发的《关于〈关于促进非水可再生能源发电健康发展的若干意见〉有关事项的补充通知》（以下简称“补充通知”）生效后，电价补贴将仅仅针对此次《补充通知》设定的风电、海上风电、光伏发电、生物质发电等各类项目全生命周期合理利用小时数，业主主张电价补贴损失的计算方式和金额也将随之改变，分布式光伏电站取得25年电价补贴的可能性已经基本不存在。

2. 关于主张电价补贴损失的承受主体问题

本案中，案涉项目为分布式光伏项目，在全容量上网模式中，享受电价补贴的主体应当是进行项目申报并备案的项目投资主体。而本案发包方并非项目业主，因此法院认定，即便承包方存在逾期并网的违约情形，对于非项目业主的发包方来说，也不会存在“电价补贴损失”。

其次，本案中约定的电价补贴损失的计算方式为“25 年发电期限 ×（已批复电价和补贴 - 实际取得电价和补贴）”。在该计算方式中，项目每年的发电量没有约定计算方法，也不是恒值，无法合理预估，同时也存在政府对电价的补贴随着形势不断调整的可能，并且无法确定电价补贴具体何时支付到位（补贴延迟发放已经成为常态）。从上述两方面来看，承包方某施工单位无法在合同签订时预估延期并网导致项目业主可能遭受到的损失，同时更无法预知延迟并网会对发包方某太阳能公司造成损失，因此，法院综合认定发包方某太阳能公司主张损失的前提条件未成就，未予支持其请求。

因施工承包方原因导致光伏项目遭受经济损失的情况时有发生，除了要明确损失主体及赔偿金额的具体计算方式外，项目业主还需要注意《民法典》第五百九十一条规定：“当事人一方违约后，对方应当采取适当措施防止损失的扩大；没有采取适当措施致使损失扩大的，不得就扩大的损失要求赔偿。当事人因防止损失扩大而支出的合理费用，由违约方承担。”即违约情形发生后，遭受损失一方也应当积极采取有效措施防止损失无限扩大，否则应就额外损失自担风险。如类比案例中，业主所主张的电价补贴损失就有一部分是其在总包方延期并网之后业主自己未积极采取适当补救措施导致的，法院因此不予支持相应的电价补贴赔偿请求。

三、风控指南

1. 合理设置合同条款

因延期并网导致的项目无法获得补贴、电价降低甚至建设指标取消等不利影响等是新能源项目的争议高发点，为最大程度地降低潜在损失，保障项目收益，项目业主应在项目总承包合同签约、履行全过程中设置风险防控措施。

电价补贴作为新能源项目业主的预期利益，在司法实践中能否被支持确实具有一定的不确定性。电价损失得以被支持的前提条件之一为合同中约定了明确的责任承担条款，且该损失具有清晰明确的计算方式、计算方式具备一定的科学依据。因此，建议项目业主在签订项目总承包合同时：

第一，应注意设计在产生预期电费收益损失情形下，双方如何分配损失承担责任。建议发包人与承包人协商在合同中明确约定，因承包人原因造成项目未能如期并网，影响正常投产的，未正常运营期间所产生的电费损失由承包人承担，以免出现承包人提出以下抗辩：由于在签约时没有明确约定上述间接损失由其承担，因此对于电价补贴或发电量损失无法预测，不符合《民法典》规定的“可预见性”规则，因而不予赔偿。

第二，在明确承包人在延期并网后承担发电量损失责任的基础上，应明确约定预期电费损失的计算方法。例如按照（项目预期的年度应发未发小时数 × 项目实际装机容量 × 电价单价）来锁定每年预期收益，并根据光伏项目的实际情况科学合理地约定每年合理的衰减率。明确约定未来年度的电费损失，以降低项目业主无法举证证明损失电量的风险；或虽然承包人认可存在损失，但是最终难以确定合理的具体损失金额的风险。

2. 一方违约后，另一方应及时采取补救措施

一方发生违约情形并造成损失的，另一方当事人也应及时采取补救措施防止损失继续扩大，此为非违约方的法定义务。如果非违约方有能力及时减损 / 止损，却又怠于履行减损 / 止损义务的，就扩大的损失部分，非违约方应自行承担。例如，如果业主发现施工单位已经因其租赁施工设备延期到场导致工期延误，就应催促施工单位尽快采取补救措施选择新的设备租赁方，如施工单位确实无法尽快处理相关事宜，业主应考虑替代方案，以防止损失进一步扩大。

3. 关注逾期并网的政策性风险

2020 年 11 月，财政部办公厅发布了《关于加快推进可再生能源发电补贴项目清单审核有关工作的通知》（财办建〔2020〕70 号，下称“《通知》”），要求抓紧审核存量项目，分批纳入补贴清单。《通知》及其附件中明确，全容量并网时间由地方能源监管部门或电网企业认定，都无法认定的，应按照补贴项目承诺的全容量并网时间、电力业务许可证明确的并网时间、并网调度协议明确的并网时间中最晚的时间确认全容量并网时间。且项目并网时间滞后于企业承诺时间且影响电价的，将对延后 1 个月以内、3 个月以内、3 个月及以上的不同情况分别、逐级给予核减补贴直至移出补贴名单的处理。

新能源项目业主应关注类似政策变化，妥善安排项目建设进度，保证项目在规定期限内全容量并网并取得电力业务许可证，尽可能地减少逾期并网对电价补贴及项目收益造成的负面影响。

04 光伏设备衰减率超标，业主要求设备商赔偿项目运营期内发电量损失

实践中，新能源项目的主设备采购方往往会在合同中列明对设备性能、功效等方面的具体要求，一旦设备未达到约定的标准，或因设备质量问题影响了能源项目整体收益，采购方除向设备商主张直接损失（如更换有质量的设备）以外，往往还会要求设备商赔偿因设备质量问题而导致的间接损失，即预期利益损失，例如发电量损失、节能效益损失等。如发生此类情况，采购方主张的预期利益损失能否因设备存在质量问题而得到支持?

一、典型案例［某能源公司与某电力设备公司买卖合同纠纷案］

（一）当事人关系图

当事人关系图如图 2-4 所示。

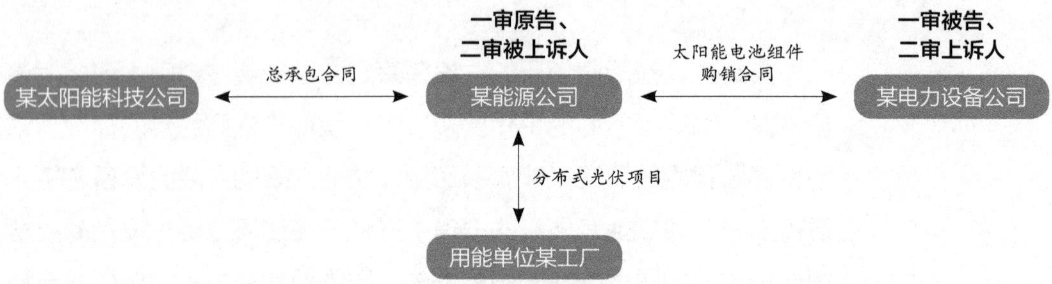

图 2-4 当事人关系图

（二）案件基本事实

2015 年，某能源公司与某电力设备公司签订《太阳能电池组件购销合同》，由能源公司向电力设备公司采购 8240 片电池组件，用于由某能源公司在用能单位的工厂屋顶开发建造屋顶的分布式光伏项目，合同总价约 770 万元。案涉合同主要条款约定：

（1）供应商电力设备公司所供组件应符合行业标准，并应满足财政部所发布的《某示范工程关键设备基本要求（2015）》[1]，该文件对组件的性能要求为初始功率（出厂前）不低于标称功率，使用寿命不低于 25 年，质保期不少于 5 年，组件衰减率在 2 年内不高于 2%，25 年内不高于 20%。

（2）采购方对设备的质量和型号提出验收异议期间为到货后 30 天。

（3）如果组件质量不能达到规定要求的，供货商负责退换合格产品，质量方面的索赔和处理按附件中质保条款执行。

案涉项目（包括设备）的安装总承包单位为第三方某太阳能科技公司。

2016 年 6 月 30 日，案涉项目正式并网发电。

2017 年 6 月 30 日，因一年内组件发电量与可研报告相距甚远，双方开会决定抽

---

[1] 该文件已于 2016 年 8 月 18 日失效。

样送检，并形成会议纪要。买卖双方均在会议纪要中同意随机抽样 9 片送至某市质量监督检验技术研究院进行检验，并约定该院所出具的检验报告为会议各方认可的报告。

2018 年 1 月 8 日，双方共同委托检验单位出具的报告显示案涉组件平均输出功率和衰减率未达到合同约定标准，衰减率在组件启用一年有余即超过了约定标准 2%。

另查明，某能源公司与某用能单位已经签订了为期 25 年的供电协议，并约定了电价为 0.9 元 /kWh（含税），不含税价为 0.77 元 /kWh。由于电力设备公司提供的设备衰减率超过约定标准，将对能源公司造成一定的发电量损失。

（三）当事人主张

2018 年 8 月 4 日，原告某能源公司向法院起诉，要求电力设备公司承担维修更换义务或赔偿整个运营期的发电量损失 320 万元。

被告设备供货商电力公司辩称案涉组件不存在质量问题，原告在项目运行一年多后主张质量异议并无合法依据，请求判令驳回原告诉请。具体抗辩如下：

（1）合同检验条款约定货到现场后原告应在 30 日提出异议，原告在 30 日内没有提出异议应推定被告所供组件视为合格。

（2）原告所主张的发电量对应电费损失金额为间接损失，没有法律依据。

（3）被告在诉前配合原告抽样检验是为了帮助原告分析发电量与预期差距较大的原因，并非被告承认所供产品存在质量问题。事实上，检验报告虽认定组件功率偏低，但也并未认定光伏电池组件质量不合格。

（4）不排除出现发电量的差距系由总承包单位施工安装不当造成了组件的破损导致的，检验报告也备注了样品存在隐裂或碎片的情况。

（5）原告作为工厂开发建设的某屋顶示范项目已经通过验收，顺利投产发电，并已领取了项目财政补贴，说明被告所供组件是符合合同约定和某示范项目的设备标准的。

（四）争议焦点

法院认为，本案的争议焦点：

（1）原告所主张的被告所供组件不符合合同约定的质量标准是否成立？

（2）原告起诉主张所计算的发电量经济损失是否科学合理具有法律依据？

（五）法院判决结果

法院认为：虽然合同约定原告作为买方对光伏设备的验收异议期间为货到后 30 天，但组件的衰减率在到货 30 天内显然无法检测得知，该质量问题属于隐蔽瑕疵，故不应适用上述 30 天异议期的约定。经检验，被告提供的有关组件衰减率明显不符合光伏项目的技术要求，故卖方应承担相应的违约责任。

按照合同约定，对于不能达到规定质量标准的光伏组件，被告应负责退换，如被告不能履行维修或更换义务，则理应赔偿原告因组件质量问题导致整个项目运行期内发电量减少的相应经济损失。关于该损失金额的核算，由于涉案发电量的经济损失计算较为复杂，除了电价，还需考虑组件的正常衰减、气候、日照、发电效率等各种因素，法院根据双方抽样的检验报告出具的结果（可得出非正常衰减的大致数据）、项目可行性研究报告的相关数据、某示范工程对组件使用寿命、允许衰减率的技术标准、能源管理合同有关电价的约定等，在假设组件在今后的衰减率能够符合某示范项目技术标准的前提下，参考原告提交的代理意见及附件计算表格，原告在整个项目运行期内发电减少量约为 410 万 kWh，再假设电价保持稳定，且扣除税收因素，可得原告在整个项目运行期内发电量减少的相应经济损失约为 320 万元。但同时基于双方所送检的样品中，有部分组件存在隐裂等情况，虽原告买方称系被告所供产品本身的原因，但因原告未能及时对此进行检验验收，且组件的安装并非由被告进行（系第三方总承包单位施工安装），故原告对此所导致的组件功率衰减亦应承担部分后果，本院参考检验报告中存在上述问题的组件的功率衰减与正常组件的衰减之间的比例等因素，酌定原告损失约为 210 万元。

二、法律分析

1. 设备的质量异议期间

根据《民法典》第六百二十一条[1]的规定，买方以设备质量问题对付款义务进行

[1] **《民法典》第六百二十一条** 当事人约定检验期限的，买受人应当在检验期限内将标的物的数量或者质量不符合约定的情形通知出卖人。买受人怠于通知的，视为标的物的数量或者质量符合约定。
当事人没有约定检验期限的，买受人应当在发现或者应当发现标的物的数量或者质量不符合约定的合理期限内通知出卖人。买受人在合理期限内未通知或者自收到标的物之日起二年内未通知出卖人的，视为标的物的数量或者质量符合约定；但是，对标的物有质量保证期的，适用质量保证期，不适用该二年的规定。
出卖人知道或者应当知道提供的标的物不符合约定的，买受人不受前两款规定的通知时间的限制。

抗辩存在一定的期间限制，这一期间最先适用的即为合同约定的检验期间。若当事人在合同内约定了质量检验期间，且买方怠于通知 / 逾期主张设备质量问题的，根据现有司法裁判观点，通常会认定设备质量符合约定的标准，买方应当按约履行付款义务。

值得注意的是，若当事人未约定质量检验期间，但约定了质量保证期的，应以质量保证期作为质量检验期间。当然，实践中也存在两种期限均未约定的情形，在此情况下，质量检验期限则适用法律规定的合理期间，一般为两年。

本案中，双方虽然约定了货到后 30 天买方提出验收异议期间，但由于案涉设备的衰减率需要在光伏设备整体运行一段时间后方可显现，将上述 30 天的异议期间作为质量异议期间显然不合理。因此，法院最终认定上述异议期间仅是买方有权对案涉设备外观、数量等表面瑕疵提出异议的期限，不应适用于设备衰减率等隐蔽性瑕疵。在买方逾期提出质量异议的情况下，若合同中约定了设备的质量保证期及相应期间内设备商的质保责任，买方仍可依据质保条款主张质量责任。

2. 买方的预期利益损失

根据《民法典》第五百八十四条[1]的规定，违约方给守约方造成损失的，守约方有权主张合同履行后可以获得的利益，即预期利益损失。但是，预期利益损失的主张应以可预见性为前提，即违约方在签约时可以预见到自己的违约行为可能会造成此类损失。同时，预期利益损失金额还应当结合各方当事人是否存在交叉过错、约定的损失计算标准是否合理等具体的案情和条件来确定。

本案中，原告某能源公司与被告电力设备公司在签约时即明确告知了供应商，案涉光伏设备是用于某示范工程，且示范工程的技术标准和设备参数作为合同附件对光伏组件的衰减率有明确标准，且根据某能源公司与用能单位某工厂签署的供电协议为 25 年有效期，即证明了设备使用寿命不低于 25 年，电力设备公司对于发电量损失是可以预见的。就损失的具体数额而言，虽然能够根据当事人提交的证据，结合案件涉及的各方面因素计算得出原告能源公司因设备质量问题遭受的经济损失，但若直接支持某能源公司的全部请求则过于片面和草率，应当结合设备系由第三人安装且原告

---

[1] 《民法典》第五百八十四条　当事人一方不履行合同义务或者履行合同义务不符合约定，造成对方损失的，损失赔偿额应当相当于因违约所造成的损失，包括合同履行后可以获得的利益；但是，不得超过违约一方订立合同时预见到或者应当预见到的因违约可能造成的损失。

存在一定过错等情节和事实，法院还需考虑组件的正常衰减、气候、日照、发电效率等各种因素，酌定减少部分预期利益损失金额。

三、风控指南

1. 应在合同中注意约定合理的设备质量异议期

由于设备质量对于新能源项目来说至关重要，建议买卖合同双方提前在合同中约定质量标准、检验期或质量异议期，若约定的期限过短，或约定“到货后一定期限内买方可提质量异议”，则此处的期限通常会被认为是较短的到货验收异议期，该期限仅适用于数量、型号等设备显著特征，不适用于必须经过设备运行才可以获得的性能、技术参数等隐蔽特征。因此，具体的检验或异议期限应根据买卖双方的诉求及设备性质最终确定。

即使买卖双方认为检验或异议期限难以确定，选择不在合同条款中约定的，为了避免后续出现纠纷，建议应当约定设备质保期。建议买方收到货物后，应尽快完成验收、安装调试及试运行等工作，以便及时发现问题并及时主张。

2. 证据对设备质量不合格的索赔尤其重要

由于诉讼中当事人的权利主张是否能够得到法院支持关键在于其是否提供了充分的证据证明，建议当事人尽量在设备交货、安装、调试、验收完毕后签署书面文件并注意留存，一旦发生争议，可以此作为有效的证据维护合法权利。买方若对到货设备质量问题存在异议，但双方意见不一且无法协调的，主张权利的一方可委托有资质的机构对设备质量进行质量鉴定，以此固定证据。

3. 设备质量不合格的索赔应包含预期利益的损失

如本文案例中所述，因设备质量问题导致整体项目运行受到影响的，根据《民法典》的规定，买方除主张卖方赔偿其实际损失，要求更换或修理存在质量问题的设备外，还有权主张预期利益的损失赔偿，但该部分损失应以可预见为前提，具体的数额亦应综合考虑当事人的过错程度、导致损失的各方面因素加以确定，这就要求当事人在签约、履行时尽到更大程度的注意义务。

05 政府承诺调规未果，光伏项目建成后因占用自然保护区被拆除的责任承担问题研究

光伏项目的开发、建设需要经过多方主管政府部门的备案、审批等程序，因此部分项目的开发商会因赶工期在未全面取得批文时就开工建设，即“未批先建”。但土地合规问题作为新能源项目的核心要素之一，由多级政府管辖。如项目用地性质不合规，基层政府作出的土地调整规划承诺是否具备行政效力？如建成后因调规未果，最终导致光伏项目被拆除，光伏业主单位是否能够获得相关政府的赔偿？

一、典型案例［某光伏项目公司与某县政府行政诉讼案］

（一）当事人关系图

当事人关系图如图 2–5 所示。

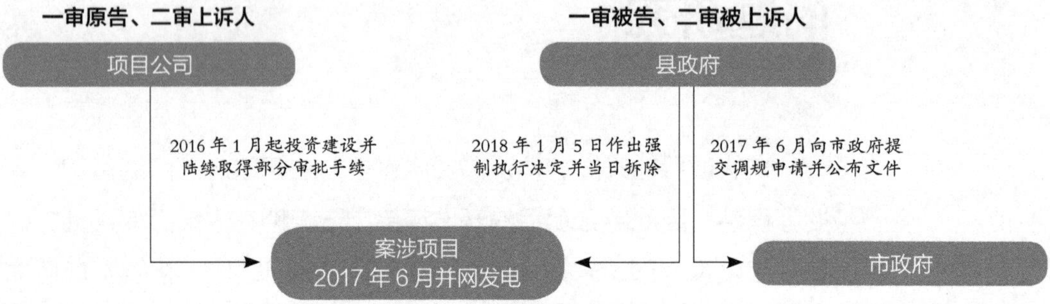

图 2–5　当事人关系图

（二）案件基本事实

2016 年 1—4 月期间，项目公司就其位于山东某湖泊附近的光伏项目前期工作取得县级林业局、发改局、国土局以及环保局的批复，批复中确认了项目投资为 7.5 亿元，同意开展前期工作，办理相关手续。

2016 年 12 月，项目公司取得县住建局的审批意见，载明“经初审，原则同意你公司在办理完项目建设用地手续、建设工程规划许可手续，完成项目建设程序后，建设该项目房屋建筑工程”（但项目公司在诉讼中未能提供前述审查意见中所提到的有关用地手续、市环保局的审批手续以及建设工程规划许可等手续）。

2017 年 2—5 月，项目公司先后与甲、乙两村村民委员会签订土地租赁合同，租赁甲、乙村共 2820 余亩土地建设光伏列阵，租赁期限均为 20 年，期满自动续期 5 年。

由于项目选址在某湖自然保护区内，项目公司无法取得用地、环评、建工许可等手续。2017 年 6 月，县政府以“土地现状为光伏发电项目建设用地，不具有保护价值”为由，向市政府提交调整自然保护区规划请示，并以县政府文件形式公布于社会，但至项目竣工投产之日，市政府也未对调整申请作出任何回复。

2017 年 6 月，项目公司在未取得用地、环评、建工许可等手续的条件下完成了电站的建设，通过了并网验收，并与国网山东省电力公司签订并网调度协议及购售电合同，项目正式并网发电。

2017 年 8 月至 9 月，中央环境保护督察组对山东省开展环境保护督察，并于 2017 年 12 月向山东省政府反馈督察意见。某市政府为落实省政府传达的中央环保督察反馈意见，制定了整改责任清单，要求对影响省级自然保护区生态环境有关建设项目实施限期整改。其中对本案光伏项目具体整改措施为由县政府责令企业限期拆除案涉光伏电站，如限期拆除不到位则开展强制拆除。

2018 年 1 月 5 日，县政府作出 1 号强制执行决定，认定案涉光伏项目属于违法建设项目，并于决定生效当日即对项目设施执行强制拆除。

2018 年 2 月 28 日，项目公司向市政府提出行政复议申请。

2018 年 4 月 24 日，市政府作出 21 号行政复议决定，确认县政府作出 1 号强制执行决定的具体行政行为违法，但项目公司的光伏项目若不予拆除会给国家利益、社会公共利益造成重大损失，因此，未撤销 1 号强制执行决定。

项目公司不服该复议决定，遂提起行政诉讼，请求行政赔偿。

（三）当事人主张

项目公司主要诉请：县政府关于土地调整规划的相关请示中标明光伏项目占用自然保护区不具有保护价值，该请示以县政府文件的形式公布于社会，并实施了两年，项目公司出于对政府的信赖而对项目投资约 7.5 亿元，政府的强制执行行为应被认定为违法行为，并应赔偿项目公司损失。

县政府答辩意见：根据中央环保督察反馈意见，涉案光伏发电项目建设在某湖自然保护区内，缺少各项建设审批手续，依法应认定为违法建设项目，应予拆除。且由于项目公司对涉案项目没有合法权益，即使存在损失，也是由于其自身原因造成，不应给予国家赔偿。

（四）案件争议焦点

法院认为，本案的争议焦点：

（1）县政府出具的强制执行决定是否合法；

（2）项目公司的行政赔偿请求应否支持。

（五）法院判决结果

一审法院判决认定县政府出具的2018年1号强制执行决定违法，但不支持项目公司的行政赔偿诉讼请求，理由如下：

（1）本案中，县政府在作出行政强制执行决定前，并未告知项目公司享有陈述、申辩的权利，县政府未听取项目公司陈述、申辩即作出行政强制执行决定，且在强制执行决定生效当天即对涉案违法设施执行强制拆除，违反了《行政强制法》第四十四条关于行政机关依法强制拆除法定程序的规定，故被诉行政强制执行决定违反法定程序；但鉴于项目公司的光伏发电项目属于违法建设，应予拆除，撤销该行政行为将会给国家利益、社会公共利益造成重大损失，故确认县政府行为违法，但不予撤销。

（2）项目公司涉案项目所占用土地并未按照《土地管理法》的规定办理用地审批手续，未按照《城乡规划法》的规定办理建设工程规划许可及施工许可，也未按照《环境影响评价法》取得环境影响评价批复和项目验收批复，不符合国家环保政策，应当责令停止建设，限期拆除恢复原状，其受到的损失不是合法利益，不应给予国家赔偿。因电站系违法建筑，故对其请求恢复原状并网发电或行政赔偿的请求不予支持。

项目公司对一审判决不服，向相关法院提起上诉。

二审法院维持认定县政府强制执行决定构成违法，但认为项目公司对县政府申请土地调整的行为具有一定信赖利益，因此二审法院改判支持项目公司的行政赔偿诉讼请求，理由如下：

（1）涉案光伏发电项目属于违法建设项目，但其并非完全由于项目公司自身原因造成。首先，项目公司就案涉项目前期取得了部分批复，并非完全未经县政府等相关部门同意而擅自建设。其次，国家林业局[1]已有通知明确各类自然保护区为禁止建设光伏发电项目区域，但县政府仍以涉案项目用地不具有保护价值为由提交调整规划请示，项目公司有理由相信县政府已经允诺其可以在选址地点建设光伏发电项目。

（2）行政机关在行政执法过程中，对于行政相对人（即项目公司）因政府招商引资或行政允诺而为的经营行为，不宜简单认定为违法行为而采取行政强制措施，而应当从维护政府公信力的角度，结合信赖利益保护原则，充分考虑行政相对人的合理

[1] 现国家林业和草原局。

诉求，裁判的公平正义价值及实际效果，维护其正当的信赖利益。本案中县政府对于因强拆行为对项目公司造成的扩大损失，应予以赔偿。

二审判决没有明确具体赔偿金额，法院认为有关赔偿事项和赔偿数额问题仍需要县政府进一步审查核实，人民法院就赔偿问题直接作出裁判的时机尚不成熟。宜由县政府对项目公司依法及时作出赔偿决定，项目公司如对赔偿决定不服，仍有权依法寻求司法救济。

二、法律分析

1. 程序违法的行政行为是否应予撤销

县政府对案涉项目做出强制执行决定时并未告知项目公司享有陈述、申辩的权利，之后也没有听取项目公司陈述和申辩，且在强制执行决定做出当日即强制拆除了电站，违反了《行政强制法》第四十四条[1]的程序事项规定，因此强制执行决定具有程序瑕疵。但是本案中项目公司未办理相应的用地审批手续、建设工程规划许可及施工许可手续，也未取得环境影响评价批复和项目验收批复等，因此该项目属于违建项目，如果不拆除，会给社会公共利益造成重大损失。根据《行政诉讼法》第七十四条第一款第一项规定[2]，法院判决确认该 1 号强制执行决定违法，但并未撤销该行政行为。

2. 政府是否应当赔偿项目的投资损失

本案中，项目公司就光伏项目的前期工作取得了部分县级主管部门的批复，同意项目公司开展前期工作并办理相关手续。在涉案光伏项目建设前，县政府还曾向市政府请示将自然保护区的范围进行调整（范围缩小）以满足涉案光伏项目的建设条件。因此，项目公司有理由相信县政府已经允诺其可以在选址地点建设光伏发电项目。法院认为，县政府在行政执法过程中，未充分考虑和维护项目公司正当的信赖利益，对因强拆行为造成的扩大损失，县政府应对项目公司予以赔偿。

---

[1] 《行政强制法》第四十四条　对违法的建筑物、构筑物、设施等需要强制拆除的，应当由行政机关予以公告，限期当事人自行拆除。当事人在法定期限内不申请行政复议或者提起行政诉讼，又不拆除的，行政机关可以依法强制拆除。

[2] 《行政诉讼法》第七十四条第一款第一项　在被诉行政行为违法，但撤销会给国家利益或社会公共利益造成重大损害的情况下，人民法院应当判决确认违法，而不撤销行政行为。

三、风控指南

1. 行政执法中程序与实体合法性均应得到重视

在我国行政执法实践中，部分行政机关做出某种行政行为时可能会存在重实体而轻程序的难题，程序性瑕疵常常体现在忽视行政相对人的陈述、申辩等程序性权利上，因此会增加行政行为被确认违法或被撤销的风险。

对于行政相对人（即新能源项目投资方）来说，其享有的不仅限于实体性权利，法定的程序性权利也同样重要，当行政机关做出不利于相对人一方的行政行为时，可以从程序性权利是否缺失作为突破口，保障自身合法权益。

2. 新能源项目投资方应增强法律意识，认识到土地不合规将对项目产生颠覆性风险

建议新能源项目开发或投资方严格依法开发和建设新能源项目，在取得项目所需的核心开发文件后开始施工建设，不应盲目相信政府承诺，更不能通过政府的某些行政行为“推导”政府作出了承诺，也不能盲目乐观，例如认为项目投资额巨大，建成投产后政府不会轻易拆除。

在当前“双碳”背景下，新能源行业迎来蓬勃发展的同时，国家对环境保护的力度也在不断加强。建议投资方聘请专业的咨询顾问了解项目所在地开发建设新能源项目所必需的批文和手续（对部分文件，各省有不同的规定），了解各个层级的政府对特定行为的审批权限，知晓开发过程中某些批文、手续的重要等级，分析哪些开发文件的缺失将会对项目投资造成颠覆性的风险。

笔者曾经接受委托，处理过上百起新能源项目的法律尽职调查和开发咨询，基于该等项目经验，笔者认为土地合规问题是新能源项目风险高发地。如项目选址涉及湿地、林草地、生态环保区等禁止或限制建设区的，县政府的态度通常类似于本文典型案例中的政府态度，积极地推进土地类型的调整规划，承诺将相应用地的规划或土地性质调整为合规。但是，根据我国《土地管理法实施条例》第八条第 4 款规定[1]，县级政府对土地利用总体规划的调整只有建议权，无审批权，只有国务院才具有土地规

---

[1]《中华人民共和国土地管理法实施条例（2014 修订）》第八条第四款　本条第一款、第二款、第三款规定以外的土地利用总体规划，由有关人民政府组织本级土地行政主管部门和其他有关部门编制，逐级上报省、自治区、直辖市人民政府批准；其中，乡（镇）土地利用总体规划，由乡（镇）人民政府编制，逐级上报省、自治区、直辖市人民政府或者省、自治区、直辖市人民政府授权的设区的市、自治州人民政府批准。

划调整的审批权。因此，笔者遇到的新能源项目也多数与案涉项目类似，县政府为了招商引资，推动产业发展，积极努力推动土地调规，同时向项目公司发出承诺，但是最终极少有项目能够获得土地调整规划。在笔者接受委托的项目中，投资人多数具有较强的法律合规意识，接受了相应的法律风控建议，坚决避免在土地类型调整的程序终结（或取得有管辖权的主管部门出具的真实、有效的证明文件）前开工建设，因此将项目的投资风险降到了最低。

本文分析的案例中，新能源项目投资业主误以为县政府可以成功地调整自然保护区范围，未获得全套审批手续就投资建设了光伏项目，在并网发电投产后被国家环保督察发现，很快被县主管部门拆除，项目公司虽依据信赖保护原则向行政机关主张赔偿其合法投资和停业停产的损失，但笔者认为，项目公司对违建行为亦有过错，数亿元巨额投资损失得到政府全额赔偿的概率较小。

06 光伏项目用地“一地二租”风险防范问题研究

在允许不改变原地类进行光伏项目建设的政策支持下，复合型光伏项目对用地类型要求较高，同时由于光伏列阵区用地通常采用租赁方式取得，相关土地类型、原始发承包情况及土地租赁相关民主程序均可能对用地合规性产生影响，因此，光伏项目的选址愈发困难，因用地产生的法律风险也愈发常见。

在实践中，由于信息不对称等客观原因，某些项目中会出现同一块土地同时承包或出租至不同主体的情形（即“一地二租”），该等情况下项目业主该如何在开发、建设过程中有效防范该等风险，保障项目用地合规性呢?

一、典型案例［某光电公司、某施工单位物权保护纠纷案］

（一）当事人关系简图

当事人关系简图如图 2-6 所示。

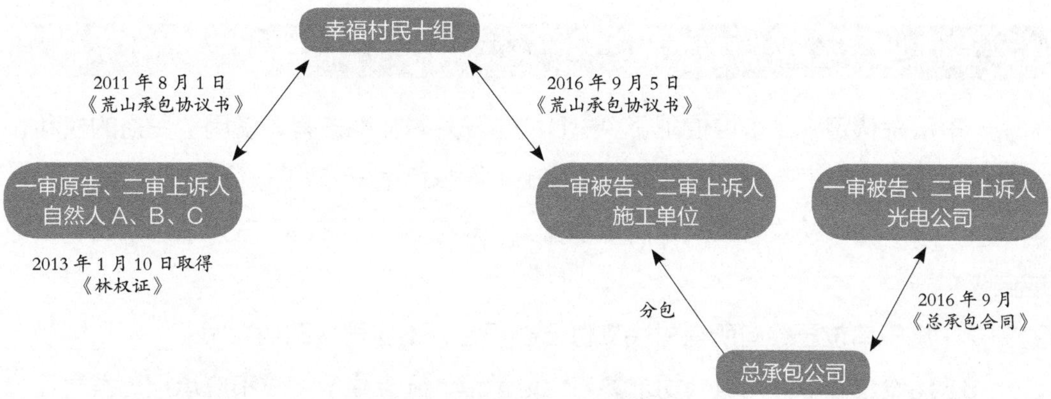

图 2-6　当事人关系简图

（二）案件基本事实

2011 年 8 月 1 日，甲方幸福村民十组与乙方 A、B、C 三人签订《荒山承包协议书》，约定甲方所有集体荒山约 131 亩发包给三人经营、使用。合同签订后，A、B、C 三人依约支付了 30 年的承包金 156 000 元。

2012 年 12 月 17 日，经县司法局公证，幸福村村委会对该承包合同进行了公示。2013 年 1 月 10 日，经 A、B、C 三人申请，县林业局为 A、B、C 三人颁发了《林权证》，该证件上显示权利人为 A。

2015 年 10 月，县发改委批复光电公司，同意光电公司作为业主单位利用幸福村的 800 亩荒坡建设光伏发电项目，并准予备案。

2016 年 1 月至 6 月期间，光电公司经各政府部门办理了相关审批、审查手续。

2016 年 9 月，光电公司与总承包公司签订《总承包合同》，约定光伏电站项目由总承包公司承建，该合同中约定："合同总价款已包括了总承包人为履行合同全部义务（包括提供货物、材料、设备、检测、服务等义务）以及修复缺陷所花费的所有费用。"合同签订后，总承包公司将该工程交由分包商施工单位负责具体施工。

2016 年 9 月 5 日，幸福村民十组与施工单位签订了《荒山承包协议书》。

2017 年 6 月 20 日，案涉工程竣工并完成并网前安全检查后，施工单位依约将案涉工程交付给光电公司。

2017 年 6 月 28 日，案涉光伏项目并网发电。但项目运营过程中，A、B、C 三人认为施工单位和光电公司的施工建设行为侵犯其林地占有、使用、受益的权利，遂提起诉讼。

（三）当事人诉求及理由

一审法院认定施工单位侵犯了 A、B、C 三人对林地占有、使用、受益的权利，构成侵权行为。施工单位、光电公司二审上诉要求撤销一审判决，理由为：

（1）案涉地块经政府相关部门审核备案，未侵占 A、B、C 三人承包荒山，不构成侵权；

（2）施工单位已经向所有村民支付全部租金，不应再次赔偿；

（3）建设过程中，光电公司未参与土地承包、施工建设，故不应承担赔偿责任。

（四）争议焦点

法院认为，本案的争议焦点为：

（1）光电公司和项目的施工单位使用项目用地是否对 A、B、C 三人构成侵权行为？

（2）如果构成侵权，应采取何种方式承担责任？

（3）应由谁作为赔偿义务主体？

（五）二审法院判决结果

1. 项目用地是否侵权

2011 年 A、B、C 三人经村民小组三分之二以上村民代表同意与幸福村民十组签订《荒山承包协议书》，并报乡人民政府备案，程序合法，属有效合同。且 A、B、C 三人依据《荒山承包协议书》申请并经林业主管部门同意后，办理了《林权证》，因此 A、B、C 三人依法享有对其承包范围内的林地林木占有、使用、受益的权利。施工单位在施工建设光伏发电项目时，未经 A、B、C 三人同意，侵犯了 A、B、C 三人的林地占有、使用、受益的权利，构成侵权行为。

2. 责任承担

虽然施工单位、光电公司施工建设光伏发电项目时未经 A、B、C 三人同意，侵犯了 A、B、C 三人的林地占有、使用、受益的权利，但该项目履行了相关政府主管部门的审批、审查手续，并投入大量资金，现项目已投入生产发电，并且并入国家电网，如果恢复原状，将会损害公共利益，因此不宜恢复原状。结合在庭审中对 A、B、C 三人明释后，其同意接受相应的经济损失赔偿，因此责令施工单位、光电公司承担相应的赔偿责任更为适宜。

3. 赔偿义务主体

光电公司对案涉光伏发电项目管理、占有、使用、收益。作为该项目的权利承受人，A、B、C 三人遭受 27 万元损失［按 A、B、C 三人与村集体约定的承包费 80 元 /（亩 · 年）计算］应由光电公司负担。

针对施工过程中造成的林木损失 2 万元，因该部分损失系施工单位在施工过程中造成，且《总承包合同》中约定合同总价款已包括了承包人为履行合同全部义务（包括提供货物、材料、设备、检测、服务等义务）以及修复缺陷所花费的所有费用，故应由施工单位负担。

二、法律分析

1. 项目用地合规性

我国实行农村土地承包经营制度。2018 年《农村土地承包法》第五十二条规定："发包方将农村土地发包给本集体经济组织以外的单位或者个人承包，应当事先经本集体经济组织成员的村民会议三分之二以上成员或者三分之二以上村民代表的同意，并报乡（镇）人民政府批准。"

本案中，A、B、C 三人在先与幸福村民十组签订了《荒山承包协议》并履行了相应民主程序，且已经取得当地林业主管部门颁发的《林权证》，无论站在法定程序角度还是权利外观角度，A、B、C 三人均已经依法取得相应土地的承包经营权。

由于土地承包经营权已经确权且不能重复发包，幸福村民十组又针对同一范围内的土地与施工单位签订《荒山承包协议》，施工单位自然无法取得相应的承包经营权。在此前提下，根据《农村土地承包法》第五十六条的规定，组织或个人侵害土地承包经营权的，应当承担民事责任。因此，施工单位在该等用地上建设光伏项目，致使A、B、C三人无法正常使用相应土地，侵害了A、B、C三人的土地承包经营权，应当承担侵权责任。

2. 责任形式

实务中，由于用地手续瑕疵导致项目业主遭受损失的情形时有发生。已并网光伏项目如存在用地手续瑕疵，将直接影响到项目的运营及发电收益，情形严重将直接导致项目面临被拆除的风险。

2015年5月23日，黄河水利委员会叫停郑州某新能源科技有限公司投资19.77亿元的200MW农光互补光伏电站项目，理由为该项目主体工程完工之时依旧未获得水利部门的审查意见，涉及违法占用河道滩地；2017年12月22日，山东省济宁市微山县人民政府以违法占用自然保护区为由，责令拆除位于南四湖省级自然保护区内的6个光伏电站项目，投资总额巨大。

值得注意的是，被拆除的项目多为涉及生态保护区、占用禁止建设区的违规项目，严重损害了公共利益。在本案中，尽管案涉光伏项目同样存在用地手续问题，但并未直接涉及行政审批手续违法违规，其本质仍为一般的民事侵权。

针对民事侵权纠纷，法院通常会基于利益衡量确认当事人的责任承担形式。案涉光伏项目已履行了相关审批手续，不存在违法占用生态敏感区的情形，且已并网投产发电，项目公司为此倾注了大量的资金和人力，项目一旦被拆除，将给项目公司造成巨额的经济损失，也无益于项目当地的经济发展。因此，保留项目设施，由相关主体承担侵权赔偿责任以弥补A、B、C三人的损失更为适宜。

3. 责任承担主体

本案中，A、B、C三人的损失包括项目占用其承包用地导致的承包金损失和项目施工过程中毁损的林木损失。

本案中，2016年9月5日与幸福村民十组签订《荒山承包协议书》的承租方是施工单位不是业主单位光电公司。但是，法院认为，业主单位光电公司是光伏项目的最终受益人，因此，法院认为因项目开发造成的原权利人的损失27万元均应由项目业主光电公司直接承担。但是，对林木毁损2万元损失赔偿问题，由于本案项目业主光电公司与总承包单位签订的《总承包合同》总价款已包含了施工过程中可能涉及的全部费用，其中包含了施工不当造成的损失赔偿，因此法院最终判决施工造成的林木毁损赔偿2万元由施工单位承担。

至于重复收取土地租金的幸福村民十组，是否应该承担法律责任呢？收取的租金是否退还给支付租金的施工单位呢？笔者认为，在本案生效后，业主单位和施工单位可以就支付的租金损失向幸福村民十组提出索赔。

三、风控指南

新能源项目用地管理相对复杂，同时受到地方自然资源局、水利局、生态环境局等多个政府部门的监管，用地手续本就复杂且烦琐，又由于目前大部分光伏项目采用渔光互补、农光互补等复合型用地模式进行建设，列阵区不改变原用地类型，允许以租赁方式取得，因此土地租赁工作在光伏项目开发过程中至关重要，项目业主也应增强法律意识，完善开发过程中的调查及审批手续等，以将法律风险降至最低。

1．租地前的准备工作

项目业主在申报光伏项目备案前应首先向当地自然资源局了解、核查项目拟选址土地性质，初步确定用地范围，并提前与相应村集体、承包人协商租地事宜，包括初步协商租金、租期、租赁面积等（部分业主会选择签订框架协议锁定土地）。由于“一地二租”的情形在实践中时有发生，项目业主还应当注意核实相应村集体的土地权属证明（如集体土地所有证）并确认该等土地是否已经存在发包或租赁等情形。

如涉及已发包土地，应与承包人事先沟通租地事宜。实践中，项目业主通常会委托镇政府或村集体协助，并由全部的承包人书面委托村集体集中租赁；如涉及已出租土地，应与原承租人协商办理退租手续，继而督促村集体根据《农村土地承包法》第五十二条规定，履行民主程序，并就租地事宜报乡（镇）政府批准。

2．签署租赁合同时的注意事项

租赁合同的签署应以取得相关民主决议文件为前提，项目业主应谨慎设计租赁合同条款，除租金、租期及租赁面积等常规条款外，建议在合同中同时约定进场道路成本、青苗 / 附着物补偿等额外费用的支付标准及承担主体（也可选择在后续签署补充协议），并将全部民主决议文件、乡 / 镇政府批准文件、承包人授权村集体租地的证明文件及项目用地红线图作为合同附件，与租赁合同统一留存。

为最大程度地避免项目建设过程中发生村民阻工或土地权属纠纷，正式租赁合同中的关键条款内容应与民主决议文件保持一致，项目业主可以考虑将当地乡 / 镇政府作为合同一方，约定由村集体和乡 / 镇政府协助进行村民沟通工作，并由村集体对合同签署前相应土地权属、发承包、民主程序及租赁情况的真实性进行承诺保证，一旦发生相关争议，由村集体采取补救措施并承担赔偿责任。

3. 风险分摊及成本控制

项目业主可以考虑在项目总承包合同中约定由施工单位承担因施工不当造成的土地附着物赔偿成本及项目业主经济损失，或是在相关技术咨询服务协议中约定由服务方承担因相应勘测数据、报告结论错误导致的租地成本损失。

建设过程中，项目的实际用地面积与租赁协议约定可能存在变化，建议项目业主及时按照项目实际用地范围与村集体、承包人协商签订补充协议，按照最终实际占用面积支付租金；如村民要求必须整地出租，建议项目业主尽量协商降低租用但未实际使用土地的租金标准。

07 光伏项目涉林的法律风险及风控措施分析

"碳中和"目标下，新能源项目开发、建设速度加快，部分业主为了赶工期、抢补贴，选择在尚未取得部分审批文件时即开工建设。根据相关法律规定，项目开发过程中缺少部分审批文件会导致罚款、责令停工 / 整改甚至项目被拆除等潜在的行政处罚风险，与此同时，光伏项目缺少某些核心手续、占用禁止建设区还可能触发刑事责任。

随着国家对土地管理、环保、生态红线等问题的要求越发严格，实践中光伏项目因涉林导致行政处罚及刑事责任的风险逐渐提高，本文特选取两则较为典型的项目涉林案例，就其中的法律风险及相应的风控措施进行分析。

一、典型案例

（一）典型案例 1

1. 案件基本事实

2015 年至 2016 年期间，甲公司作为项目公司为其 10MW 光伏电站陆续取得了省发展改革委备案文件及区、市、省三级国土部门批准，在 A 村等地占地约 1500 亩用以开发电站项目，地类为未利用地。

2016 年 12 月，案涉项目所在地村民举报该项目存在环保问题，经林业部门查询数据库，确认项目部分用地性质属于林业用地，且相应用地的原植被已受到严重破坏。

后经省环保厅检查，认为项目符合环保标准并下发批文。但经市林业局查明，甲公司违法占地共计约 970 亩，毁坏林木 635 株，林木蓄积约 $2m^3$。

2018 年 11 月 12 日，市林业局对甲公司作出罚款 648 万元、补种 635 株林木的行政处罚，并责令甲公司 6 个月内完善林地手续，否则必须恢复林地原状。

2019 年 5 月，甲公司因不服该处罚决定，以市自然资源局（笔者注：起诉时林业局和国土资源局已整合为自然资源局）为被告，向法院提起行政诉讼。

2. 法院判决结果

一审法院认为，双方争议的实质即是案涉土地的地类。市林业局仅依据内部系统中确定的地类性质即对甲公司作出处罚决定，所依据的事实不充分。是否应该作出行政处罚，应待相关部门对土地的性质作出确有效力的认定后再予以处理。故市林业局已作出的行政处罚决定事实不清、适用法律有误，依法应予撤销。

二审法院认为，市林业局虽经系统确认案涉土地为林地，但与省环保厅因管辖权产生竞合造成地类认定不一致的情况下，林业部门决定将不利责任由土地使用权人承担，并径行作出处罚，显属不当，应予撤销。另外，林业局和国土资源局已整合为自然资源局，自然资源局不对前行政职权部门（国土资源局和林业局）的矛盾认定予以审查确认，而仍以林业局意见为本案上诉意见，亦属不当。

（二）典型案例 2

1. 案件基本事实

2015 年 4 月 30 日，乙公司作为项目公司取得湖北省发改委出具的某 20MW

光伏电站项目备案通知书。

2015 年 7 月 20 日，乙公司租赁了 B 县 600 余亩荒山（未利用地）作为光伏电站用地，并于 9 月 15 日在省林业厅办理了约 40 公顷林地的《使用林地审核同意书》等相关申报审批手续。

2015 年 10 月 31 日，乙公司与 B 县政府签订了合作协议，但当年年底，由于乙公司缺少资金，项目被迫停工。

2016 年，乙公司股东将案涉项目转让至丙公司（即通过股权质押方式，将项目交由丙公司实际控制，转让费实际通过咨询费的名义支付，并未办理股权转让手续），丙公司支付咨询费后就案涉项目进行融资建设，丙公司唐某为案涉项目副经理，负责施工现场的相关协调工作。

为了赶在 2017 年 4 月 30 日前完成建设，案涉项目于 2017 年 2 月开工，开工前未向相应村集体支付土地租金及补偿费用，亦未办理使用林地审核书等相关审批手续，而是计划在施工期间同时补办各种审批手续。

2017 年 5 月，案涉项目部分并网，乙公司作为项目公司，在向省相关部门申请补办手续的过程中，因各种原因未被受理，又适逢《国土资源部、国务院扶贫办、国家能源局关于支持光伏扶贫和规范光伏发电产业用地的意见》（国土资规〔2017〕8 号）文件发布，且案涉项目备案通知书已过期，导致该项目非法占用农用地已成事实，无法补救。

公诉机关提起公诉后，经鉴定中心对案涉项目占用土地的情况进行鉴定，相应占地面积约为 361 亩，其中林地约 264 亩（均不在省林业厅审批同意使用林地范围内），严重破坏了林地的生产条件。

2. 法院判决结果

乙公司违反国家土地管理法规，未经林业主管部门的批准许可，非法占用农用地，数额较大，造成林地大量毁坏，构成单位犯罪。在单位犯罪过程中，唐某作为案涉项目建设施工的现场负责人，明知该项目未办理用地手续，仍按单位要求继续负责现场施工，是犯罪单位负责的其他直接责任人员，其行为已构成非法占用农用地罪。判决：

（1）被告单位项目公司犯非法占用农用地罪，判处罚金 30 万元；

（2）被告人唐某犯非法占用农用地罪，判处罚金 6 万元；

（3）对违法所得 200 万元予以追缴。

二、法律分析

与其他新能源项目相比，集中式光伏电站项目列阵区占地面积大，但铺设光伏板时无需硬化地面即可打桩铺设光伏板，且光伏板与地面通常留有一定距离，通常光伏板下土地可以继续用于耕种或其他用途，即使运营期满，设备拆除，相应用地的复垦工作难度也相对较低。因此，国家为了大力推动新能源发展，鼓励光伏项目开发，出台了一系列光伏项目用地政策，允许符合条件的光伏项目以租赁形式取得列阵区用地。

2015 年，原国土资源部发布的《关于支持新产业新业态发展促进大众创业万众创新用地的意见》（国土资规〔2015〕5 号）提出了“对不占压土地、不改变地表形态的用地部分，可按原地类认定，不改变土地用途，在年度土地变更调查时作出标注，用地允许以租赁等方式取得，双方签订补偿协议，报当地县级国土资源主管部门备案”，以部委规章形式为集中式光伏电站项目采用租赁模式解决列阵区用地问题奠定了初步基础。

同年，原国家林业局发布《关于光伏电站建设使用林地有关问题的通知》（林资发〔2015〕153 号）提出：“对于森林资源调查确定为宜林地而第二次全国土地调查确定为未利用地的土地，应采用‘林光互补’用地模式，‘林光互补’模式要求光伏电站要确保使用的宜林地不改变林地性质。”同时，明确了“林光互补”复合型用地模式的适用条件及适用方式。

2017 年，原国土资源部、国务院扶贫办及国家能源局发布《关于支持光伏扶贫和规范光伏发电产业用地的意见》（国土资规〔2017〕8 号），进一步明确了“光伏复合项目”的定义及相应光伏列阵区的用地管理模式（即“利用农用地布设的光伏方阵可不改变原用地性质”），并再次确认了使用未利用地建设的集中式光伏电站项目列阵区用地可以按原地类认定、以租赁等方式取得。后续，陕西、山东、安徽、浙江等地省级能源及原国土资源主管部门纷纷出台当地光伏复合项目建设要求。根据国家及地方相关政策，不改变原有地类进行建设的常见复合型光伏项目用地模式包括“农光互补”“渔光互补”及“林光互补”等。

上述规定为光伏项目开发省去了大量的建设用地审批手续办理时间，提高了我国土地利用效率，但由于农用地、未利用地等地类认定与建设用地相比存在不稳定性，管理部门繁多，可能根据土地现状的改变而调整，该等政策也在一定程度上为光伏项目选址增加了合规性风险。

1. 对项目是否涉林的核查与确认

实践中，大部分光伏项目会在取得备案文件前事先向主管部门核实拟选址范围内的用地类型，确定项目初步的土地红线，获得备案文件后再行申请取得正式选址意见。但由于在国务院机构改革前，我国土地由国土、林业、环保等部门共同监管，各部门之间的管辖权可能存在重叠、甚至可能提供矛盾的数据或定性［如原国土部门与林业部门，在全国土地第三次调查结果[1]（以下简称“土地三调”）正式启用前分别适用全国土地第二次调查结果以及森林资源一张图，其中对林地的认定可能存在分歧］；而在机构改革后，多省国土部门与林业部门合并为自然资源部门，但相关数据仍未统一，而是在等待“土地三调”成果的适用，仍未根本解决前述问题。正因如此，项目公司在办理选址手续时应谨慎核实用地类型，仔细核对每个主管部门，甚至主管科室提供的地类图，避免因数据不一致导致后续不必要的纠纷和处罚。

本文选取的典型案例 1 中，原区、市、省三级国土部门已经就项目用地性质为未利用地作出批复意见，基于对政府的信赖，项目公司甲公司未向林业部门核实用地类型即开工建设。虽然甲公司确有不谨慎之处，但林业部门仅在内部系统内自行核查用地类型，并未与其他部门沟通即对甲公司作出处罚决定，且自然资源局未在机构改革后就两部门数据矛盾之处进行筛查并提出有效解决方案，因此法院认定相关责任不应由甲公司独自承担，最终判决撤销了行政处罚决定。笔者需要提醒，这并不代表甲公司无需就相关事项承担任何责任，若经核实林木确实遭到毁坏，甲公司仍应在其过错范围内承担赔偿、处罚甚至刑事责任（如未办理采伐证即砍伐林木等）。

2. 项目用林手续不合规引发的刑事责任

根据《森林法》及《建设项目使用林地审核审批管理办法（2016 修订）》的规定，在林地上建造永久性、临时性的建筑物、构筑物，以及其他改变林地用途的建设均需在开工前向林地主管部门申请用林审批手续；除农村居民采伐自留地和房前屋后个人所有的零星林木外，采伐林地上的林木应当申请采伐许可证。据此，新能源项目用地如涉林，则需要向有审批权限的林业部门（通常为省级部门）申请取得永久或临时用

---

[1] 根据中国政府网（http://www.mnr.gov.cn/zt/td/dscqggtdc/，查询时间 2021 年 4 月 20 日）公告，全国土地第三次调查结果于 2017 年 10 月 8 日启动，以 2019 年 12 月 31 日为标准时点，2020 年全面完成。基于此次调查，将建立互联共享的覆盖国家、省、地、县四级的集影像、地类、范围、面积、权属和相关自然资源信息为一体的国土调查数据库，完善各级互联共享的网络化管理系统。

林许可文件，并依法缴纳森林植被恢复费；如项目场平涉及林木砍伐的，应在场平工作开始前依法办理采伐许可证。

本文选取的典型案例 2 中，项目公司乙公司明知项目涉林，仍在未最终取得用林许可文件前开工建设，甚至在开发过程中存在“买卖路条”行为（即在项目全容量并网投产前将项目实际控制人变更为丙公司，但项目相关责任仍由乙公司承担），最终导致项目被认定为“违法占用农用地”，乙公司及项目实际负责人个人均受到了刑事处罚。

三、风控指南

1. 谨慎核实项目用地类型

目前适逢“土地三调”工作已经结束，且全国范围内正在同步实施诸如建设用地增减挂钩项目、生态红线调整及基本农田储备区划定等工作，光伏项目租赁取得的项目用地性质存在一定不确定性。因此；

（1）尚未取得备案或尚未开工建设的光伏项目应在建设前审慎核实项目在各个部门及各个科室的用地类型，以及选址内的用地现状，避免产生诸如自然资源部门地类认定为未利用地或一般农用地，但土地现状为有林地；或者出现“土地三调”最新成果数据中用地类型与之前发生较大变化的情况。

（2）已开工建设但尚未并网投产的光伏项目虽然已经取得了相关主管部门的选址意见，但由于该等审批权限多集中于县级（或区级），而国家级、省级新型土地政策层出不穷，仍建议项目公司向当地主管部门核实最新土地数据，避免出现项目因用地类型变化导致停工甚至更换选址的风险。

2. 依法、依规办理用地合规手续

光伏项目应在开工建设前取得相关主管部门[包括但不限于自然资源部门、林业部门（部分地区已与自然资源部门合并）、环保部门、水利部门、文物及军事部门等]出具的地类证明文件及用地许可文件，严格避让有林地、基本农田、生态红线、自然保护区及水源地等禁止建设区，若涉及林地、草原、湿地、河道管理或保护区范围等限制建设区域，则应依法、依规向有审批权限的主管部门申请办理相关审批手续。

如经核实，已开工建设但尚未并网投产的项目确实存在用地类型变化风险的，项目公司应及时改变用地模式或建设方案，尽量避让问题土地并妥善安排各项行政审批手续的补充办理或变更。

已建成投产的项目受最新土地政策变化的影响相对较小，但如果项目前期未妥善办理全部行政审批手续，项目公司应及时申请补办，若部分手续因用地类型变化已无法补充办理，应及时与相关政府沟通协调，协商确定合法、合规的补救措施。

3. 加强人员管理，重视法律风险防控

项目业主应提高对用地合规问题的重视，即使委托了第三方办理相关合规性手续，也应设置专人在项目开发过程中监督相应流程、核查相应成果。建议项目业主加强对相关人员的培训和管理，定期开展法律风险相关专业培训，确保其具有较高的专业素养和法律意识，避免因开发人员存在侥幸心理，遗漏合规性手续，导致项目公司或相关人员遭受行政甚至刑事处罚。

附　新能源项目用地不合规可能导致的部分刑事罪名

1. 违法占用土地

非法占用农用地罪；非法转让、倒卖土地罪；非法批准征收、征用、占用土地罪；非法低价出让国有土地使用权罪。

在此提醒项目公司及相关主管负责人注意，《刑法》第三百四十六条规定：“单位犯本节第三百三十八条至第三百四十五条规定之罪的，对单位判处罚金，并对其直接负责的主管人员和其他直接责任人员，依照本节各该条的规定处罚。”即非法占用农用地罪采用双罚制，项目公司、单位负责人及其他直接责任人均可构成非法占用农用地罪。

2. 违法砍伐林木

盗伐林木罪；滥伐林木罪；非法收购、运输盗伐、滥伐的林木罪。

典型案例：被告项目公司委托被告人 A 某担任工程项目建设现场负责人，负责依法办理施工建设过程中各项手续及依法开展具体建设工作。该公司在未取得占用林地同意书的情况下，在多处林地建设光伏发电设施和厂区检修道路。经鉴定，项目公司非法占用农用地 30 余亩。且建设过程中，在未取得林木采伐许可证的情况下，将其中一处刺槐树林砍伐，经鉴定，砍伐树木蓄积为 40 余立方米。

法院最终判决被告单位项目公司犯非法占用农用地罪、滥伐林木罪，数罪并罚，判处罚金 11 万元。被告人 A 某犯非法占用农用地罪、滥伐林木罪，免予刑事处罚。

3. 破坏环境资源

破坏环境资源罪（单位犯罪）。

实践中，项目占用生态红线、破坏自然保护区等行为均有可能触及破坏资源罪，且随着国家对生态环保越发重视，相关罚则呈现出加重趋势。

2021 年 3 月 1 日生效的《刑法修正案（十一）》中，在原有第三百四十二条后增加一条，作为第三百四十二条之一："违反自然保护地管理法规，在国家公园、国家级自然保护区进行开垦、开发活动或者修建建筑物，造成严重后果或者有其他恶劣情节的，处五年以下有期徒刑或者拘役，并处或者单处罚金。有前款行为，同时构成其他犯罪的，依照处罚较重的规定定罪处罚。"

4. 其他

伪造、变造、买卖国家机关公文、证件、印章罪；伪造公司、企业、事业单位、人民团体印章罪。

典型案例：被告人张某为项目公司实际控制人，负责公司经营。项目公司在案涉光伏项目建设施工中，未经批准，占用县集体农用地近 100 亩，其中基本农田 50 余亩。已建有混凝土地桩，且不符合县土地利用总体规划，形成违法占地事实。经市国土资源局鉴定，共造成近 10 亩耕地（均为基本农田）种植条件严重毁坏。同时，被告人张某为建设案涉项目，伪造县国土资源局用地预审意见的公文，县劳动人事局等国家机关公章及公司印章。

法院最终判决张某犯非法占用农用地罪，伪造国家机关公文、印章罪，伪造公司印章罪。数罪并罚，决定执行有期徒刑 3 年，并处罚金人民币 5 万元。

第3章 新能源之综合能源篇

综合能源服务被冠以“综合”名义导致项目整体呈现出创新且复杂的样态，但综合能源本质上仍由多个新能源项目（包括分布式光伏、分散式风电、储能等）及节能改造项目组合而成，且其中的光伏、风电等子项目依然需要单独备案和核准，多个子项目通过智慧能源系统等数字化平台紧密联结为新能源技术的“综合体”。

鉴于此，本书中将综合能源列为新能源之一的单独章，旨在通过分析综合能源项目典型案例增强综合能源相关知识和理念，进一步研究和探讨综合能源的发展趋势，深入了解其商业模式及特点、剖析相关法律风险，为各能源企业开展综合智慧能源项目提供商业模式及风控建议。

01 综合能源项目典型商业模式分析及法律风控建议——以上海电力大学智能微电网项目为例

2020 年 9 月 22 日，中国在第七十五届联合国大会上表示:“二氧化碳排放力争于 2030 年前达到峰值，努力争取 2060 年前实现碳中和”。这是中国首次提出“碳中和”目标，也是中国在《巴黎协定》之后为世界气候变化作出的一次明确部署。该部署将进一步推动我国能源市场发生深刻调整和变化，加速能源结构向低碳化、市场化和数字化方向演变，大力发展新能源与可再生能源已经成为国家能源转型的重点。

综合能源项目是能源市场的焦点和未来发展的一大方向，在未来发展过程中，其风险和纠纷会逐步增多，项目运营、费用结算、安全责任等问题也必将成为争议焦点之一。

当前，我国能源市场正面临着结构转型，能源系统也逐渐呈现出新的发展趋势。伴随着科技、可再生能源利用及电力改革进程的加快，综合能源以其在提高能源利用效率、降低用能成本等各方面的优秀表现成为能源市场的焦点。

一、综合能源服务概念及常见商业模式

（一）概念及主要特征

综合能源服务是面向能源系统终端，以满足客户需求为导向，通过能源品种组合或系统集成、能源技术或商业模式创新等方式，使客户收益或满足感得到提升的服务。其实际包括了综合能源供应 + 综合能源服务，主要特征为：

（1）综合能源，即涵盖了电力、天然气、太阳能、风力等多种能源；

（2）完整产业链，即涵盖了能源生产、传输、消费、存储等多个环节；

（3）全过程服务，即涵盖了能源投资、设计、建设、运维等多种服务。

（二）常见商业模式

1. 金融投资模式

金融投资模式指由服务方提供融资相关服务，包括为业主提供项目投资、设备融资租赁、工程或设备保险、资产证券化等业务。此种模式能够有效解决项目开发融资问题，但要求相应服务方具备一定的融资能力和投资管理能力，能够综合多方渠道开展融资，降低融资成本，选择更具市场和开发远景的优质项目。

2. 工程服务模式

工程服务模式中，服务方可以直接作为项目工程的 EPC 总承包方进行项目建设，也可以选择与具备施工资质的第三方合作，由第三方具体实施建设。对综合能源服务项目而言，项目开发、勘查设计、土建工程、设备采购、安装及调试等均属于工程服务，随着综合智慧能源服务的发展，可以预见，传统的工程施工单位将更加积极地参与到工程服务型项目中，由服务方与第三方合作建设项目的形式也会越发常见。

3. 运营服务模式

运营服务模式往往指由服务方通过智慧能源管控系统监测项目运营情况，为整体项目提供运维、检修、优化等服务。以往单一能源项目（如风电、光伏等）的收益模式较为简洁，且已经形成了较为成熟的运维管理模式。但综合智慧能源项目中，设备、系统、收益计算的复杂程度都大大增加，业主自然会寻求更为专业的运维管理服务，未来，运营服务模式将随着智慧能源管控系统的研发渐趋专业化。

4. 平台服务模式

目前，多数综合智慧能源项目均是依托传统媒介进行合作，在促进新基建发展的大背景下，随着市场的扩大，互联网与综合智慧能源结合形成新的平台服务模式已是不可逆转的趋势，国网新型电力系统战略均是上述市场发展趋势的体现，服务方和业主通过互联网平台进行项目开发及合作指日可待。

二、上海电力大学临港新校区智能微电网项目概况及商业模式

2017 年 10 月，国家电网有限公司（以下简称“国家电网”）发布《关于在各省公司开展综合能源服务业务的意见》，正式宣布进军综合能源服务行业，致力于构建多元化分布式能源服务，同年，国家发展改革委员会、国家能源局通过发改能源［2017］870 号文公布了首批 28 个新能源微电网示范项目，在这份名单中，上海电力大学临港新校区智能微电网项目作为上海首个、高校唯一的示范项目，备受关注。

（一）项目简介

2014 年 11 月，上海电力大学与国网节能服务有限公司（现更名为“国网综合能源服务集团有限公司”，以下简称“国网综合能源”）签署战略合作协议，为双方在绿色校园能源系统建设、节能技术开发和应用等方面的合作奠定了基础。2017 年，双方签署上海电力大学临港新校区智能微电网项目（以下简称“项目”）合作协议并开展项目建设工作，2018 年 9 月，项目与新校区同步建成并投入使用。

本项目建设有光伏发电系统、风力发电系统、混合储能系统、空气源热泵辅助太阳能热水系统、智能微电网系统、智慧能源管控系统，项目的整体能效及运营情况通过智慧能源管理系统进行追踪。其中，核心建设内容主要有 6 个部分，分别为：

（1）光伏发电系统：全校共有 22 栋建筑屋顶（含光电一体化充电站车棚顶部）建设有分布式光伏系统，总装机容量达 2061kW，光伏组件综合选用单晶、多晶、切半、叠片、建筑用光伏构件（BHPV）、PERC 电池等多种形式。该系统在为学校提供电力支持的同时，还为学校师生研究和学习清洁能源技术提供了绝佳的“实践基地”。

（2）风力发电系统：装机容量为 300kW，设于校区一角，采用水平轴永磁直驱风力发电机组，一年发电量可达到 450 000kWh。

（3）**混合储能系统：**储能系统搭载 100kW × 2h 的磷酸铁锂电池、150kW × 2h 的铅炭电池和 100kW × 10s 的超级电容等储能设备，与光伏发电系统、风力发电系统等共同组成智能微电网系统。

（4）**空气源热泵辅助太阳能热水系统：**包含空气源热泵，分布在 10 栋公寓楼楼顶，采用空气源热泵及太阳能集热器组合以提高系统的节能效率，为学校一万余名师生提供生活热水。

（5）**智能微电网系统（风光储一体化）：**由前述光伏发电系统、风力发电系统及储能系统组成，将智能变压器等智能变配电设备与电力需求侧管理和电能质量控制技术相结合，以提供综合能源管理及智慧办公互动服务，达到用电信息自动采集、系统故障迅速响应等效果。

（6）**智慧能源管控系统：**由上海网能能源科技有限公司自主研发的管控系统成功实现了智能微电网中“源网储荷”的协同优化，该系统可用于同时监测风电、光伏、储能及热水系统的运行情况，便于业主和服务方对于用能状态和节能效率进行实时监控与管理，实现了高效的信息集成及数据共享，是本项目的“点睛之笔”。

绿色智慧示范园区智慧能源管控系统平台如图 3-1 所示。

图 3-1　绿色智慧示范园区智慧能源管控系统平台

（二）项目合作模式

1. 项目运作基本模式

本项目系由上海电力大学与国网综合能源合力打造的智能微电网示范项目，国网综合能源采用综合智慧能源服务方式，对项目下的系统平台、热水供应、新能源三大子项目进行投资、设计、建设、运营、维护，由上海网能能源科技有限公司（以下简称“网能科技”）负责智慧能源管控系统的建设及运维。

当事人关系图如图 3-2 所示。

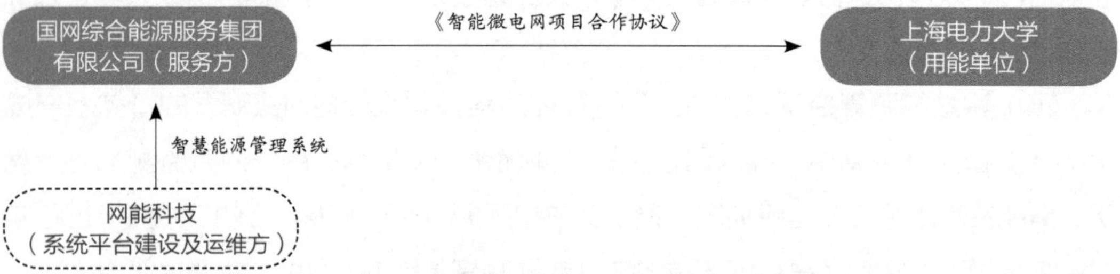

图 3-2　当事人关系图

项目投资：项目全部由国网综合能源投资，投资回收期由合作双方协商调整。其中，风机的投资回收期最长，热水投资回收期最短，本项目保险费用由服务方国网综合能源承担，列入项目总投资。

项目收益：项目收益分为热水供应收益与电费收益（自发自用＋余电上网），储能、管控平台不直接产生经济效益，收益稳定。

2. 商务约定

本项目与上海电力大学临港新校区同步建设，综合服务期为项目投入使用之日起 240 个月（约 20 年）。在合作协议顺利履行完毕之前，本项目下的项目所有权属于服务方。合作协议顺利履行完毕即 20 年运营期满后，由服务方依法将项目设备及项目继续运营所需材料移交给业主。

双方对本项目的具体实施进行了整体约定，其中包括了网络连接、交换机安装及核心会聚交换等技术问题。因履行合作协议所产生的知识产权由服务方享有，但业主可以在本项目中免费使用。项目设备移交至业主后，业主可无偿继续使用设备所涉相关技术或相关知识产权。

本项目综合能源服务费用包括热水供应费及电费，水电费用分别按照实际使用量结算，双方概括约定每季度按优惠价格结算并支付相应费用。

由于本项目合作双方之间存在长期合作与信任基础，双方亦概括约定了项目运行、维护、保养等由国网综合能源负责，国网综合能源实际委托第三方网能科技负责智慧能源管理系统的建设和运维。

三、综合智慧能源项目合作协议主要条款风控建议

1. 项目运营期限

由于新能源项目的设备及相关组件均有相应的固有衰减率及使用寿命，因此，综合智慧能源项目应格外注意协调各分项项目的运营期限，进而合理确定项目整体的综合服务期。

综合智慧能源项目建设与园区建设同时进行的建设模式，适合应用于新建园区。对于既有园区，业主拟通过使用综合能源服务以满足节能需求的，由于项目建设已无法实现与园区建设同步，因此需通过一定改造满足项目建设要求。服务方应于项目实施前全面细致进行实地踏勘，保证项目设计符合实际需求，双方亦应在合作协议中对设计合理性、可行性、效益性等作出一定要求。

2. 项目质量标准

综合智慧能源项目包含多个子项目，涉及面较广，技术问题较为复杂，对服务方的资质和技术水平要求较高。为避免对项目建设进度、整体质量、后续运维等造成影响，建议合作双方提前了解综合智慧能源项目的相关技术标准，并在合作协议中作出明确约定。

如遇质量标准约定不明晰的情况，2020 年 1 月 1 日生效的《民法典》规定：质量要求不明确的，按照强制性国家标准—推荐性国家标准—行业标准—通常标准或者符合合同目的的特定标准的履行顺位确定质量标准。合作双方应注意质量约定不明时适用标准的优先顺序，并尽量于合同签订时约定明确的质量标准，避免产生不必要争议。

3. 项目经济效益

由于合作双方分别以节约用能和获取节能效益为目的，为保证自身利益最大化，双方可视情况选择在合作协议中明确约定项目最低节能率及业主最低用能量。

4. 费用结算

费用结算条款是合作协议的核心条款之一，也是争议高发区。由于综合能源服务与

以往的合同能源管理服务不同，涉及多种新能源的混合利用，结算方式较为复杂，提醒相关企业在类似项目中注意结算模式是否具有可操作性，结算周期是否能够形成闭环。同时应注意结算依据，即计量值的公允性，以及对结算依据产生争议时的处理原则。

此外，应注意项目费用结算与项目节能效益是否挂钩。对于用能单位而言，应考虑是否将项目节能率作为付款的前提条件；而对于服务方而言，则应注意评估投资收益回收期限，即对用能单位周期性最低用能量是否有一定要求。

5. 运维

类似项目中，合作双方需考虑运维标准、运维义务、响应机制等条款设置是否明确、是否合理。

6. 所有权

对项目用能单位而言，合作协议如约定服务方对项目的所有权具有保留权，那么用能单位在未付清电费等相应款项之前可能无法顺利取得综合能源服务项目所有权。

同时在合同无约定的情形下，可能出现标的物风险负担人与所有权人不一致的情形，从而加重用能单位的义务。建议类似项目中，双方根据实际需求合理协商确定项目所有权转移、风险负担转移的相关约定。

7. 知识产权

除项目过程中形成的知识产权归属问题外，针对综合智慧能源项目中的知识产权问题，仍应注意以下要点：

（1）项目实施前，项目用能单位与服务方既有知识产权的确认与保护问题；

（2）项目过程中：就知识产权的使用边界、使用许可与费用协商一致；

（3）项目实施完毕后，基于本项目改进形成的新知识产权归属及使用问题。

8. 违约责任

建议综合智慧能源项目各合作方就逾期履行、质量违约等不同违约情形进行分类列举，通过逾期违约金、损失赔偿、解除权等不同违约责任的承担方式设置违约责任，使其更具有合理性和可操作性。

就赔偿损失而言，双方应注意考虑根据实际需求确定损失赔偿是否包括可得利益等损失。

9. 项目保险

实践中，项目投保可由双方具体协商约定，同时应注意及时告知对方已有的或准备进行的相关项目、财产和人员的投保情况，避免重复投保而增加不必要的成本支出。

四、综合智慧能源项目全过程风控提示

通过前文对上海电力大学临港新校区智能微电网示范项目合作模式的分析，及对综合智慧能源项目合作协议条款的风控提示，在此，笔者对同类项目全过程风控管理措施简要总结如下：

1．项目合作协议签约前的调查与论证

在正式签署合作协议并开展合作前，合作双方应充分了解综合能源服项目的概念及内容。用能单位需明确自身需要及合作目的；服务方则应充分了解综合能源相关的政策及技术要求，保证提供的服务合规、合法。

同时，双方均应注意在选择合作相对方前做好尽职调查工作，厘清拟合作方的经营状况、诉讼与执行情况、企业信用及专业资质等，避免在合作过程中因相对方的“硬件问题”引发不必要的争议。

2．项目合作协议条款的协商与谈判

在签署合作协议时，合作方应审慎核查协议内容，建议在协议中详细列明合作内容、合作方式以及双方具体权利义务（包括设计、采购、建设及运维等）。

尤其应当注意根据用能单位和服务方的不同身份在协议中明确约定项目设计标准、综合服务期、项目最低节能率及用能量、综合能源服务费用的结算条件及方式、设备设施所有权及知识产权归属、项目质量及验收标准、用能安全、违约责任及协议解除风险等，尽量在友好磋商的前提下明确争议解决方式，以保证自身利益。

3．项目合作协议履约及运维

项目建设与实施过程中，服务方在签署专项咨询、设计、建设、设备采购、技术服务等合同时，应审慎选择专项合同相对方，同时注意相应专项合同与合作协议的衔接，避免出现条款冲突情形，除了双方权利义务、违约责任、合同解除等常规风险，还应尤其注意各专项方案的可行性与合理性、各专项项目时间节点的可控性、各专项合同下的质量及验收标准、施工安全、业主信息安全以及项目对既有设施 / 建筑 / 环境的影响等附随问题。

项目后续运营期间，用能单位应注意建立安全机制及运维管理制度，及时跟踪项目的运营状况，按照合作协议的约定用能；服务方则应严格按照合作协议约定履行相应的运维义务。

五、实务建议

由于上海电力大学临港校区智慧能源项目是公共事业单位用能的综合能源服务项目（该项目为校区整体新建项目），且用能单位上海电力大学和服务方国网综合能源之间具备长期合作的背景和信任基础，在合作过程中，双方秉持了友好协商的合作理念，对于项目的具体实施保持良好沟通和协调，有效避免了双方争议。但实践中，多数综合智慧能源项目合作双方可并不存在类似合作背景和基础。

如实践中更为常见的“园区能源互联网综合能源服务”（也被称为“园区IES”），由园区能源综合服务商对园区能源互联网采取一体化运营，该服务商可由能源领域企业、设备制造企业、互联网企业及园区管委会等多元主体联合成立，最终通过一定商业模式获得合理收益和投资回报，再通过股权、协商价格等方式实现收益在该等多元主体之间的共享分成。在这类项目下，合作主体和合作模式较为特殊，各方面临的项目风险自然也更为复杂。因此，建议综合能源项目中的各方主体均应做好项目的论证开发、签约期和履约期的风险防控工作，尽可能避免争议发生。

02 综合能源时代法律风控要点及实务建议（一）——以能源服务公司为视角

“双碳”背景下，我国能源市场正发生着深刻的调整和变化，能源结构正加速向低碳化、市场化和数字化方向演变，大力发展新能源与可再生能源已经成为国家能源转型的重点。

而综合能源项目面向能源系统终端，以满足客户需求为导向，通过能源品种组合或系统集成、能源技术或商业模式创新等方式，使客户收益或满足感得到提升，是能源市场的焦点和未来发展的一大方向。

自 2015 年以来，我国公布了多项与综合能源有关的政策措施，确定了一批“互联网 +”、多能互补集成优化和微电网示范工程项目。

截至 2019 年年底，我国批复建设多能互补集成优化示范工程 23 项，其中终端一体化集成供能系统 17 个、风光水火储多能互补系统 6 个；首批“互联网 +”智慧能源（能源互联网）示范项目 55 个；增量配电业务分四批在全国范围内批复了 404 个试点。

而随着综合能源项目的发展，相应的风险和纠纷也会逐步增多，项目运营、费用结算、安全责任等问题必然成为争议焦点。

一、综合能源项目常见法律关系架构

综合能源项目常见法律关系架构如图 3-3 所示。

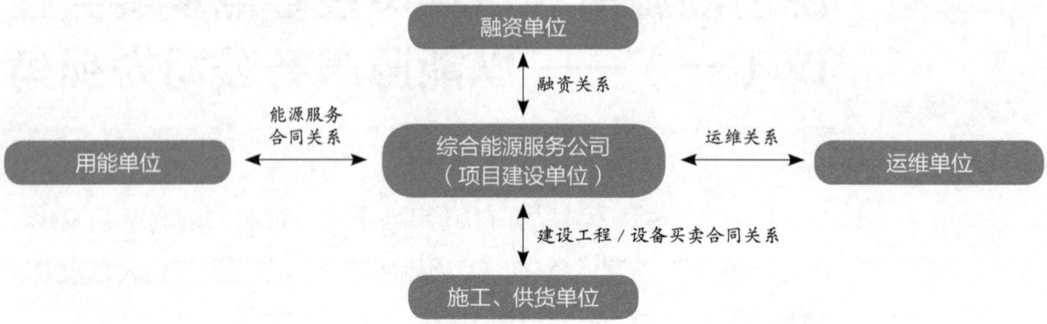

图 3-3　综合能源项目常见法律关系架构

在具体的综合能源项目中，主要由服务单位、用能单位、融资单位、运维单位、施工 / 供货单位五方参与，并随之形成相应能源服务合同法律关系、运维法律关系、建设工程 / 设备买卖合同法律关系、融资法律关系。

基于上述法律关系，各方主体在综合能源项目中存在不同的风险侧重点及关注点，本文从综合能源服务公司（以下简称“综合能服公司”）视角出发，分析风险、提出建议，以供各个综合能服公司参考，为项目顺利发展保驾护航。

二、综合能服公司常见法律风险

1. 用能单位并非经营场地的所有权人，无权同意项目开发与建设

在实践中，常常出现用能单位仅仅是占有或使用经营场地的一方，不是场地的所有权人的情况，此时用能单位无权将场地提供给综合能服公司使用或者承租。如在某污水特许经营项目中，用能单位仅仅拥有污水处理厂的运营权，污水处理厂相应土地、建筑物归属于地方政府或地方政府关联企业所有。

此时，如综合能服公司仅仅从用能单位处取得同意进行建设的许可文件，而用能单位却未从土地、建筑物所有权人处取得明确授权的，综合能服公司在综合能源项目建设、运营过程中仍需进一步做大量沟通工作，相应成本可能增加，甚至会出现项目被迫停建、建设后被迫停运的风险。

因此，综合能服公司在综合能源项目的磋商阶段就应当查明相应拟用地、建筑的

权属，如建筑物权利人与用能单位不是同一主体，则需取得相应权利人的使用许可。

2. 用能单位经营不善，减产或停产导致综合能源项目无法继续运营

在四川高院审理的某 EMC（合同能源管理）合同纠纷中，节能服务单位与用能单位签订服务合同，约定节能服务单位提供设备节能改造服务，由用能单位按照节能效益的 80% 支付节能服务单位节能收益。但合同正常履行一年半后，用能单位因本身行业产能过剩、企业同类产品价格下降、生产成本大幅上升等因素影响决定停产并暂停支付尚未结算的服务款项。协商无果之下，节能服务单位诉至人民法院，要求用能单位赔偿停产期间的节能服务单位应得未得的服务款项。但四川高院最终以节能服务单位在签订合同时就应该有所预见该停产风险为由不予支持节能服务单位主张的可得利益损失。

由于综合能源项目与合同能源管理项目存在相似之处，均具有运营周期长的特征，不能排除用能单位出现经营不善、停产，甚至破产的可能性，而现有的司法判例显示，部分法院观点是综合能服公司应当预见到用能单位的停产风险而未能预见的，综合能服公司应自担风险。

因此，综合能服公司在合作协议正式签订前应当对用能单位进行必要尽职调查，对履约能力、资信情况、涉诉情况、经营状况、市场前景、行业背景等进行充分了解。

同时，综合能服公司可要求用能单位尽可能地提供担保增信措施，以保证合同目的的实现。

此外，从司法判例来看，如综合能源服务合同中未明确约定用能单位违约造成服务单位可得利益损失的赔偿标准，则后续综合能服公司提起诉讼索赔时，将存在不被人民法院支持的风险，因此建议在签订合同时尽量明确约定因用能单位违约导致合同解除或终止时，用能单位是否需赔偿剩余合同期内的可得利益损失及相应损失的计算方法。

3. 用能单位暂停用能或用能量过低导致综合能源项目收益降低

用能单位停产和用能量过低其实是紧密关联的两个方面，用能单位停产可能导致能源服务合同的解除或其他损失，而用能量过低则会影响能源服务合同的正常履行以及综合能服公司的利润损失。

简单来说，综合能源项目的利润与用能单位的用能量 / 节能量直接挂钩，一旦用能单位因停产整顿、房屋维修等原因单方暂时停止用能或用能量低于预期，采用“自发自用”或“自发自用、余量上网”模式的综合能服公司将无法通过综合能源项目进行盈利，届时各方必然会发生争议。

为此，用能单位与综合能服公司应当在合作协议中妥善约定停止用能、用能量过低的特殊情况，详细列举可能出现的情形，例如基于建筑物检修要求而拆除、更换、停止或关闭设备导致项目不能正常运行等，并明确约定用能单位擅自停止用能时的损失承担问题。

必要时，服务单位可考虑要求用能单位对其用能量作出最低数量保证，如低于该数量的则由用能单位补足利润差额。

4. 用能量 / 节能量不能正常结算，导致项目收益无法计算 / 不能达到预期

用能费用的计算一般存在两种模式：直接以用能量为基数计算，以及按照项目投产后产生的节能量为基数计算，这两种模式下需关注的风险各有不同。

模式一：按照用能量结算

按照用能量结算的，当用能单位与综合能服公司关系恶化时，用能单位不配合综合能服公司进行抄表等确认用能数据的活动是常见现象，此时，由于用能数据不确定，相应用能费用也无从计算。

为预防此种情况，综合能服公司应当在服务协议签署时明确用能单位不配合确认用能数据的处理方式，如参照上一月度用能量或数月平均用能量或某估值计算等。

模式二：按照节能量结算

如果按照项目投产后产生的节能量的基数计算，在取得用能数据后，还需进一步确认相应节能量数据，即还需要基于各类设备、参数，从而对节能量进行计算，此时，如用能单位、综合能服公司签署的法律文本中约定的计算公式存在纰漏、各类参数存在模糊，则会导致双方各执一词无法达成一致。为解决此类纠纷，建议综合能服公司和用能单位在签署合同时参考行业内的最新合同模板及技术规定（如最新版《合同能源管理技术通则》的相关规定），根据项目具体设备和技术特性，因地制宜地制定节能量确认方案，对条款仔细斟酌，重点梳理测量方案可行性、基准能耗、节能量计算方法、测量机构和人员、节能量纠纷的解决机制。

5. 用能单位债务导致综合能源项目资产被擅自处理

一般情况下，综合能源服务合同会约定在项目运营期内，综合能源资产属于综合能服公司所有。但综合能服公司建设的综合能源项目往往依托于用能单位提供的场地、场所，由此容易导致相应综合能源项目资产在外观上被误以为归属于用能单位所有。

基于这种外观，一旦用能单位经营不善出现大量负债，便会出现相应债权人查封冻结相应资产或者用能单位恶意处置相应资产以求先行偿债的情况。

而《民法典》第三百一十一条第一款规定：“无处分权人将不动产或者动产转让给受让人的，所有权人有权追回；除法律另有规定外，符合下列情形的，受让人取得该不动产或者动产的所有权：（一）受让人受让该不动产或者动产时是善意；（二）以合理的价格转让；（三）转让的不动产或者动产依照法律规定应当登记的已经登记，不需要登记的已经交付给受让人。”因此，在受让人满足善意、合理价格、法定登记程序（如需）的前提下，受让人可以取得相应资产的所有权，此时，综合能服公司只能要求用能单位进行赔偿，而在用能单位已有大量负债的情况下，想要充分实现索赔显然是不现实的。

为此，综合能服公司应当对资产附加明显的产权归属标志；定期安排人员对资产进行巡视及检查；定期了解用能单位生产经营情况并对用能单位涉诉情况进行核查。

6. 用能单位严重违约与资产收购责任

综合能源项目建设完毕后难以移动，一旦用能单位严重违约导致能源服务合同解除的，综合能服公司事实上无法完整地回收全部资产，即便收回，资产设备也无法继续正常使用，价值出现较大减损。

因此，建议综合能服公司考虑在相应合同中明确，一旦用能单位严重违约导致合同解除的，用能单位应承担对综合能源项目资产的收购责任，具体的收购模式可由双方基于建设成本、资产折旧等因素综合考虑约定。

7. 运维外包情况下，运维不当导致综合能源项目运营不能达到预期目标

在综合能源项目开始运营后，项目的供能越多，其收益往往越高，运维单位的服务质量将直接影响综合能服公司在该项目上的盈利。在项目运维单位并非综合能服公司的情况下，如果运维合同约定无论运维单位提供的服务质量如何均可以获得固定的服务费，将可能出现项目运营不能达到预期目标的风险。

为保证运维单位的工作质量，建议综合能服公司在相应运维合同中明确运维单位应当遵守的运维服务标准、应当达到的运维质量，同时，综合能服公司可以考虑选择设置固定收入加上激励收入相结合的模式，对于综合能源项目运转超出预期盈利目标的部分，对运维单位予以激励。

此外，综合能服公司也应当设置运维质量不达标的违约条款，如运维不善导致不能实现预期目标的，则由运维单位承担收益补足责任。

三、综合能服公司常见法律风控建议

基于上文对综合能源项目的法律风险分析，在综合能源项目中，综合能服公司应注意以下法律风控要点：

（1）重视拟用土地、建筑的权属及权利负担等情况，在项目开发阶段应妥善取得权利主体出具的同意项目建设的书面许可（书面许可应包括地理位置、使用面积、移交现状、使用费用等具体信息）。

（2）综合能服公司应注意在选择用能单位前做好尽职调查工作，厘清拟合作的用能单位的经营状况、诉讼与执行情况、企业信用等，避免在合作过程中出现不必要的争议。

（3）用能量是综合能源项目的核心。综合能服公司应主动与用能单位在合作协议中妥善约定停工停产、暂停用能、用能量过低的特殊情况，并明确约定停止用能情形发生时的损失承担以及擅自停止用能时的损失承担问题。

（4）用能量 / 节能量的确认是项目利润的基础。综合能服公司应当妥善对用能量的确认方式及综合能源服务对价的计算方式作出明确、可操作的约定。

（5）综合能源项目资产往往会因为占地等外观原因被误认为系用能单位资产，综合能服公司应当注意对资产所有权进行明显的标注及公示，以避免不必要的风险。

（6）综合能源项目投资金额大、成本回收期长，一旦合同解除，项目资产不易移动且难以处置。建议在能源服务合同中约定因用能单位原因导致合同解除时用能单位的折价收购条款，妥善平衡双方利益。

（7）运维单位运维义务履行情况将直接影响综合能源项目收益，综合能服公司可考虑通过设置必要奖惩条款的方式调动运维单位积极性，以保证项目高效的运维。

四、结语

在综合能源项目迅速发展的当下，综合能服公司在积极推动项目开发建设的同时，更应当重视相应的法律风险防控工作，在合同签约前进行妥善背景调查，在合同签约时注意各个风险点，签订一份尽可能严谨、完善的合同，并在后续做好履约管理工作。最后，综合能服公司更要注重在产生纠纷时采取合理的应对措施，以最大化地保护自身合法权益。

03 综合能源时代法律风控要点及实务建议（二）——以用能单位为视角

2020 年 9 月 22 日，中国在第七十五届联合国大会上表示："二氧化碳排放力争于 2030 年前达到峰值，努力争取 2060 年前实现碳中和"。这是中国首次提出"碳中和"目标，也是中国在《巴黎协定》之后为世界气候变化作出的一次明确部署。该部署将进一步推动我国能源市场发生深刻调整和变化，加速能源结构向低碳化、市场化和数字化方向演变，大力发展新能源与可再生能源已经成为国家能源转型的重点。

综合能源改变并提升了传统能源服务中各种能源供应系统单独规划、单独设计和独立运营的既有模式，以电力系统为核心，结合能源创新技术，有效实现在规划、设计和运营过程中对各类能源的分配、转化、存储、消费等环节的有机协调与优化，提升能源利用效率，降低用能成本。综合能源项目是能源市场的焦点和未来发展的一大方向，但是在未来发展过程中，其风险和纠纷也会伴随着行业发展逐渐产生，其中项目运营、费用结算、安全责任等问题也必将成为争议焦点之一。

一、综合能源项目常见法律关系架构

综合能源项目常见法律关系架构如图 3-4 所示。

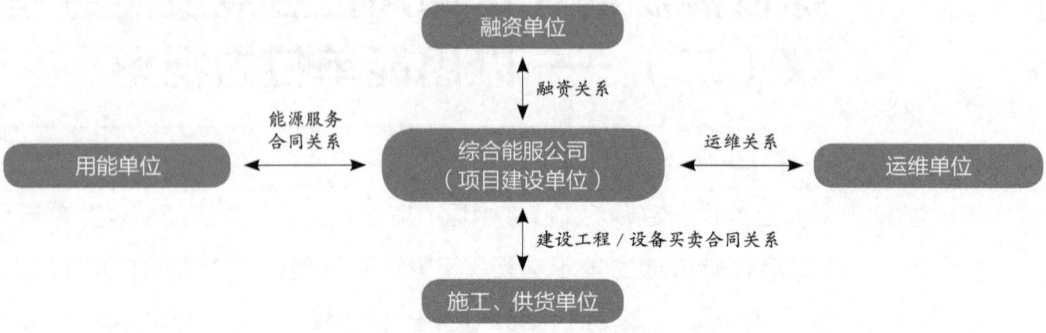

图 3-4 综合能源项目常见法律关系架构

本文将从用能单位视角出发，分析风险、提出建议，以供各个综合能源用能单位参考，为项目顺利发展保驾护航。

二、用能单位常见法律风险

1. 综合能服公司 / 运维单位服务能力不足以支持项目运转

综合能源项目往往包括电、气、冷、热等多元化能源供应，而综合能服公司作为综合能源建设、服务机构，其工作范围也通常会涉及能源咨询与规划设计、投资建设、系统运营、能效提升、市场化交易服务等多项工作。

为规范综合能服公司的能力评估与等级，中国电力企业联合会科技开发服务中心于 2020 年 8 月 24 日特别推出了《综合能源服务机构能力评估管理办法（试行）》。

据此，如果综合能服公司不具备相应的工作经验，项目在建设过程中及后续运营过程中的风险将难以防控。因此，用能单位在合作项目前应当对综合能服公司的既往经营业绩、履约能力、社会信誉等情况进行摸底排查。

同时，实践中综合能服公司往往会将综合能源系统的运维工作通过签署合同方式直接委托给第三方单位进行，此时，大部分用能单位仅与综合能服公司存在合同关系，无法参与该第三方的选定过程，用能单位无法基于合同关系对第三方运维单位进行直接约束。一旦该第三方不具备运维能力或能力欠缺，或者不服从用能单位管理，极易导致综合能源系统运营障碍或用能单位遭受损失。

因此，建议用能单位应当与综合能服公司在主服务合同中明确约定，在未取得用能单位书面同意前，综合能服公司不得擅自选定运维服务机构。

此外，如用能单位同意综合能服公司外包运维服务的，用能单位应当考虑作为合同主体一方参与签署相应运维合同，明确用能单位对相应外包运维单位具备一定管理的权利，综合能服公司及外包运维单位均应对用能单位负责。

2. 智能电网系统安全问题

智能电网系统不稳定的风险与上文所述综合能服公司、运维单位服务能力直接相关，但本文基于其重要性单独行文予以强调。

实践中，综合能源管理项目往往是风、光、水、火、储多能互补项目，并通过综合能服公司的智能电网系统平台进行居中协调控制，智能电网系统是整个综合能源系统运转的核心，一旦智能电网系统出现故障，各项能源系统必然发生问题，用能单位的生产经营及安全将受到直接影响。

因此，用能单位应当在合同签订时对综合能服公司提供的相应智能电网系统的服务质量作出必要要求，建议同综合能服公司协商一致选定最终供应商。

同时，用能单位应当在合同签订时对智能电网的日常检修责任、检修成本承担、运维标准、故障发生后的赔偿责任等相关事项进行明确要求。

3. 数据归属及信息安全

综合能源服务中形成能源数据反映了用能单位的生产经营情况，直接涉及用能单位的商业秘密。

基于能源数据依托于用能单位的生产经营情况产生，综合能服公司也已从用能单位处取得相应综合能源管理服务对价，因此在确保服务单位智能电网系统技术秘密安全的前提下，建议将能源数据按归属于用能单位所有处理。同时，为综合能源系统运营之必要，用能单位应当对综合能服公司合理使用该等数据做出必要的许可，以便综合能服公司正常开展相关运营工作；如果服务协议未将能源数据单独隔离并归于用能单位所有的，建议用能单位与综合能服公司对于数据的保密义务及用能单位免费使用数据的权限等做出明确约定。

用能单位与综合能服公司应当在协议中对上述事项进行规定，明确用能单位对数据的所有权以及综合能服公司为合同履行之目的在必要范围内的免费使用权利，同时也应当对综合能服公司违约使用能源数据导致商业秘密泄露或其他损失的违约赔偿责任进行明确约定。

4. 安全事故与责任承担

综合能源项目的建设内容可能包括光伏发电系统、风力发电系统、混合储能系统、太阳能热水系统、智能微电网系统、光电一体化充电站等各个单元，并且不排除各个单元分别由不同的施工单位建设的可能。由于其建设内容的复杂性，其发生安全事故的概率相对较高。例如施工单位在某工业园区建设了综合能源项目，其中屋顶分布式光伏项目施工过程中没有做好屋顶防水措施，在项目运营几个月后出现屋顶漏水，导致园区的某第三方工厂机器损坏，几个月无法正常生产经营；再如某商业园区内，智能电网系统失灵导致整个园区无法正常开关电源。

复杂的多能互补模式对综合能源项目的安全保护提出了新的要求，而一旦由于综合能服公司、建设单位或运维单位原因导致综合能源项目发生安全事故进而导致第三方遭受损失，用能单位作为项目的实际使用人，往往会首当其冲地被要求承担责任，此时，如关于综合能源项目安全责任的约定不明，用能单位存在被迫承担全部安全责任风险，以及担责之后又难以向综合能服公司、建设单位或运维单位索赔的风险。

5. 土地、建筑物的处分与用能单位的提前退出

综合能源项目的运营周期一般长达 20 年甚至更久，在运营期内，不能排除用能单位因为产业转移、集团布局变更等原因而不得不出售、出租综合能源项目所依托的土地、建筑物的可能。

此时，用能单位不具备继续履行相应综合能源服务合同的条件，在合同无约定的情况下，用能单位因自身原因要求解除综合能源服务合同的，存在被综合能服公司要求赔偿项目运营期内巨额可得利益损失的风险。

针对这种情况，建议用能单位在合同签署时合理设置特殊情况下用能单位的合同解除权及合同解除后对综合能服公司的补偿方式，并明确约定综合能服公司无权拒绝用能单位或相关权利人在该等特殊情况下将相关土地或建筑物的对外出租或转让。

三、法律建议

基于上文对综合能源项目的法律风险分析，在综合能源项目中，用能单位应注意以下风险：

（1）用能单位应注意在选择合作相对方前做好尽职调查工作，厘清拟合作方的经营状况、资质、经验、企业信用等，避免在合作过程中出现不必要的风险和争议。

（2）运维单位的运维能力关系着综合能源项目的安全性。用能单位应当要求综合能服公司在选择运维单位时取得用能单位书面同意或满足用能单位的部分条件，并通过签署三方协议的方式明确运维单位、综合能服公司共同对用能单位承担责任。同时，用能单位与综合能服公司也应当就运维单位的管理责任划分明确。

（3）智能电网系统是综合能源管理项目的核心，用能单位应当要求综合能服公司在采购智能电网系统前征求用能单位的意见，必要时用能单位可以在签署项目合作协议时通过设备短名单方式对后续采购进行必要约束。同时，用能单位应当在合同签订时对智能电网的日常检修责任、检修成本承担、运维标准、故障发生后的赔偿责任等相关事项进行明确要求。

（4）能源数据关乎用能单位商业秘密。用能单位应在相应能源服务协议中明确约定数据的所有权归属，以及综合能服公司／运维单位免费使用该等数据的范围，并对综合能服公司／运维单位违约使用／泄露该等能源数据的责任作出约定。

（5）对于综合能源项目安全事故导致的对第三方侵权问题，用能单位应当要求综合能服公司及运维单位明确承诺，除用能单位原因直接导致的外，其余侵权责任均由综合能服公司或运维单位予以承担。

（6）在综合能源服务合同签署过程中，妥善考虑后期将建筑物、土地出租出让等情况下用能单位退出综合能源项目的路径并合理设置相应退出条款。

在降低能耗、节约企业经营成本的过程中，用能单位寻求综合能源项目合作的，应当重视相应法律风险防控工作，在建设项目过程中把好签约关，在签约前进行妥善背景调查，在签约时签订一份尽可能严谨、完善的合同，同时要做好履约管理工作，最后更要注重产生纠纷时采取合理的应对措施，以最大化地保护自身的合法权益。

04 综合能源时代法律风控要点及实务建议（三）——以施工及设备供应商为视角

项目施工建设和设备采购系综合能源项目中的重要环节，工程质量、设备性能将直接影响项目整体经济效益。实践中，施工单位往往采用 EPC 或 EPC+F 的模式参与建设，一旦发生工程或设备质量纠纷，施工单位及设备供应商均会面临经济索赔，面对上述风险，施工及设备供应商亟需寻求切实有效的法律风险规避方案。

一、综合能源项目常见法律关系架构

综合能源项目常见法律关系架构如图 3-5 所示。

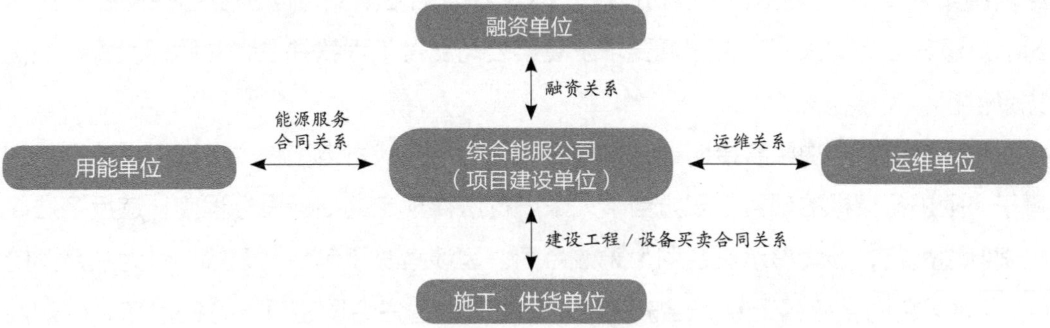

图 3-5　综合能源项目常见法律关系架构

本文将从综合能源施工单位、设备供货商视角出发，分析风险，提出建议，以供各个施工、供货单位参考，为项目顺利发展保驾护航。

二、综合能源建设施工、供货单位常见法律风险

（一）招投标合规风险

一般情况下，民营企业及国有企业采购能源项目相关的勘查、设计、施工、监理服务及重要设备等事宜均需通过招投标方式确认，否则相应合同存在被认定无效的风险。

《必须招标的基础设施和公用事业项目范围规定》（发改法规〔2018〕843 号）第二条规定："不属于《必须招标的工程项目规定》第二条、第三条规定情形的大型基础设施、公用事业等关系社会公共利益、公众安全的项目，必须招标的具体范围包括：（一）煤炭、石油、天然气、电力、新能源等能源基础设施项目……"

综合能源项目作为综合电力工程，属于能源基础设施，施工总承包及达到一定金额数量的设备采购等工作均需要按照上述法律法规进行招投标工作，否则存在合同无效的风险。

一旦合同无效，则相应合同仅具备参考意义而无拘束力，其中的质量标准、违约责任等核心条款均无法继续适用，此时，各方当事人的合法权益都无法得到保障。

在宁夏回族自治区高级人民法院审理的新疆某公司与宁夏某公司建设工程施工合同纠纷中，业主宁夏某公司未组织招投标程序，直接将其名下的光伏电站项目发包给新疆某公司建设，同时，为担保工程款支付，宁夏某公司股东将宁夏某公司股权质押给新疆某公司。后光伏电站顺利投产，但双方因工程款支付问题及担保问题产生纠纷。新疆某公司向人民法院起诉要求宁夏某公司支付工程款并主张对质押股权行使优先受偿权。

宁夏高院在判决中直接明确：本案所涉工程系光伏发电工程，根据相关法律规定属于必须进行招标的项目，双方当事人未履行法律规定的招标投标程序，违反了法律的强制性规定，涉案总承包合同为无效合同。因涉案总承包合同无效，作为从合同的《股权质押合同》应属无效，但宁夏某公司股东作为主合同签订一方的股东，明知涉案工程未进行招投标，而与新疆某公司签订《股权质押合同》，存在过错，宁夏某公司股东在宁夏公司债务不能清偿部分的三分之一范围内承担赔偿责任。

从该案中可以看出，招投标程序直接影响新能源项目下的工程合同及相应担保合同效力，事实上，如新疆某公司重视招投标流程，协调业主办理招投标手续的，后续担保措施也不会无效，主张工程款也会更加合法合规。

（二）工期延误与综合能源项目可得利益损失

综合能源项目并网投产后即可产生收益，而一旦工期延误，除合同约定的工期违约责任外，承包人往往还可能对工期延误造成的可得利益损失承担责任。

合同约定的工期违约责任并无过多争议，但对于工期延误造成的可得利益损失（如发电量损失）则存在法院自由裁量的空间，实务中存在截然不同的两种观点：

（1）实务观点一：施工单位作为专业企业，工期延误造成的发电量损失属于施工企业的合理预见范围，属于可得利益损失，对项目发电量收入损失应当予以足额赔偿。

在黑龙江高院 2018 年审理的一起新能源项目建设工程施工合同纠纷中，黑龙江高院认为：承包人作为专业机构，对竣工日期与发电量收入的关联性应当有明确认知。因风力发电的产出与效益具有明显的季节性，因此承包人对于工期延误将会给发包人造成的发电量损失应当给予足够的预见。发电量损失虽然尚未实际发生，但属于可期待利益的范围，应当予以支持，最终判决施工单位向项目业主支付数千万元的电费损失。

（2）**实务观点二：**发电量损失是合同签订时无法预测的损失，施工单位无需承担。

在湖南高院 2017 年审理的一起新能源项目建设工程施工合同纠纷中，湖南高院认为：承包人完工只是理论上发电量产生的基本前提，而非唯一条件，新能源项目投入使用运营过程中能否发电及产生发电量的数额，取决于管理水平、气候变化、设备运行状况等其他不确定因素，且承包人在签订合同时，对于在工程竣工后、使用过程中随着时间推移产生的发电量间接效益等损失，承包人在合同签订时无法预测其范围。

综合上述两种截然不同的实务观点，笔者认为，施工单位应当在草拟合同条款的过程中对工期延误造成的损失计算方式予以明确，尽量避免对可得利益扩大化理解，并对工期顺延的条款予以明确约定。合同履行过程中应当尽量避免因为自身因素（如人员、材料、设备等不合理调配、疏于对分包单位的管理、质量、安全问题等）造成的工期延误，对于因被动因素（如发包单位提出的设计变更等）造成的工期延误，应及时取得相应的工期顺延签证或其他证明材料以维护自身的合法权益。

（三）工程或设备质量导致索赔风险

工程质量、设备质量是综合能源项目的核心，项目业主通常会在工程承包 / 采购合同中列明对工程和设备的质量标准，一旦承包人完成的工程、供应商提供的设备未达到相应标准，综合能源项目整体收益便会受到影响，此时项目业主将会依据合同有针对性地发起索赔。

以工程质量为例，在上海二中院 2017 年审理的一起新能源项目建设工程施工合同纠纷中，能源服务公司将某光伏项目发包给施工单位建设，后光伏项目正常并网投产。但投产后，能源服务公司发现项目存在逆变器故障和屋顶锚栓点漏水等问题，项目的发电量收益受到严重影响。能源服务公司与施工单位就赔偿问题未能达成一致，能源服务公司遂诉至法院，要求施工单位赔偿发电量损失 50 万元左右及整改费用 400 万元左右。

人民法院经审理后认为：尽管案涉合同并未对工程投产后的使用效果、设备使用期限等进行约定，而且工程已经竣工验收并投入使用，通常应当认定工程符合质量规范。但本案工程并非传统意义上的建筑施工，其本质更类似于工业设备的承揽定制。参照承揽合同的相关规定，能源服务公司有权就工程质量瑕疵造成的设备运营损失如发电量损失等要求赔偿。考虑到能源服务公司的相关损失难以准确认定（屋顶渗漏损失未明确提出、电站修复工程的造价因双方缺乏约定而难以准确审价），且该项目为自发自用项目（余量不上网），电站所在厂区用能单位目前基本停产，用电量较少，该光伏电站是否继续使用等后续情况未明，存在较大不确定性，因此，酌定施工单位赔偿各类损失 100 万元。

以设备质量问题为例，在上海一中院 2018 年审理的一起光伏设备买卖合同纠纷中，能源服务公司向供应商采购太阳能电池组件，用于其开发的屋顶光伏项目。光伏项目投产后 2 年，能源服务公司发现组件发电量与可研报告相距甚远，联系供应商共同送检后发现组件平均输出功率和衰减率未达到约定标准，而此时，能源服务公司已经与某用能单位已经签订了为期 25 年的供电协议，由于供应商设备衰减率超过约定标准，能源服务公司遭受了相当大的发电量损失。据此，能源服务公司向人民法院提起诉讼，要求供应商赔偿整个运营期（含未来 23 年）的发电量损失数百万元。

人民法院审理后认为：按照合同约定，对于不能达到规定要求的组件，供应商负责退换，如供应商不能履行维修或更换义务，则理应赔偿能服公司因组件质量问题导致整个项目运行期内发电量减少的相应经济损失。关于该损失金额的核算，除了电价，还需考虑组件的正常衰减、气候、日照、发电效率等各种因素，法庭根据双方抽样的检验报告结果、项目可行性研究报告的相关数据、工程对组件使用寿命、允许衰减率的要求标准、能源管理合同有关电价的约定、能服公司未及时检验验收设备等因素，酌定供应商赔偿运行期内发电量减少的相应经济损失，并最终支持了能源服务公司主张的理论发电量损失金额的 70%。

三、法律建议

通过上文对综合能源项目的法律风险分析，在此，笔者对施工、供货单位的法律风险防控简要总结如下：

（1）综合能源项目作为综合电力工程，其勘查、设计、施工、监理、重要设备采购需进行招投标工作，否则存在合同无效的风险。施工单位 / 供货单位（包括民营企业及国有企业）均应当经过正规招投标程序参与到项目中，同时，应注意避免围标、串标等违法行为。

（2）工期延误 / 供货延误将直接导致巨额发电量损失。施工单位 / 供货单位应当在合同条款的谈判过程中对发电量损失是否承担予以明确，并对合同义务履行期顺延的条款进行针对性协调。同时，施工单位/供货单位在合同履行过程中要重视工期/供货期的履行及顺延问题。

（3）注重工程质量/设备质量管理。工程质量、设备质量是综合能源项目的核心，一旦承包人完成的工程、供应商提供的设备未达到相应标准，项目业主会依法提起索赔。因此，施工单位/供应商应当在合同签订过程中审慎列明工程/设备适用的国家/行业和项目要求的特殊标准，同时在施工、产品制造过程中严把质量关，对于因工程/设备质量发生的纠纷应当及时妥善协商解决，最大程度地降低各方损失。

四、实务建议

"双碳"背景下，新能源行业快速发展，设备组件供应及工期都遇到了挑战，综合能源项目的施工单位、供货单位在积极推动项目建设的同时，更应当重视相应法律风险防控工作，在建设项目过程中把好签约关，在签约前进行妥善背景调查，在签约时签订一份尽可能严谨、完善的合同，同时要做好履约管理工作，最后更要注重在产生纠纷时采取合理的应对措施，以最大化地保护自身合法权益。

05 设备质量问题导致能源服务合同解除情形下的供应商责任分析

实践中，能源服务公司（以下简称“能服公司”）为履行与用能单位签订的能源服务合同，需要采购设备以提供节能服务，一旦该等设备产生质量问题，将会直接影响项目整体的运行，甚至会导致用能单位与能服公司解除合同，因此给项目造成巨大损失。在此种情况下，能服公司应如何向设备供应商追责？设备供应商承担责任的界限又应如何确定？

一、典型案例 [某科技公司与某能服公司采购合同纠纷案]

（一）当事人关系图

当事人关系图如图 3-6 所示。

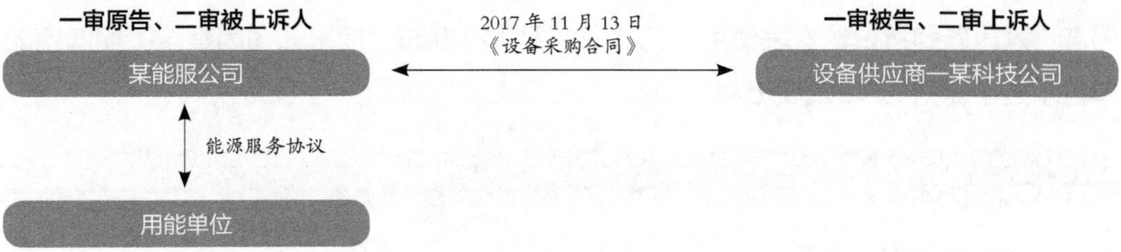

图 3-6　当事人关系图

（二）案件基本事实

2017 年 11 月 13 日，能服公司与科技公司就在用能单位开发建设综合能源项目的相关事宜签订了设备采购合同，合同总价为 2420 万元，由科技公司向能服公司提供项目工程所需设备及相关备品备件。合同主要约定：

（1）科技公司应按约在收到合同总价 30% 的预付款后向能服公司提供用能单位用能量汇总表、图纸等工程技术资料。

（2）合同总价的 10% 作为质保金，质保期为一年，从系统整体验收合格之日起算。

（3）技术协议对案涉设备应当达到的技术要求、指标、规格等质量标准作出了明确约定。

注：合同中未明确约定设备质量不符合约定标准时科技公司应承担的违约金。

2017 年 11 月 17 日，能服公司依约支付预付款。2018 年 1 月 21 日，科技公司将部分设备运送进场，但经过双方多次沟通，科技公司始终未提供相关技术资料。

2018 年 1 月 26 日，案外人 A 公司为科技公司就案涉设备出具了设备制造监督检验证书，证明相应设备安全性能符合国家相关技术监察规程的要求。甲市质检所于 2018 年 3 月 13 日对科技公司所供设备零件出具结果为合格的检验报告，并于 14 日对科技公司所供设备零件出具了准予作为案涉项目工作级别使用的检定结论。

设备使用过程中，能服公司对相关设备进行质量检查，发现科技公司提供的设备技术指标未达到合同约定的标准，能服公司多次要求科技公司按合同约定的标准更换设备，但科技公司未予更换。

2018 年 3 月 22 日至 4 月期间，能服公司为保证案涉设备正常运行，自行花费约 230 万元购买了配套备件，安装至科技公司提供的设备上。

后由于设备质量不合格，用能单位提出解除与能服公司签订的能源服务合同，并另选厂家重新购置设备安装使用。在项目结算工程款时，能服公司因延误工期向用能单位承担了罚款约 480 万元。

（三）当事人主张

一审原告能服公司诉请：

（1）解除与科技公司签署的《设备采购合同》，科技公司退货退款，自行搬离案涉设备；

（2）科技公司赔偿能服公司自行购买的备件部分成本损失约 230 万元；

（3）科技公司承担能服公司支付用能单位的延误工期罚款约 480 万元。

一审被告科技公司抗辩：科技公司已按约履行义务，即使构成违约，也应当采取继续履行、更换货物、减少价款等形式承担违约责任。

（四）案件争议焦点

法院认为，本案的争议焦点为：能服公司与用能单位的能源服务合同应否解除，供应商科技公司应对此承担何种责任？

（五）法院判决结果

一审法院认为，科技公司未按约定提供技术资料，且其提供的设备质量虽然能够达到相关行业标准的要求，但与合同约定的技术标准不符，在能服公司提出更换要求后也未予以更换。以上行为导致能服公司不能履行与第三人用能单位签订的能源服务合同，致使其合同目的无法实现，科技公司属于实质违约，应解除《设备采购合同》，退还货款。同时，由于双方并未约定设备质量不合格时科技公司应承担的违约责任，因此一审法院判决：

（1）解除《设备采购合同》，酌情判令科技公司支付已付货款金额 20% 的违约金；

（2）由科技公司承担另行购买电仪设备的损失约 230 万元；

（3）针对能服公司主张的延误工期罚款 480 万元，一审法院认为于法无据，不予支持。

科技公司不服一审判决并提起上诉，主张《设备采购合同》不应解除。

能服公司在二审中答辩认为，科技公司提供的设备与合同约定完全不符，无法实现合同目的，能服公司有权解除合同，要求科技公司退货、赔偿损失、承担违约责任。

针对上述上诉请求及答辩意见，二审法院经审理认为，科技公司未在规定时间内提供完整资料，且案涉设备不符合技术协议约定，导致能服公司与用能单位所签的合同无法实现，科技公司应承担违约责任。由于用能单位现已另行安装其他厂家设备，案涉合同已不具备履行条件，只能解除，相关设备应由科技公司自行运回。由于案涉合同中未约定违约金，能服公司在一审中也未主张，二审法院认为一审判决由科技公司承担违约金违法，应予撤销，其他部分予以维持。

二、法律分析

本案中存在两组法律关系，一组是用能单位与能服公司间的能源服务合同关系，一组是能服公司与供应商科技公司间的采购合同关系。基于合同相对性原则，各方当事人原则上只能基于合同约定，向存在合同关系的相对方主张违约及赔偿责任。

就能服公司与科技公司之间的采购合同关系而言，即使科技公司提供的设备已达到相关行业标准，但在双方对设备质量标准存在高于国家或行业标准的约定时，其仍应按照合同约定严格履行。由于科技公司未能按照约定的质量标准妥善履行交付义务，且经能服公司多次催告后仍怠于补正履行瑕疵，其实质性违约行为导致用能单位解除了与能服公司的能源服务合同，能服公司不能实现合同目的，科技公司理应向能服公司承担违约责任。

根据《民法典》第五百八十二条及第五百八十三条的规定，卖方违约责任的承担形式包括负责修理、更换、重作、退货、减少价款或报酬等，采购方亦有权要求卖方承担违约金和/或损害赔偿责任。[1]本案中，由于当事人的疏忽，未在采购合同中约定违约金，能服公司亦未在起诉时主张违约金，一审法院酌情判决的违约金因违反民事诉讼法“不告不理”的原则，最终被二审法院予以撤销。

虽然本案中能服公司未主张违约金，但其向科技公司主张了两项实际损失：其为保证设备正常运行而自行购买电仪设备的成本230万元以及其向用能单位缴纳的延误工期罚款480万元，法院最终只支持了前者。根据《民法典》第五百八十四条[2]的规定，笔者认为：

（1）能服公司购买的设备是案涉设备正常运行之必须，该部分成本系由科技公司的违约行为直接引起的损失，且科技公司作为提供设备的一方必然了解案涉设备的运行要求，应当对该部分费用有所预见，由其承担相应成本并无不当。

（2）至于能服公司主张的延误工期损失480万元，由于整体项目的工期与诸多因素相关，无法断定案涉设备存在质量问题是否系引起工期延误的唯一且直接原因。且案涉双方在订立采购合同时未对“设备质量问题引起工期延误”这一可能情形约定明确违约责任，相应的罚金亦是科技公司在签约时未能也不必然能够预见的，因此，该部分损失不符合可预见性原则，只能由能服公司自行承担。

三、风控指南

（1）当能服公司与用能单位签订的能源服务合同被解除时，相应的设备采购合同存在因不具备继续履行条件而被法院判令解除的风险。若能源服务合同系因设备质量问题而解除，设备供应商应按采购合同约定向能服公司承担违约责任。实践中，相关企业应在签订采购合同时多加注意违约责任条款的设计，尤其是在当事人在项目中对合同设备质量标准或技术标准具有高于行业标准的特定要求时，可以通过约定一定比

---

[1] 《民法典》第五百八十二条　履行不符合约定的，应当按照当事人的约定承担违约责任。对违约责任没有约定或者约定不明确，依据本法第五百一十条的规定仍不能确定的，受损害方根据标的的性质以及损失的大小，可以合理选择请求对方承担修理、重作、更换、退货、减少价款或者报酬等违约责任。第五百八十三条：当事人一方不履行合同义务或者履行合同义务不符合约定的，在履行义务或者采取补救措施后，对方还有其他损失的，应当赔偿损失。

[2] 《民法典》第五百八十四条　当事人一方不履行合同义务或者履行合同义务不符合约定，造成对方损失的，损失赔偿额应当相当于因违约所造成的损失，包括合同履行后可以获得的利益；但是，不得超过违约一方订立合同时预见到或者应当预见到的因违约可能造成的损失。

例的违约金或明确的违约金数额以增加违约方的成本，进而达到约束相对方全面、妥善履行合同的目的。一旦进入诉讼程序，当事人亦应积极主张违约金，以期最大程度地保障自身合法权益。

（2）根据《民法典》第五百八十四条的规定，当事人履行合同不符合约定时，另一方当事人有权要求违约方承担相关损失，其中包括可得利益损失。在设备采购合同中，采购方可向设备供应商主张的损失需至少满足以下条件：

1）由设备质量问题引起的损失；

2）属于签约时供应商可以预见的损失。

如若无法同时满足上述条件，则该等索赔主张存在不被法院支持的风险。

06 用能单位经营不善全面停产，能服公司主张剩余合同期内可得利益损失

在综合能源服务项目中，由于投资服务周期较长，如用能单位经营不善、停产将导致能服合同无法继续正常履行。通常由此引发以下争议：能服公司是否可以主张可得利益损失，即尚未发生的剩余合同期内的服务费？

一、典型案例［能服单位与用能单位服务合同纠纷案］

（一）当事人关系图

当事人关系图如图 3–7 所示。

图 3–7　当事人关系图

（二）案件基本事实

2016 年 8 月，能服公司与用能单位签订了能源服务合同（以下简称“能服合同”），主要约定如下：

（1）能服公司为用能单位安装能源设备共 9 台（总价值 935 万元），预计平均节能率为 15%，用能单位根据实际用电量按月支付能源服务费（双方约定了相应的计算方式），服务期限为 7 年，自 2016 年 10 月 1 日起至 2023 年 9 月 30 日止。

（2）合同期内当能服公司获得的能源服务费达到 1223 万元（不含国家财政补贴）时，合同自然终止；未达到 1223 万元时，可按照合同结束时间顺延，但是能服公司不再承担合同顺延期间的设备维护费用。

（3）当本合同一方发生以下任一情况时，另一方可书面通知对方解除本合同：一方进入破产程序；或一方的控股股东或者是实际控制人发生变化，而且该变化将严重影响到该方履行本合同下主要义务的能力；或一方违反本合同下的主要义务，且该行为在另一方书面通知后 10 日内未得到纠正。

2016 年 11 月，能服公司为用能单位安装了 7 台设备（价值 920 万元），经双方共同测试节能率均在 15% 以上，尚有 2 台设备未安装（价值 15 万元）。经查未安装的 2 台设备为附属配套设备，不影响项目整体效果。

2016 年 11 月底，双方共同签署了《设备安装验收移交单》。

项目运行过程中，用能单位一直以各种理由拒绝为能服公司提供其实际用电量数据，也一直未与能服公司结清能源服务费用。2017 年 5 月，能服公司向用能单位发出《催告函》，要求用能单位按照合同约定结清款项，但用能单位未予回应。

2017年6月15日，能服公司向用能单位发出《律师函》，要求用能单位一次性支付前期能源服务费并提供担保以保证合同顺利履行，否则将单方解除合同，并要求用能单位赔偿一切损失，用能单位仍未予回应。

2017年6月下旬，用能单位经营不善，全面停产。

2017年7月，能服公司向法院起诉，主张解除合同，并请求用能单位赔偿可得利益损失1223万元。

（三）当事人主张

原告能服公司诉请：能服公司请求解除合同，并请求用能单位赔偿原告可得利益损失1223万元。

被告用能单位抗辩：合同期间用能单位耗能总量并没有明显的降低，能服公司安装的设备不能达到合同约定的15%节能率。

（四）案件争议焦点

法院认为，本案的争议焦点为：

（1）案涉项目是否符合合同约定的节能效果？

（2）能服公司是否享有单方合同解除权？

（3）用能单位是否应赔偿能服公司主张的可得利益损失1223万元？

（五）法院判决结果

1. 案涉项目是否符合合同约定的用能效果

用能单位庭审中提供的证据是整个工厂总用电量，非本案设备特定用电回路的用电量，与本案无关；且双方曾在2016年11月对节能率进行检测，共同盖章确认，可以认定案涉项目符合合同约定的用能效果。

2. 合同解除条件是否成就

用能单位既未向能服公司提供安装能源设备后的用电数量，也一直未向能服公司按月支付能源服务费用。且在2017年6月，用能单位因经营不善，已经全面停产，致使合同目的不能实现，因此用能单位已构成根本违约。故合同约定解除条件已经成就，能服公司有权要求解除合同。

3. 用能单位是否应赔偿能服公司主张的 1223 万元可得利益损失

可得利益是合同在适当履行以后可以实现和取得的财产利益，作为一种可期待利益，在合同生效后即受保护。在合同目的不能实现时，当事人可行使合同解除权，并主张损害赔偿来实现合同目的。案涉合同对于可得利益有明确的约定，即合同期内当能服公司获得的能源服务费达到 1223 万元时合同终止，若合同能够正常履行，双方均可预见到能服公司将获得 1223 万元的服务收益。

考虑能服公司尚有 2 台非必要配套设备未安装（设备价值 15 万元左右，占总设备价值 2%；负载功率仅占总设备负载功率 7%），应在可得利益赔偿总额中扣除未安装的 2 台能源设备可能产生的收益。

同时综合考虑合同订立时已预见的能源服务费收益（1223 万元）、已安装设备价值（920 万元）在总设备中的价值比例（占 98%），及已安装设备占总设备负载功率比例（占 93%）等情形，本案中，法院最终酌情判定用能单位支付能服公司可得利益损失为 1200 万元。

二、法律分析

1. 可得利益损失的“可预见性”

上述案例中，能服公司主张的可得利益包括两个部分：

第一部分是在用能单位停产前，应支付但未支付的能源服务费，此部分由于用能单位一直未提供用电度数，也一直未与能服公司进行结算，因而服务费金额不能确定。第二部分是在用能单位停产、不再使用设备后，剩余合同履行期内的可预期服务收益，两部分金额合计应为合同约定的 1223 万元。

对于第一部分停产前能源服务费，在用能单位已实际享受相应能源服务且不存在其他正当拒付理由的情形下，如果金额可以查明，通常法院会作出用能单位应予以支付的判决。

双方当事人存在较大分歧的部分通常是针对第二部分能源服务费，即剩余合同期内（尚未提供服务期间）的可得利益损失是否应当予以赔偿的问题。《民法典》第五百八十四条规定：“当事人一方不履行合同义务或者履行合同义务不符合约定，造成对方损失的，损失赔偿额应当相当于因违约所造成的损失，包括合同履行后可以获得的利益；但是，不得超过违约一方订立合同时预见到或者应当预见到的因违约可能造成的损失。”此条明确了可预期利益损失应予以赔偿，但以“可预见性”为限。

本案中，法院即认为，可得利益是合同在适当履行以后可以实现和取得的财产利益，作为一种可期待利益，在合同生效后即受保护。在合同目的不能实现时，当事人可以行使合同解除权并主张损害赔偿来寻求救济。并且案涉合同对于可得利益有明确的约定（即 1223 万元），若合同能够正常顺利履行完毕，双方均可预见到能服公司将获得 1223 万元的服务收益。由此可见，本案合同约定满足“可预见性”要求，因此法院最终支持了能服公司诉请。同时需注意的是，在确定损失数额时，法院同样会考虑合同履行情况、当事人过错程度等因素，例如本案中法院即在赔偿总额中扣除了未安装的 2 台设备对应的能源服务费用，且由于未安装的设备负载功率占总负载功率较低，节能效果欠缺，最终法院也仅酌定扣除了较低金额。在其他类似案件中，多数支持赔偿可得利益损失的判决在确定损失赔偿数额时，也对剩余合同期内能服公司需支出的必要运营成本等费用进行了扣除。

2. 合同条款对可得利益的保障

对于用能单位停产情况下，能服公司是否可以主张剩余合同期内的可得利益（即剩余合同期内的服务费损失）的问题，与本案相类似的另一案件（“类比案例”）中，能服公司通过合同条款的合理设置，规避了用能单位停产导致服务费无法继续收取的风险。

基本案情：2016 年 12 月 8 日，能服公司湖北公司与用能单位青海公司签订了能源服务合同，由能服公司提供能源服务系统，以满足用能单位的节能需求。合同约定，服务期内节能效果以使用能源服务系统前后实测用电量为准，服务期内以每 3 个月为一个结算周期，在任意结算周期内，用能单位发生非能服公司原因引起的停产或系统停运的，用能单位仍应按已确认的结算周期节约的电费额度向能服公司支付相应服务费。

2018 年 1 月 29 日，案涉双方签订了能服合同补充协议，补充合同主要约定为能服公司在单套系统验收合格后开始收取能源服务费，单套服务期为 5 年，每套系统前四年的节能电量为 460kWh × 7000h/ 年，第五年的节能电量为：410kWh × 7000h/ 年，能服公司每次结算时（每 3 个月结算 1 次）依据的节能电量为年收益电量的 1/4。

上述合同签订后，能服公司依约履行了合同义务，项目整体已通过用能单位竣工验收且为用能单位实际使用。

2020 年 7 月 22 日，用能单位作出了关于技改停产的报告并全面停产。

由于用能单位技改停产后迟迟未足额支付服务款项，能服公司向法院起诉，要求判令用能单位支付能源服务费 1200 万元及相应延期支付滞纳金。

判决说理：人民法院认为，能服公司与用能单位签订的能服合同及补充协议均合法有效，能服公司依约提供了服务，实现了能源服务的合同目的，用能单位则应依约履行支付服务费的合同义务。

用能单位自 2020 年 7 月起停产技改，但根据双方合同约定，非能服公司原因引起的停产，用能单位仍应按已确认的结算周期节约的电费额度向能服公司付款，额度可以以前期已确认金额支付，双方在补充合同中进一步明确了每期的额度如何计算，故能服公司主张的服务费有合理依据，应予支持。

在本案中，人民法院认定了两点重要事实，并基于此支持了能服公司主张的停产期间服务款：

（1）双方合同约定，非能服公司原因引起的停产，用能单位仍应按已确认的结算周期节约的电费额度向能服公司付款，额度以前期已确认的金额为准；

（2）双方在补充合同中进一步明确了每期的额度如何计算。

简而言之，在该案中，能服公司通过合同约定的方式：①明确了非能服公司原因导致的停产不免除用能单位支付服务费的义务；②将合同剩余有效期内的节能电量直接固定，不再另行统计电量，即原本不确定的、待定的用电量通过协议约定得到了确定，成为一个固定值，该公司的做法值得借鉴。

三、风控指南

1. 重视前期尽职调查

由于能源服务周期较长，用能单位出现经营不善、停产转产，甚至解散、破产的可能性大，能服公司在订立合同之初即需要考虑此等风险。因此建议能服公司在合同正式签订前进行必要的尽职调查，对用能单位履约能力、资信情况、涉诉情况、经营状况、市场状况，甚至行业大背景进行充分了解。

2. 合理设置合同条款

在能源管理协议签署后、履行中，如用能单位存在停产 / 停业风险，能服公司可考虑参考前述案例的条款设置方式。笔者建议：

（1）将因各种原因导致无法抄表结算时的用电量、节能数据在合同中直接固定，而不能完全依靠于用能单位能耗逐次抄表、确定用电量再进行结算，进而规避用能单位停产 / 停业导致无法确定用电量或无法收取能源服务费的风险。

（2）建议能服公司在签订合同时，对合同条款进行细致全面审核，详细列举用能单位可能出现的违约情形，例如擅自拆除、更换、停止、转产或关闭设备导致项目不能正常运行等；或其他因用能单位原因导致合同不能继续履行的情形，例如歇业停业、解散、进入破产或清算程序等，并约定明确的赔偿标准。

（3）建议在签订合同时尽量明确约定合同解除或终止时，违约方是否需赔偿剩余合同期内的可得利益及相应的科学的计算方法，以尽量减少索赔不能的风险。

（4）如果因项目特性，利用上述条款无法计算出明确的赔偿标准，建议在合同中约定由于用能单位原因导致合同无法继续履行时，用能单位有义务按照约定的标准收购项目残值以赔偿能服公司的投资损失。

（5）建议能服公司在条件允许的情况下，可要求用能单位提供一定的担保或承诺等增信措施，以保证合同目的的实现（但同时考虑合同订立之初，能服公司在谈判中处于较弱势地位，要求用能单位提供担保可能较为困难）。

07 用能单位原因导致综合能源项目无法施工，能源服务商应赔偿施工单位损失

在光伏项目建设中，发包人、承包人为了避免因主设备品牌或技术参数导致纠纷，通常会在建设工程施工合同或设备买卖合同中约定相应设备的具体标准，如约定设备品牌的短名单或直接明确设备规格及质量标准。而在综合能源管理类项目中，分布式光伏项目的用能单位作为建筑物的所有权人，对能源项目的设计、主设备的选择均具有一定的话语权，如果其在项目建设的过程中对主设备或者设计等提出变更要求，将可能导致项目建设发承包双方签署的施工合同无法顺利履行，在此情况下相应的责任由谁来承担？

一、典型案例［某施工单位与某能源服务单位合同纠纷案］

（一）当事人关系图

当事人关系图如图 3-8 所示。

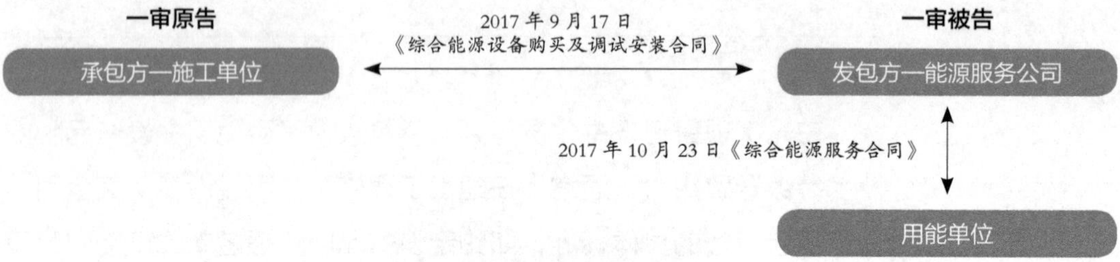

图 3-8 当事人关系图

（二）案件基本事实

2017 年 9 月 17 日，原告承包方与被告发包方共同签订《综合能源设备购买及调试安装合同》（以下简称《施工安装合同》），约定由承包方承担案涉项目设备及材料采购、安装调试、验收质保等工作，采用固定单价模式，合同暂定总价约为 4500 万元。项目设备采购清单中包括碳钢热镀锌支架及基础。

2017 年 10 月 23 日，发包方与用能单位签订《综合能源服务合同》，约定发包方在用能单位具有产权的建筑物屋顶与地面上建设太阳能光伏发电站及储能设施，为用能单位提供可再生能源电力。用能单位无偿提供建筑物屋顶、停车棚和配电房并对发包方提供必要帮助，发包方负责屋顶、地面太阳能光伏发电及储能设备的投资、建设、维护、运营和管理。

2017 年 10 月 31 日，承包方与分包方签订《工程施工专业分包合同》，约定承包方委托分包方负责案涉项目工程专业分包事项，分包范围为综合能源项目设备安装。

案涉项目施工过程中，因用能单位对设计方案中光伏支架材料为碳钢热镀锌提出异议，要求使用铝合金，遂通知施工人员停止施工。

2018 年 4 月 23 日至 6 月 5 日期间，发承包双方进行数次邮件沟通，承包方指出由于用能单位提出变更光伏支架材料导致设计变更，因此提高了工程造价单价成本，但是增加单价的要求未获得发包方同意，最后发包方以承包方怠于履行合同为由，提出解除施工合同。

2018 年 7 月 20 日，发包方能服公司向承包方施工单位发送《合同解除及退款通知函》，要求解除合同并要求退回已支付的预付款 1300 万元。

2018 年 11 月 12 日，发包方与用能单位签订《协议书》，一致同意《综合能源服务合同》于 2018 年 11 月 12 日解除，由发包方撤销原合同所载项目在某发改委的备案，双方再无其他争议纠纷或索赔。

（三）当事人主张

原告承包方施工单位请求法院判决解除《施工安装合同》并由发包方赔偿损失 3500 万元，其理由为：

（1）发包方无正当理由发出《合同解除及退款通知函》；

（2）发包方未按合同约定支付除预付款外其他款项；

（3）案涉项目已由案外人实际施工，《施工安装合同》已无法继续履行。

被告发包方辩称，承包方未依约履行，单方提高固定单价及合同总额，已经构成根本违约。应由承包方返还预付款并承担违约责任。

（四）案件争议焦点

一审法院认为本案的争议焦点为：

（1）是哪一方的违约行为导致了合同无法继续履行；

（2）违约方应如何承担违约责任。

（五）法院判决

1. 违约方的确定

承包方应当按照发包方的指示和合同约定进行施工，但发包方应当为承包方正常履行合同提供必要的条件。在合同履行过程中，因用能单位不同意发包方设计方案中的支架材料，且原被告发承包双方始终没有达成一致意见，故通知施工人员停止施工。可见，在第三人用能单位不同意承包方按照原方案原光伏支架材料继续施工的前提下，客观上承包方是无法正常施工的，因此发包方应当对因第三人原因导致的承包方无法正常履行合同承担相应的违约责任。法院认为，虽然《施工安装合同》约定了固定单价，但在第三人用能单位对设备产品的材质（即光伏支架材质）要求发生实质性改变的情况下，承包方提出与发包方协商增加合同单价和总价，并不违反合同约定和法律规定，发包方坚决不同意变更合同总价，并据此解除与承包方之间的合同关系，有违诚信原则。

本案用能单位与发包方之间存在《综合能源服务合同》，因用能单位的原因导致发承包双方之间的施工合同无法履行，发包方在向承包方承担相应的违约责任后，原本完全可以向用能单位再行主张。但发包方与用能单位已经达成《协议书》，发包方自行放弃索赔的权利，相应的后果自然应由其自行承担。因此，法院认定发包方能服公司应当向承包方施工单位承担相应的违约责任。

2. 违约责任

本案中，承包方主张的赔偿金额应与损失相当。具体而言：

首先，关于专项分包损失。承包方与分包方签订了分包合同，实际施工人为分包方。现承包方有转账记录证实向分包方付款 3500 万元，承包方称其中的 600 万元系本案已经发生的施工费用，并有分包方开具的合计为 600 万元的《增值税专用发票》为证，法院对该部分损失 600 万元依法予以确认。

其次，关于可得利益损失。本案除承包方自行生产的逆变器外，其余设备和施工等均是承包方向案外人采购或分包，有相应的合同为证。关于逆变器的实际生产成本，承包方没有提供证据予以佐证，法院按照发承包双方合同约定的逆变器价格作为成本计算。根据约定的合同总价，扣除相应的合同设计费、专项分包费、设备采购费等，法院酌定承包方的可得利益损失为 300 万元。

综上，承包方在本案中的实际损失合计为向实际施工人支付的成本 600 万元损失和可得利益损失 300 万元，共计 900 万元，发包方应当予以赔偿。

二、法律分析

（一）违约责任的承担主体

实践中，综合能源管理项目中通常存在两组法律关系，即用能单位与能服公司的服务合同关系，以及能服公司和建设总承包方的施工合同关系。由于合同具有相对性，原则上各方主体均只对合同相对方承担责任。

本案中，由于用能单位要求变更建设材料，导致发承包双方签署的施工合同无法正常履行，最终致使施工合同解除。但因为用能单位不受《施工安装合同》条款约束，且能服公司作为发包人有义务为承包方提供合适的现场施工条件，即使本质上认定是用能单位原因造成的施工单位损失，能服公司应根据施工安装合同的约定向承包方履行赔偿义务。在此类案件中，能源服务公司在赔偿施工单位损失后，可以依据能源服务合同约定另行向用能单位主张违约赔偿责任，但本案中发包方在与用能单位签署的《协议书》中存在"双方再无其他争议纠纷或索赔"的约定，即能服公司自愿放弃了向用能单位求偿权利，全部损失均由其自行承担。

（二）违约赔偿金额的确定

《民法典》第五百八十四条规定："当事人一方不履行合同义务或者履行合同义务不符合约定，造成对方损失的，损失赔偿额应当相当于因违约所造成的损失，包括合同履行后可以获得的利益；但是，不得超过违约一方订立合同时预见到或者应当预见到的因违约可能造成的损失。"

由上述规定可知，违约方承担的赔偿责任往往包含实际损失和可得利益损失两部分，且不能过分高于因违约造成的实际损失，相应损失也应当具备可预见性。即使合同双方对违约责任已有书面约定，但守约方要求违约方承担赔偿责任的，仍应当就其主张的损失提供相应的证据，用以保证赔偿金额合理。

1. 实际损失

顾名思义，实际损失即为守约方直接遭受的经济损失，通常表现为守约方实际支付的相关成本（如施工材料 / 设备采购成本、制造成本、安装成本、人员费用等），且法院将要求提供相应的支付凭证予以证明。本案中，承包方虽提供了其与分包方 3500 万元的转账记录，但与案件相关的、有合法发票佐证的合理损失仅 600 万元，法院遂只支持了 600 万元的实际损失。

2. 可得利益损失

除实际损失外，大部分守约方会同时主张"可得利益损失"（即合同顺利履行后守约方可以获得的收益），该等损失金额作为预期利益，建立在诚信原则的基础上。由于尚未实际发生，法院在确定相应可得利益损失的金额时拥有一定的自有裁量权，将围绕违约方是否在签约时可以预见以及金额的计算是否具有合理性作为裁量标准。

本案中，承包方主张的可得利益损失实际上是其出售逆变器后可获得的利润，由于承包方未能提供有效证据证明逆变器生产成本，法院最终依据双方签约时确定的逆变器价格减去承包方支出的其他成本，酌定其可得利益损失为 300 万元。

三、风控要点

1. 合同中妥善约定违约情形及违约责任

合同的履行往往会受到各种客观因素的影响，包括但不限于政策、气候、第三方行为等。综合能源项目的特殊之处在于，项目相关工程发包方是实际投资方能服公司，用能单位是项目的实际使用方，两方有权就同一项目主张权利，易发生分歧，并且用能单位基于拥有建筑物的所有权而对能源项目的设计、建设施工具有较大的话语权。为了尽量避免该等不确定因素阻碍合同顺利履行，建议能服公司在签署施工合同前，就可能影响用能单位的各种因素例如设计方案、主设备的选择、工期及施工场地配合义务等向用能单位进行较为详尽的说明和解释，对相关合同约定进行审慎核查，尽量避免因用能单位对能源项目的不了解或不专业导致对重要事项的误解。如果因用能单位的误解和不专业，其在项目开工建设后才提出各种变更的要求，将会导致建设成本的上升或者工期的延误，甚至可能会导致项目开发和建设无法继续进行，这将对能服公司造成较大的投资风险。

在设备买卖合同中，建议能服公司与用能单位事先就设备的品牌、规格、质量等各项参数达成一致，确保与施工方约定的项目设备参数也符合用能单位的要求，并设置相应的违约责任，防止用能单位单方提出变更设计方案或提高设备参数导致项目建设成本提高或项目无法顺利建设；同时也应预防由于承包方提供的设备不符合约定的质量标准或参数要求导致项目质量受到影响。

此外，在综合能源项目中还存在对诸多事项如项目占地权属、最低用电量保证、电价、高 / 低压并网、屋顶承载处理 / 加固、电缆质量、项目未满运营期即解除合同时的残值处置方案等约定不明导致的合同纠纷。如某地 25MW 综合能源项目，因用能单位迟迟未取得相应用地的土地使用权、未取得相应建筑物的不动产权证，导致项目工期延期，能服公司和施工单位均遭受了较大的经济损失。因此，在综合能源项目相关合同中针对项目特点进行详尽、审慎的风险防控和商业模式设计同样必不可少。

2. 注意各方的权利义务衔接

如前所述，综合能源项目涉及的主体和法律关系较多，为了避免用能单位、能服公司、施工单位、施工分包方、电网企业等主体之间任何一个法律关系产生纠纷从而导致其他方遭受损失，笔者建议，首先，应在签署各份合同时注意合同权利义务的合理衔接，即下游主体应保证自己在承担了赔偿责任后，有权向应承担责任的上游主体追偿；其次，应注意告知合同相对方，如果其违约将会给己方造成哪些损失，即注意成功获得违约赔偿的必要条件之一是满足法律规定的“可预见性原则”。建议能服公司在设计能源服务合同时应注意约定以下事项：因用能单位原因导致施工总承包合同无法继续履行或工期延误，能服公司的损失将包括但不限于向施工单位承担的违约责任、向设备供应方承担的违约责任、设备采购款，保险费用等成本损失，即将能服公司可能因用能单位原因承担的对第三方承担的赔偿或损失作为可以预见的违约责任明确约定在合同中，以最大程度降低投资风险。

08 用能单位申请破产，能服公司主张优先受偿能源服务费

由于能源管理合同的服务期限较长，服务期内，用能单位因经营不善导致破产的案例屡见不鲜，且此时往往已拖欠能服公司高额的服务费。进入破产程序，如破产管理人决定解除尚未履行完毕的合同，则用能单位在破产受理前已经欠付的能源服务费只能作为普通债权，无优先受偿权，能服公司能实际获得的服务费将大打折扣；如破产管理人决定继续履行合同的，则可能引发以下争议：

根据《企业破产法》规定，因履行双方均未履行完毕的合同所产生的债务属于共益债务。那么在此情况下，破产受理前的能源服务费是否也应被认定为共益债权，进而优先于其他的普通债权受偿呢？

一、典型案例［某能源公司与某热电公司能源服务合同纠纷案］

（一）当事人关系图

当事人关系图如图 3-9 所示。

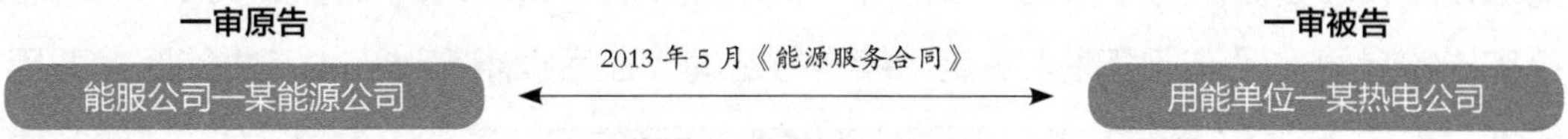

图 3-9　当事人关系图

（二）案件基本事实

2013 年 5 月，原被告双方签订了《能源服务合同》（以下简称“案涉合同”），约定原告能服公司为被告用能单位提供综合能源服务，由用能单位向能服公司支付服务费用。案涉合同载明服务期暂定为 6 年，并约定了项目财产所有权保留的相关内容：被告用能单位按合同约定付清全部款项之前，所有由能服公司采购并安装的设备、设施和仪器等财产（以下简称“项目财产”）的所有权属于能服公司。

2018 年 3 月 7 日，被告用能单位以其“不能清偿到期债务且资产不足以清偿全部债务”为由向法院申请破产清算。

2018 年 3 月 8 日，法院受理破产清算申请。截止至破产清算受理之日，原被告双方均认可，被告用能单位尚欠原告能服公司服务费 627 万元未支付。

2018 年 4 月，破产管理人向原告能服公司发出通知，由于双方之间签订的《能源服务合同》尚未履行完毕，破产管理人决定继续履行合同。

2018 年 7 月，原告能服公司将被告尚欠的 627 万元服务费作为共益债务进行了债权申报。但破产管理人最终确认原告能服公司债权金额为 627 万元，为普通债权。

2018 年 8 月，原告能服公司不服破产管理人决定，向法院起诉，主张原告能服公司债权为共益债务。

（三）当事人主张

原告诉请：若被告用能单位不返还项目财产，即请求确认破产申请受理前被告应付未付的服务费用为共益债务（破产申请受理后的服务费，原告将另行主张）。

被告抗辩：原告能服公司对项目财产没有取回权，原告主张服务费用为共益债务无事实及法律依据。

（四）案件争议焦点

本案中，由于原被告在案涉合同中约定了项目财产所有权保留，项目财产所有权尚未依法转移给被告用能单位。被告进入破产程序后，案涉合同依法属于双方均未履行完毕的合同。现破产管理人决定继续履行合同，在后续履行过程中产生的服务费用自然应当属于“履行双方均未履行完毕的合同所产生的债务”，可以作为共益债务优先清偿。

据此，本案的争议焦点为：在被告某用能单位破产受理前已经产生但被告一直欠付的 627 万元服务费，是否可以作为共益债务进行申报?

（五）法院判决结果

针对上述争议焦点，法院认为:

首先，法院受理被告破产申请之后，被告破产管理人有权决定解除合同还是继续履行合同，如果管理人决定解除合同，原告能服公司将基于项目财产所有权保留的约定享有项目财产的取回权，被告不能取得项目财产的所有权；如果破产管理人决定继续履行合同，在合同内容全部履行完毕后被告用能单位有权取得项目财产的所有权。而本案被告破产管理人决定继续履行合同，说明合同履行的利益大于合同解除的利益，其为了取得项目财产的所有权付出的代价是必须支付全部能源服务费，即包括破产受理前的能源服务费和后续履行合同的服务费，因此合同约定的全部服务费均应当作为共益债务。

其次，若破产受理前产生债务不作为共益债务，即丧失了合同继续履行的基础，被告用能单位在未全额支付前期服务费的情况下，仅全额支付破产受理之后的服务费，仍无法取得项目财产的所有权。

综上，法院认定被告用能单位破产受理之前欠付原告能服公司的服务费为共益债务。

二、法律分析

分析一下什么是共益债务？原告为何主张其债权为共益债务？

《企业破产法》第四十二条规定：“人民法院受理破产申请后发生的下列债务，为共益债务：（一）因管理人或者债务人请求对方当事人履行双方均未履行完毕的合同所产生的债务；（二）债务人财产受无因管理所产生的债务；（三）因债务人不当得利所产生的债务；（四）为债务人继续营业而应支付的劳动报酬和社会保险费用以及由此产生的其他债务；（五）管理人或者相关人员执行职务致人损害所产生的债务；（六）债务人财产致人损害所产生的债务。”

《企业破产法》第四十三条规定：“破产费用和共益债务由债务人财产随时清偿。债务人财产不足以清偿所有破产费用和共益债务的，先行清偿破产费用。债务人财产不足以清偿所有破产费用或者共益债务的，按照比例清偿……”

共益债务是指在破产程序中为了全体债权人的共同利益而发生的各种债务。根据上述法律法规，共益债务的范围包括进入破产程序后，在双方当事人继续履行既有合同情形下所产生的债务。

共益债务的清偿顺序与普通债权有所区别。共益债务与破产费用一样，由债务人财产随时清偿，而无需同普通债务一样要在最后财产分配方案确定之后方可得以清偿。针对破产费用与共益债务而言，当债务人的财产足以支付破产费用与共益债务时，两者不存在清偿顺序问题；当债务人财产不足以完全支付全部破产费用和共益债务时，应当先足额清偿破产费用，剩余财产再用以清偿共益债务。

总体来说，破产费用、共益债务、普通债权三者在破产程序中清偿优先顺序为：破产费用＞共益债务＞普通债权。由于破产费用、共益债务较普通债权来说具有“随时清偿、足额清偿、优先清偿”的特点，因此，在本案中，若原告能服公司所主张的债权得以认定为“共益债务”，其债权清偿比例可能将大幅提升。

本案中，能服公司主张的债权，即破产受理前的 627 万元服务费得以被认定为共益债务，主要有以下原因：

第一，案涉合同中存在关于项目资产所有权保留的约定，本案中，被告用能单位尚未按照合同约定支付全部服务款项，项目资产所有权转移给被告用能单位的条件尚未成就，因此，该合同属于双方当事人均未履行完毕的合同。

第二，在被告用能单位进入破产程序后，破产管理人决定继续履行案涉合同，因此，因继续履行合同所产生的债务应当属于共益债务。

第三，法院认为被告用能单位取得案涉设备所有权的对价是支付全部能源服务费，因此，全额服务款项即破产前欠付和破产后继续履行合同产生的服务款项均应认定为共益债务，此为合同能够继续履行的基础。

三、风控指南

（1）所有权保留是指在以动产为标的的移转财产所有权的交易中，根据法律规定或者当事人约定，标的物转移至对方当事人占有后，财产所有权人仍保留其对该财产的所有权，待对方当事人支付部分或全部价款或完成特定条件时，该财产的所有权才发生移转的一种法律制度。

综合能源项目中，若由能服公司提供设备，则能服公司需要在项目前期投入大量资金进行设备购置。综合能源项目中的设备一般属于动产，若合同中没有关于设备所有权保留的约定，一旦用能单位违约导致合同解除，存在人民法院认为设备因交付而所有权已转移至用能单位，而不支持能服公司主张设备取回权的风险。若此时设备尚具有较大价值，用能单位又经营不善或资不抵债，无力赔偿的，能服公司或无法通过主张取回设备来弥补损失。此外，《民法典》第六百四十一条新增规定："……出卖人对标的物保留的所有权，未经登记，不得对抗善意第三人。"因此，笔者建议能服公司注意做好所有权保留的登记工作，以此排除相关设备被第三人善意取得的可能。

（2）在后续履约过程中，若用能单位进入破产程序，能服公司要及时关注用能单位破产程序进度，并根据合同履行情况，与破产管理人进行必要沟通交流，确定债权性质并按照法定流程进行债权申报。若双方对债权性质持有异议，能服公司亦可通过司法途径维护己方合法权益。

（3）用能单位作为能源服务的对象，其经营情况、履约情况都将决定着能源服务合同能否全面履行，能服公司是否能正常取得收益；履约过程中用能单位是否可能出现经营不善、停产甚至解散、破产的情形，是能服公司在订立合同之初即需要考虑的风险因素。因此建议能服公司在合同签订前要进行充分的尽职调查，对用能单位履约能力、资信情况、涉诉情况、公司经营状况、市场状况甚至行业大背景进行充分了解，尽可能规避风险。

09 “碳中和”时代储能商业模式初探

早在 2015 年，中共中央 9 号文《关于进一步深化电力体制改革的若干意见》即对储能技术的发展提出了展望与期待。2020 年 8 月，国家发展改革委、国家能源局发布《关于开展“风光水火储一体化”“源网荷储一体化”的指导意见（征求意见稿）》，提出将风能、太阳能、水能、煤炭等多能源品种发电互相补充，并适度增加一定比例储能；通过优化整合电源侧、电网侧、负荷侧资源要素，以储能等先进技术和体制机制创新为支撑，创新电力生产和消费模式。

随着 2060 年“碳中和”目标的提出，新能源项目迎来了开发浪潮，对电网的稳定性、安全性也造成了巨大的挑战，储能再一次频繁地进入“能源人”的视野中，储能项目的开发也成为能源市场中的一大热点。2021 年 3 月，国家发展改革委、国家能源局再次联合发布《关于推进电力源网荷储一体化和多能互补发展的指导意见》，强调利用存量常规电源合理配置储能，进一步鼓励储能市场发展。在激烈的市场竞争背景下，了解储能商业模式的类型与具体操作模式，并根据实际情况选择最为合适的商业模式，对储能项目的运营甚至整个电网体系都至关重要。

一、不同投资主体的常见商业模式分析

（一）发电侧储能

发电侧储能通常指储能系统与能源机组相结合，通过电网调频、调压及黑启动等技术改善新能源项目面临的电网消纳紧张问题，但早在新能源发展之前，发电企业就已经将储能系统用于维护电网稳定、保证电力系统安全持续运行。鉴于当时我国储能市场尚处于发展阶段，目前抽水蓄能为最主要的储能方式，相较而言，电化学储能响应速度快、布点灵活，已经逐渐开始普遍使用，将代表着未来储能市场的发展趋势。

我国发电侧储能主要分为两类，第一类是火电配储能，将储能与传统发电方式联合，保证发电厂具备相应的调频调峰能力，提高火电机组的运行效率；第二类是新能源发电配储能。[1]相比火电，风电、光伏等新能源项目发电情况的间歇性和波动性很大，易对电网造成压力和冲击，部分地区“弃风弃光”现象频发。“碳中和”时代来临，电力系统的整体平衡面临着更严峻的挑战，储能在发电侧的运用也越加常见。2021 年年初，南方电网公司在广东珠海横琴热电厂完成世界首例储能辅助燃气轮机黑启动试验；目前，已有多个省份电网公司在新能源项目接入批复等文件中强制要求或建议项目配备 5%~20% 的储能设施。

1. 投资模式

发电侧储能主要通过搭配其他电源形式，辅助调节出力，参与电力市场交易，其经济效益主要包含峰谷电价差收益和发电厂自身产生的发电收益。目前新能源市场中，大部分发电侧储能均为新能源项目业主自行投资建设，其与施工单位、运维单位或能源服务单位订立相关业务合同，根据项目所在地电力消纳情况增设储能设备设施。但也不排除部分电网公司通过给予新能源项目业主一定补偿资金的方式鼓励项目配置储能，保证在降低投资成本的同时，能够获得调峰、调频等辅助服务，同时能够通过碳交易获得相应的收益。

2. 建设模式

由于目前电力消纳越发紧张，基于电网公司要求或对新能源项目自身发电收益的考量，多数新能源项目业主选择采用 EPC（或 EPC+F）模式开展储能项目建

[1]《发电侧储能的难点和支点》，网址：https://mp.weixin.qq.com/s/8QYn8a5J3cQBHwRwmHBZFw，访问时间：2021 年 4 月 26 日。

设。实践中，新能源项目业主通常会将储能部分与电站及升压站部分分开进行招投标，单独确定承包方，并由承包方负责储能部分的项目设备采购、设备安装、施工等。EPC 模式下，新能源项目的储能部分被视为独立项目，与新能源项目几乎同期建设。

（二）用户侧储能

用户侧储能指在用能单位所在厂房、园区等场所建设和安装的以电池组为载体的储能系统，相应系统将接入用能单位内部配电网，通过在负荷高峰期间放电，在负荷低谷期间充电，实现削峰填谷作用。由于用户侧储能往往与分布式发电项目相结合，且集配电与用电于一体，其往往会采取构建直流微电网的方式协调微电网内各设备的运行。《国家能源局关于促进电储能参与“三北”地区电力辅助服务补偿（市场）机制试点工作的通知》（国能监管［2016］164 号）指出，用户侧储能设施，可以参与直接交易，自行购买低谷电量，放电电量既可自用，也可视为分布式电源就近出售；储能项目或作为独立市场主体与发电企业联合，参与电网调频、调峰等辅助服务。

近几年，用户侧储能市场中较为常见的商业模式即为“投资 + 运营”的综合能源管理模式，其涉及的利益相关方包括但不限于：用能单位、综合能源服务商和储能电池厂商，综合能源服务商在用户提供的场地内安装储能系统，将系统接入用能单位的内部电网。储能系统在谷值及平值时充电，在峰值放电以获取电价差；用能单位获得低于国家电网峰值电价或交易电价的用电，以合同约定的形式与能源服务商共同运营分摊收益，以此达到合作共享。❶

用户侧储能 EMC 模式如图 3-10 所示。

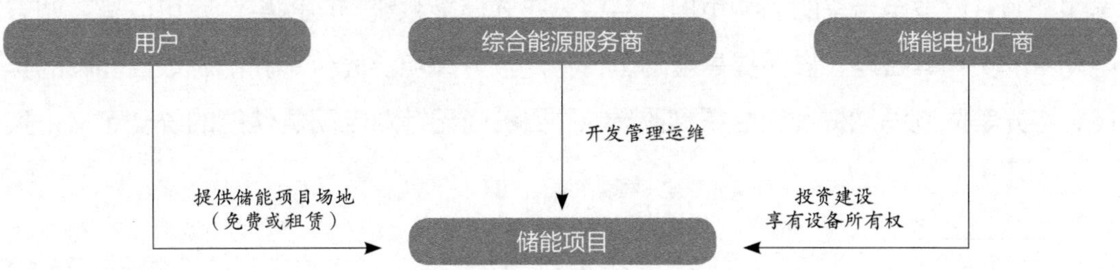

图 3-10 用户侧储能 EMC 模式

❶《新能源 + 储能，未来可期》，网址：https://mp.weixin.qq.com/s/NB9xiLbOLFJfRGaCYgnzcQ，访问时间：2021 年 4 月 28 日。

1. 投资模式

与发电侧储能不同，用户侧储能以用户需求为中心，由用能单位选择主要合作方（包括但不限于承包方、能源服务方等）及商业模式，通过增设储能设备设施直接降低用能成本。在目前的能源电力市场环境下，利用峰谷套利是用户侧储能的基本盈利手段。根据部分省份的储能政策[1]，储能还可参与调峰、调频、调压等辅助服务市场并获得相应的收益，逐步降低的储能投资成本和日益完善的市场机制使得用户侧储能成本回收周期缩短，具备商业运营的可持续性。

同时，储能的临时增容作用使得部分用户得以将光伏、储能、充电桩互相整合（即零碳排放建筑），当储能系统的配置或聚合容量达到一定水平时，用户甚至可以进一步利用其参与电网辅助服务（如调频、旋转备用、需求响应等）以获取经济收益。[2]

2. 建设模式

用户侧自建模式主要指大型工业或商业用能单位自费投资、配置储能系统，多表现为用能单位出资一次性买断设备。据电力市场价格机制，用户可以自行设定储能系统运行模式，采用低储高发的方式减少自身电费支出。储能设备可由用户自行维护，或由储能设备厂商提供售后运维服务。对于某些配备有分布式电源（如分布式光伏发电装置）的用户，可以选择与具备资质的设备方、EPC 方签署合同，自行建设和运营储能系统，利用储能系统消纳分布式电源发电。

（三）电网侧储能

电网侧储能主要用于保障和提升电力系统安全性、可靠性，兼具经济效益和社会效益。电网侧储能系统可以提高电网的需求响应，有助于电网公司应对目前由大量可再生能源并网发电带来的消纳负担。若将分布式储能系统与电网结合，可以有效调节电网中的负荷峰谷差，进而提高电网运行稳定性，风电、光伏等新能源项目面临的弃风、弃光等限制消纳情况也会得到改善。[3]目前尚无针对电网侧储能的统一定义，狭

---

[1] 2018 年 6 月《江苏省电力需求响应实施细则（修版）》载明，鼓励储能用户参与需求响应，对参与填谷需求响应给予可再生能源消纳补贴。

[2] 2018 年 6 月《关于转发〈关于促进储能技术与产业发展的指导意见〉的通知》明确 10000kW 以上用户侧储能纳入地区配网规划，50000 kW 以上用户侧储能纳入省级电网规划。

[3] 韩晓娟，艾瑶瑶，李相俊 . 储能在电网中的应用价值及其商业模式 [J]. 发电与空调，2018(1):77−83.

义的电网侧储能指建设在变电站内或专用站址、直接接入公用电网并提供服务的储能系统；广义的电网侧储能则指接受电网统一调度、能为电网提供系统服务的储能系统。❶

学界通常将电网侧储能商业模式分为输配电成本监管模式和竞争性业务模式。输配电成本监管模式适用于两类场景的电网侧储能应用，用于保障故障或异常运行下的系统安全和保障输配电功能。但 2019 年 5 月，国家发展改革委、国家能源局发布的《输配电定价成本监审办法》（发改价格规〔2019〕897 号）规定抽水蓄能电站、电储能设施、电网所属且已单独核定上网电价的电厂的成本费用不得计入输配电定价成本，因此，现阶段输配电成本监管模式仅可作为潜在商业模式，竞争性业务模式仍占市场主导地位。

电网侧储能的商业模式如图 3-11 所示。

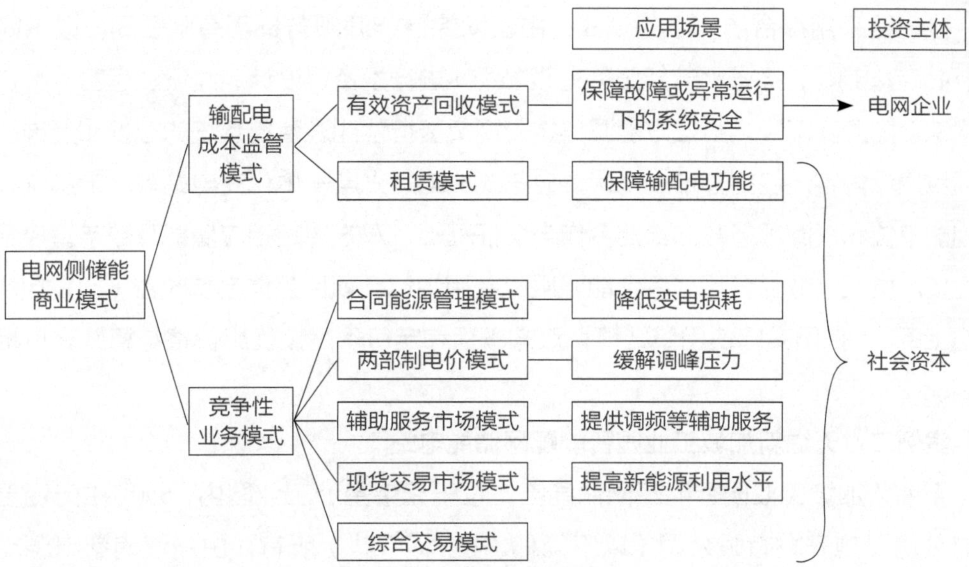

图 3-11　电网侧储能的商业模式

竞争性业务模式适用于三类场景的电网侧储能应用：提供调频等辅助服务、移峰填谷和提高新能源利用水平。按照投资回收方式不同，该商业模式又可细分为合同能源管理模式、两部制电价模式、辅助服务市场模式、现货交易市场模式和综合模式。

---

❶ 胡静，李琼慧，黄碧斌，等.适应中国应用场景需求和政策环境的电网侧储能商业模式研究 [J]. 全球能源互联网，2019,2(4):367-375.

竞争性业务模式由可参与市场竞争的社会资本投资，业务受输配电价监管的电网主业不允许投资。[1]

二、典型案例评析

（一）项目基本情况

案例一：上海电力大学临港校区智慧微电网

上海电力大学临港校区智慧微电网项目（以下简称“项目”）位于上海电力大学临港校区，项目中的储能系统配置有容量为100kW×2h的磷酸铁锂电池、150kW×2h的铅炭电池和100kW×10s的超级电容储能设备。三种储能设备与学校的不间断电源相连，一并接入微网系统（见图3-2）。

该项目采用综合能源服务模式，由国网综合能源服务集团有限公司（以下简称“国网综合能源”，原国网节能服务有限公司）进行投资、设计、建设、运营、维护，国网综合能源实际委托第三方能源科技公司负责智慧能源管控系统的建设和运维。由于项目建设内容还包括分布式光伏、分布式风电、光电一体化充电站等发电系统，基于用能单位和能源服务方的长期合作与信任基础，双方约定相应储能及数字管控平台不直接产生经济效益，项目综合能源服务费用中包含项目整体电费收益（自发自用+余电上网），按照实际使用量结算，双方概括约定每季度按优惠价格结算并支付相应费用。

案例二：无锡新加坡工业园智能配网储能电站

无锡新加坡工业园智能配网储能电站位于无锡星洲工业园内，项目由无锡星洲科苑公用设施开发有限公司（以下简称“星洲科苑”）所有，由浙江南都电源动力股份有限公司（以下简称“南都电源”）提供储能系统建设服务，南都电源的控股子公司浙江南都能源互联网运营有限公司负责“储能电站系统”的委托运营、维护管理。

该项目同样采用合同能源管理模式，南都电源在星洲科苑指定的场地上安装储能系统，并入星洲科苑的内部电网，在谷段、平段时充电，在峰段放电以获取电价差。

---

[1] 《【储能发展建言】电网侧储能商业模式》，网址：https://mp.weixin.qq.com/s/m6rQn4RbKodv1U47siYsbg，访问时间：2021年4月28日。

南都电源负责投资、建设，以及储能电站持续的运营和维护保养，其提供项目所需的储能电站设备并享有储能电站设备的所有权，承担因故障而产生的各类损失；星洲科苑则在有效期内享有储能电站设备的使用权，协助南都电源使用储能电站与市电进行切换，确保在每天供电公司及政府规定的峰值用电时间段优先使用完储能电站的电量，若无正当理由中止使用的，每天需依南都电源设备的实际可装载容量减去实际使用量后乘以约定价格支付南都电源的损失，直至恢复使用为止。

无锡新加坡工业园智能配网储能电站商业模式关系图如图 3-12 所示。

图 3-12　无锡新加坡工业园智能配网储能电站商业模式关系图

（二）商业模式风险分析

实践中，储能项目不可避免地会面临一些新能源项目中常见的合规性风险，如项目可能涉及的用地规划、用地审批、环保问题等。但由于国内储能市场尚处于发展阶段，相应商业模式尚不成熟，储能项目还可能面临商业模式带来的风险。

1. 项目开发前期

储能市场发展阶段，尚无成熟的多方合作体系，相应产品、技术亦不完备，且大量能源相关企业涌入市场，竞争加剧，市场价格频繁波动，项目投资风险和不确定性加大，大部分有意开发储能项目的企业在寻求合作方或挑选符合要求的专业设备时往往会存在困难，一旦合作方资信状况不明或履约能力存疑，很有可能因为相关信用风险导致项目在前期开发阶段面临瓶颈。

上海电力大学临港校区智慧微电网项目中，电力大学与国网综合能源具备良好的合作及信用基础，但也在开发前期经历了漫长的磋商期；案例二中，南都电源与星洲科苑协商、博弈的过程也在双方订立的合同条款中有所体现。因此，项目前期对合作方的选定、对合作方资信的调查、合作协议或其他相关合同条款的谨慎拟定等均是风险把控的关键点。

2. 项目工期管理

由于储能项目涉及专业设备及技术，因此要求项目设备符合一定的技术标准、施工方或设备安装方具备相关专业资质。在项目建设过程中，各方可能会面临工期延误、设备不符合技术标准、相关人员不具备专业资质、工程质量存在问题等风险。又由于大部分储能设备设施需与现有能源设备相结合，甚至可能是综合能源项目中的一部分，涉及的主体繁多，一旦协调不当，在项目建设问题上产生分歧，则有可能存在变更设计甚至停工风险，进而导致项目无法顺利进行或收益受损。

3. 项目运营

笔者认为，储能项目建成投产后面临的风险包括但不限于以下三个方面：

（1）项目设备衰减导致项目效益减损，或由于质量问题引发安全隐患。能源项目设备不可避免地会受到衰减率的影响，导致设备运行效率下降，最终影响项目收益，与此同时，锂电池等储能设备设施多属于危险品级别，与光伏板等新能源组件存在差异，若项目设备设施存在质量问题，甚至会导致安全事故，如韩国全罗南道灵岩风电场储能电站就曾在 2019 年初发生火灾事故，引发了全球关注。

（2）发电企业或用能单位经营不善甚至停产导致项目提前终止。该风险主要存在于发电侧储能或用户侧储能项目中，该等项目中储能设备设施仅作辅助性调频使用，项目收益受限于相关企业的发电、用电状况，若相关企业发生经营问题，储能项目投资者则会面临巨额的资金损失。

（3）电价政策直接导致项目收益降低。大部分储能项目的收益来自于峰谷价差，我国能源领域政策不断变化，一旦“峰谷分时电价”政策波动，储能项目的内部收益率降低，对于项目业主而言，还将存在投资收益风险。

除以上风险外，根据项目实际情况的不同，储能项目运营期内还存在着其他各类与商业模式相关的风险和挑战，在储能市场的发展过程中，该等风险和挑战将长期存在。

（三）实务指南

建议储能项目合作各方在项目开展前期通过律师事务所、会计师事务所、专业技术咨询公司等第三方机构对相关合作方的资信状况进行评估，并仔细考虑项目后期建设、运营过程中可能面临的各项风险，根据风险要点谨慎拟定相关协议条款，明确约定权责分配，避免在后续项目开发过程中因合作各方纠纷影响项目进度甚至收益。

若随着储能大规模应用，政策变化导致峰谷价差出现缩小的情况，合作各方可考虑调整储能运行模式，通过降低最大用电需量或积极响应电网调度需求获取收益。同时，建议投资方选择多渠道融资方式，实现风险共担，利益共享。

由于国内储能项目适用的商业模式仍较为传统，后期发展过程中可以基于现有商业模式，结合国外较为成熟的市场经验，探索更为新型的商业模式。[1]以美国 Sunrun 公司为例，其商业模式通常有以下 3 类。

（1）设备买断模式：即用户一次性购买光储设备，自发自用，自行维护，该模式需要较成熟的电价机制和政策支持。

（2）设备租赁模式：指用户无需购买设备，只需要每月从节省下来的电费中根据一定的租率向公司支付一定的设备租赁费用，既省去大笔设备投资成本，又可以降低用能成本。美国净计量电价（Net Metering）政策为该模式提供了良好的政策环境。

（3）PPA 模式：针对大型的商业项目，该模式是指光储系统提供商和商业用户、电力公司签署第三方协议，Tesla 等公司负责建设维护光储系统，将电出售给电力公司并收取电费；电力公司再将这部分电力出售给用户；商业用户让出屋顶并支付较低廉电价。

未来，我国储能市场商业模式应充分调动各方优势，促进储能系统多元化投资模式共同发展，并结合多元化应用场景，探索创新商业模式及储能收益模式，提升用户用能体验，提升产品价值。

1. 微电网向售电商转变

在未来，以分布式电源、用电负荷、配电设施、监控和保护装置等组成的小型发配用电系统构成的微电网（如上海电力大学临港校区的智能微电网项目）可以有效减轻电网负担。国家鼓励具备相关资质的微电网项目运营主体开展配售电业务，承担微电网内的保底供电义务。在开放的售电市场中，微电网运营商可成立售电公司，参与售电侧市场，通过对微电网的建设运营，优化能源消费方式，提供更加高效、多样化的能源服务。[2]微电网项目运营主体应综合考虑发电成本、市场份额和用户满意度等多

---

[1] 李东辉，时玉莹，李扬．储能系统在能源互联网中的商业模式研究 [J]. 电力需求侧管理，2020,22(02):77-82.

[2] 胡晨，杜松怀，等．新电改背景下我国售电公司的购售电途径与经营模式探讨 [J]. 电网技术，2016,40(11): 3293-3299.

种因素，制定合适的售电电价，可将自发的电力出售给配电网内的用户，在配电网内无法消纳的电量可以在电力市场中进行交易，同样，其也可以从电力市场中购买电量。[1]

2. 共享储能

2019 年 4 月，国网青海试运营的鲁能海西州多能互补集成优化示范工程储能电站进行了共享储能交易，预示着共享储能模式开始应用。共享储能指通过电网将独立分散的电网侧、电源侧、用户侧储能电站资源进行统一协调，优化资源配置，改善目前储能电站资源适用范围有限、各地储能技术应用效果参差不齐的现状。共享储能技术具备分布广泛、应用灵活的优点，能够更为有效地保障电网稳定性、安全性。[2]未来，储能将以共享经济为基础，借助区块链分布式存储、加密算法、共识机制、智能合约等数字核心技术，解决储能市场主体信息不对称、项目盈利模式单一、费用结算模式复杂且低效等问题。

3. 虚拟电厂

近年来，大型电力能源企业已经开始探索虚拟电厂在能源改革阶段的应用。虚拟电厂可以通过整合多方资源，实现各方的优势互补、互济互利，最大限度地实现供应需求就地平衡，实现与大电网的友好兼容，从而提高在外部市场的话语权和议价能力。

值得注意的是，目前国网冀北电力有限公司、中国电力科学研究院有限公司、清华大学和国家电网有限公司已联合申请发明专利：一种基于虚拟电厂参与的综合能源系统优化方法和系统，可以预见，能源市场发展到后期，虚拟电厂模式有望被引入，使综合能源系统在能源传输、用能和储能阶段更有优势。

---

❶ 李振坤，何凯，等．售电市场环境下并网型微电网的电源配置及优化运行 [J]. 电力自动化设备，2019,39(11):41–49.

❷ 董凌，年珩，等．能源互联网背景下共享储能的商业模式探索与实践 [J]. 电力建设，2020,41(04):38–44.

第4章 新能源融资与并购篇

新能源领域常见融资模式包括融资租赁、总包方垫资、银行贷款、股权投资等，由于新能源项目开发手续繁多，且相关政策多变，融资方对项目情况了解不透彻、对政策规定理解不到位均有可能引发法律风险。本章将对新能源项目融资并购中的相关法律风控要点逐一进行解读，并提供相应的有效法律建议。

01 新能源项目融资租赁法律风险研究

新能源项目中的基本设施风力发电机组、光伏面板及支架等大型设备总价较高，项目业主在项目建设阶段一般无力负担全额投资款，通常采取融资租赁的方式解决建设融资的问题。受项目建设过程中不确定因素的影响，新能源项目最终是否能如期并网投产取得发电收益往往是项目公司能否如约清偿融资租赁合同项下债务的关键。

那么，签署融资租赁合同时，项目公司作为融资方应当注意什么？在项目公司未按期清偿债务支付租金时，融资租赁公司又会提出何种主张？

一、典型案例［某融资租赁公司与某生态环境公司等融资租赁合同纠纷案］

（一）当事人关系图

当事人关系图如图 4-1 所示。

图 4-1　当事人关系图

（二）案件基本事实

2017 年 9 月，出租人某融资租赁公司与承租人某能源公司签订《融资租赁合同》，主要内容为：

（1）某能源公司与某融资租赁公司开展融资租赁回租业务，租赁物转让价款为 2 亿元，租赁期限共 5 年，起租日为 2017 年 9 月 26 日，租赁利率为每年 5.795%。某能源公司应支付的租金合计 23050 万元、押金 1000 万元及留购价款等其他款项。

（2）如某能源公司未按时足额支付租金、手续费、押金等应付款项将构成合同项下违约；如发生上述情况并经催告后仍未履约，则构成合同项下根本违约。在其构成根本违约时，某融资租赁公司有权要求某能源公司提前支付双方融资租赁合同项下全部已到期未付租金、未到期租金、迟延违约金、留购价款和其他应付未付款项。

（3）对承租人任何到期未付款项，自逾期之日起承租人应当就逾期金额按每日万分之五的比例向出租人支付迟延违约金。

（4）双方确认并同意，本合同租赁期限届满后且承租人清偿完毕所有款项及履行全部义务后，承租人按届时租赁物现状取得租赁物的所有权。

同日，双方签订《电费收费权及应收账款质押协议》，主要内容为某能源公司以某 30MW 风电项目相关电费收费权及基于收费权产生的应收账款及相关权益质押给某融资租赁公司作为主合同项下债务及其他义务的担保。

2017年9月26日，某融资租赁公司向某能源公司支付了融资租赁合同项下租赁物购买价款2亿元。同日，某能源公司向某融资租赁公司支付押金1000万元并出具《租赁物接受确认书》，全部租赁物所有权转移至某融资租赁公司名下。

2018年4月，某融资租赁公司与某能源公司签订《设备抵押合同》，约定：以某能源公司30MW风电电站项目所涉全部发电设备及配套设备（抵押财产价值不低于1.39亿元）为主合同项下某能源公司的全部债务，包括但不限于租赁本金2亿元、相关利息、违约金、租赁押金、迟延违约金、手续费和实现债权的费用等提供担保。

同日，某融资租赁公司与某能源公司股东某生态环境公司签订《抵押合同》，约定某生态环境公司名下合法占有的不动产（抵押财产评估价值为5485万元）为《融资租赁合同》主合同项下某能源公司的全部债务提供抵押。双方又签订了《保证合同》《股权质押合同》，某生态环境公司承诺对某能源公司在《融资租赁合同》项下的全部债务承担连带保证责任并提供股权质押。

2018年6月14日，某融资租赁公司与某能源公司签订《融资租赁合同补充协议》，将5年租赁期延长至8年，应付租金总额更新为25040万元。

建设过程中，项目因涉及生态红线导致建设单位未能办理相应审批手续而停工，项目未能并网。某能源公司分别于2017年12月15日、2018年3月15日、2018年7月19日共向某融资租赁公司支付租金3082万元。鉴于某能源公司未履行2018年12月15日到期租金，某融资租赁公司于2018年12月17日用某能源公司的项目租赁押金1000万冲抵了该期租金，自此，租金再未支付。某融资租赁公司于2018年12月、2019年1月多次催告，某能源公司仍未支付后期租金。

某融资租赁公司在诉讼中确认，以其起诉后某能源公司收到起诉状第二日，即2019年4月9日为融资租赁债务提前到期日，据此提出相关诉讼请求。

（三）当事人诉求及理由

原告某融资租赁公司诉讼请求：

（1）某能源公司未按照合同约定支付到期租金构成根本违约，请求判令某能源公司向其支付已到期未付租金817万元、未到期租金20140万元及迟延违约金（按日万分之五计算）。

（2）判令其对《设备抵押合同》中抵押物拍卖、变卖所得价款优先受偿。

（3）判令其对《电费收费权及应收账款质押协议》中质押的电费及其收益权享有优先受偿权。

（4）判令其对《抵押合同》的不动产抵押物拍卖、变卖所得价款享有优先受偿权。

（5）在债务受偿完毕前，判令其对租赁给某能源公司使用的全部租赁物享有所有权。

（四）争议焦点

（1）某能源公司的行为是否构成根本违约。

（2）某融资租赁公司是否对抵押物拍卖、变卖所得价款，及质押电费及其收益权享有优先受偿权。

（3）某融资租赁公司是否对案涉全部租赁物享有所有权。

（五）法院判决结果

1. 关于某能源公司的行为是否构成根本违约

某融资租赁公司与某能源公司签订的《融资租赁合同》《电费收费权及应收账款质押合同》《抵押合同》，系双方真实的意思表示依法认定有效。依据《融资租赁合同》约定，某能源公司构成根本违约，某融资租赁公司有权依约宣布《融资租赁合同》项下的全部债务于 2019 年 4 月 9 日提前到期，要求某能源公司支付到期未付租金、未到期租金、迟延违约金、留购价款等，其诉讼请求具有合同依据，且符合法律规定，法院予以支持。

2. 关于某融资租赁公司是否对抵押物拍卖、变卖所得价款，及质押电费及其收益权享有优先受偿权

某能源公司与某融资租赁公司签订《电费收费权及应收账款质押合同》，承诺以其所有的 30MW 风电项目相关收费权及基于该权利产生的应收账款及相关权益对某融资租赁公司在《融资租赁合同》项下对某能源公司享有的全部债权提供质押担保，且办理了质押登记手续，质权已设立，同时设立了电费收取专用账户，故某融资租赁公司要求某能源公司承担相应的质押担保责任及某融资租赁公司对电费收取专用账户内的款项享有优先受偿权的诉讼请求，具有合同依据和法律依据，法院予以支持。

某生态环境公司与某融资租赁公司签订《抵押合同》，承诺以登记在其名下的不动产为《融资租赁合同》项下某融资租赁公司享有的全部债权提供抵押担保，且办理了抵押登记手续，抵押权已设立，故某融资租赁公司要求某能源公司承担相应的抵押担保责任的诉讼请求，具有合同依据，且符合法律规定，法院予以支持。

3. 关于某融资租赁公司是否对案涉全部租赁物享有所有权

按照《融资租赁合同》的约定及《租赁物接受确认书》的确认，租赁物所有权已转移至某融资租赁公司名下。某融资租赁公司基于《融资租赁合同》关于租赁物所有权转移的约定，要求确认在某能源公司和其股东某生态环境公司未将全部租金、迟延违约金及留购价款清偿完毕前，某融资租赁公司保留对案涉全部租赁物享有所有权，该项诉讼请求符合合同约定和法律规定，法院予以支持。

二、法律分析

1. 关于某能源公司是否构成根本违约

我国民法语境下未明确以法律条文指出“根本违约”的概念，一般认为，根本违约（行为角度）类似于法定解除中的“合同目的不能实现”（后果角度）。《民法典》第五百六十三条规定：“有下列情形之一的，当事人可以解除合同：（一）因不可抗力致使不能实现合同目的；（二）在履行期限届满前，当事人一方明确表示或者以自己的行为表明不履行主要债务；（三）当事人一方迟延履行主要债务，经催告后在合理期限内仍未履行；（四）当事人一方迟延履行债务或者有其他违约行为致使不能实现合同目的；（五）法律规定的其他情形。”

从上述规定看出，如果一方当事人不履行债务，经催告后仍不履行导致一方合同目的不能实现的，应当认定为违约方属于“根本违约”。本案中，合同约定如发生承租人不支付到期租金且经催告后仍未支付，即构成合同项下根本违约。法院按照上述合同约定及法律规定，认定某能源公司构成根本违约。

2. 关于某融资租赁公司是否享有优先权

《民法典》第四百零二条规定：“以本法第三百九十五条第一款第一项至第三项规定的财产或者第五项规定的正在建造的建筑物抵押的，应当办理抵押登记。抵押权自登记时设立。”

本案中，某融资租赁公司与某能源公司先签订有设备抵押合同，后与某能源公司股东某生态环境公司签订不动产抵押合同，且均办理了抵押登记，根据法律规定，抵押物不属于法律规定不可抵押的范畴，且双方办理了抵押登记，抵押权已有效设立，因此法院对某融资租赁公司要求确认享有担保物权优先权的主张予以支持。

3．关于租赁物的所有权归属

《民法典》第七百五十二条规定："承租人应当按照约定支付租金。承租人经催告后在合理期限内仍不支付租金的，出租人可以请求支付全部租金；也可以解除合同，收回租赁物。"

《民法典》第七百五十七条规定："出租人和承租人可以约定租赁期限届满租赁物的归属；对租赁物的归属没有约定或者约定不明确，依据本法第五百一十条的规定仍不能确定的，租赁物的所有权归出租人。"

在融资租赁合同对租赁期限届满后租赁物所有权归属有明确约定时，自然应首先适用合同约定。那么在加速到期情形下，出租人诉请主张租金加速到期同时请求法院确认在承租人支付完毕全部应付未付款项之前租赁物所有权仍由出租人享有的，是否应当得到支持？

一种观点认为，根据《最高人民法院关于审理融资租赁合同纠纷案件适用法律问题的解释（2020 修正）》第十条，融资租赁案件中，出租人只能在加速到期与解除合同并返还租赁物中二选一，不能既诉请租金加速到期，又诉请要求返还租赁物。也有观点认为，出租人主张合同加速到期的，应当根据合同约定确定租赁物的归属。本案中，合同约定租赁期限届满后且承租人清偿完毕所有款项及履行全部义务后，承租人方可取得租赁物的所有权。法院按照合同约定判决某能源公司付清全部款项前，某融资租赁公司享有租赁物所有权，实则支持后者观点，即支持在承租人债务清偿完毕前，融资方暂时性保留租赁物所有权。

三、实务指南

（1）对于融资租赁单位来说，抵押、股权质押、保证等增信措施是必不可少的风控措施。同时，抵押、股权质押、保证等增信措施也是事后补救措施。在合同签订及履行阶段，融资租赁单位可以考虑要求承租人项目公司及项目公司股东提供一定的担保，避免损失形成时缺少行之有效的救济措施。本文案例中同时设置了项目电费收费权及应收账款质押担保，项目公司股权质押担保及项目公司股东提供的不动产抵押，这使得案件胜诉后的强制执行存在了一定的可能。笔者团队曾为超过百起的新能源项目的融资并购提供法律尽职调查及融资架构的设计，大部分的融资架构中，由于项目公司股东不肯或客观上无法提供不动产抵押的担保，导致融资担保措施仅有项目电费收益权及应收账款质押担保和项目公司股权质押两种。在此情况下，如果新能源项目出现重大瑕疵，例如用地不合规、开发指标存在瑕疵、无法如期并网、无法获得补贴或预期电价等，新能源项目将无法获得预期的电费收益，项目公司股权价值、电费收益权价值也随之大大减损，增信担保措施的设置将形同虚设。

（2）融资租赁单位在释放融资款项前，应当审慎核查项目合规性。将影响新能源项目开发建设的核心因素，包括但不限于建设用地手续、用林用草手续、避让生态敏感区、电网接入批复手续、不动产权证等，作为支付融资款项的先决条件，应在决策前通过法务、技术、财务等尽职调查全面深入了解项目的合法合规性，在融资决策前合理评估项目风险，最大程度保证融资资金安全，避免出现类似本文案例中出现的因项目占用了生态红线而导致项目出现颠覆性风险，从而无法顺利回收融资租金的情形。

（3）建议融资单位完善承租人资信审查机制。鉴于项目公司、项目公司股东公司资信情况在合同签订时以及合同履行过程中可能发生一定变化，因此建议融资单位在合同签订时对项目公司及其实控人公司经营情况、财务情况等进行一定审查，并建立投后项目跟踪制度，实时跟进项目建设、运营情况，判断项目公司还款能力，在出现可能的逾期还款情形时可以尽快根据合同约定主张权利。

02 新能源公司股权并购项目尽职调查不当的风险承担问题研究

股权收购是新能源企业商事交易中的常见活动。但在并购过程中，基于交易主体各自拥有的交易信息的不对称，收购方并不了解拟收购企业生产经营合规性，对于拟收购企业基本情况及其资产是否存在瑕疵也无从判断。只有在影响交易的相关信息得以全面调查后，收购方基于已调查的信息综合评估风险并设计交易架构后才能有效地降低交易风险。

因此，尽职调查是保证收购方获得拟收购企业信息的主要方式。但在实践中，常常出现由于未妥善进行尽职调查而导致收购方的收购目的无法实现的情况。由此引发以下问题：

尽职调查不当导致交易目的无法实现的法律后果如何承担？收购方是否可以主张解除合同、进行索赔，抑或只能自担风险？

一、典型案例［某环保工程技术公司与某投资公司收购垃圾发电项目股权转让纠纷案］

（一）当事人关系图

当事人关系图如图 4-2 所示。

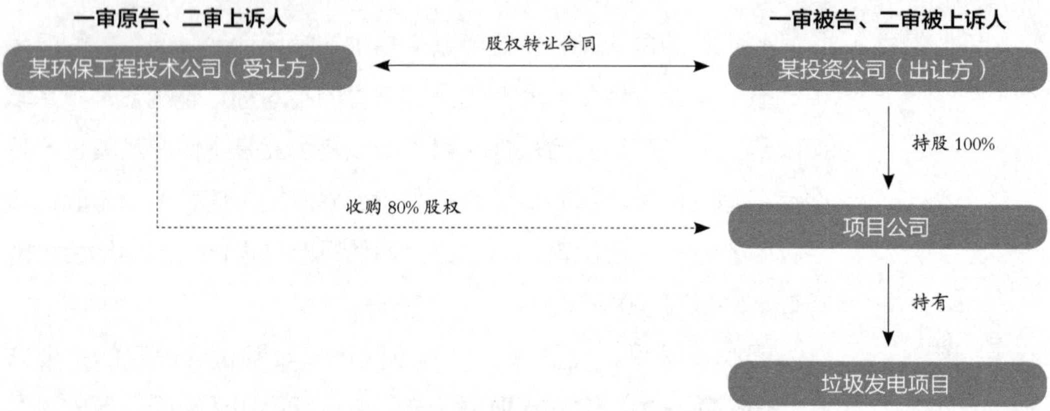

图 4-2 当事人关系图

（二）案件事实

2012 年 12 月 18 日，某投资公司（出让方）与某环保工程技术公司（受让方）签订《股权转让合同》，由某投资公司将其持有的项目公司 80% 股权以 1.6 亿元的对价转让给某环保工程技术公司，同时该合同约定：

（1）项目公司享有某城市生活垃圾焚烧发电综合处理厂项目（“垃圾发电项目”）的开发权及收益权。

（2）垃圾发电项目主要建设内容为安装 3 台 70t/h 中温中压垃圾焚烧流化床锅炉并配 2 台冷凝式汽轮发电机组及辅助系统，日处理生活垃圾 1500t，年处理生活垃圾 50 万 t。

（3）某投资公司（出让方）承诺签约前安排项目公司依法同当地政府签署合作协议，明确垃圾处理价格及日供应垃圾保底量。

（4）某投资公司（出让方）负责补充完善垃圾发电项目施工过程文件，包括但不限于监理文件、施工质量监督文件、现场签证等满足工程竣工验收的必要文件。

《股权转让合同》签订后，某环保工程技术公司（受让方）累计分五笔向某投资公司（出让方）支付了股权转让款合计 1.04 亿元。

2013 年 5 月 16 日，双方完成项目公司股权变更工商登记，股权变更后，某投资公司占股 20%；某环保工程技术公司占股 80%。

2014 年 8 月，垃圾发电项目全部建成并于 2015 年 5 月开始试生产。

但在垃圾发电项目运营过程中，某投资公司（出让方）始终未能安排项目公司同项目所在地政府签署关于垃圾处理价格及日供应垃圾保底量的合作协议。

某环保工程技术公司遂认为某投资公司虚构政府补贴文件及合同以骗取某环保工程技术公司相信其承诺的垃圾供应量与供应价格可以实现，诉至人民法院要求某投资公司赔偿经济损失 2.5 亿元。

（三）法院判决结果

本案经过二审判决，一审及二审法院均驳回了某环保工程技术公司诉讼请求 / 上诉请求，其裁判要旨如下：

关于某投资公司未能安排项目公司就垃圾处理价格及日供应垃圾保底量与政府签署合作协议问题，《股权转让合同》约定：出让方某投资公司承诺在签约前由目标公司依法签订合作协议，明确垃圾处理价格分别为 120 元 /t，日供应垃圾保底量为 1500t。但该条款并未约定出让方某投资公司应当向受让方某环保工程技术公司提交政府补贴文件，而是约定在《股权转让合同》签约前由项目公司依法签订合作合同。虽然某投资公司在签署《股权转让合同》前未履行该义务，但某环保工程技术公司仍签订了《股权转让合同》，接管了项目公司，在某环保工程技术公司作为大股东控制项目公司后，某投资公司实际已无法完成“由目标公司依法签订《合作协议》”的义务。

虽经查明，某投资公司提供的政府补贴文件或不一致，或不存在，但某环保工程技术公司据此要求某投资公司承担赔偿责任无事实和法律依据，因此驳回某环保工程技术公司诉请。

（四）裁判要旨总结

重大交易尽职调查非常重要，不注意尽职调查、不注重防范法律风险容易导致交易目的无法实现。

在上述案例中，收购方某环保工程技术公司在股权转让合同签署前未对相应垃圾发电项目是否具备同当地政府主管部门签署特许经营权协议的条件进行尽职调查，在签署的股权转让合同中未就该等事项作出针对性的安排，如作为交易先决条件或股转款支付条件，导致不能实现并购股权的目的。

因此，在公司并购中，收购方应当在交易前进行尽职调查，对拟收购的股权、资产、债务是否存在瑕疵等重大事项和重要政策信息进行核查。收购方应当注意到，收购方进行的尽职调查应当聘请专业的律师、会计师和技术团队审慎开展，否则一旦造成损失而合同亦无针对性处理，收购方就需自行承担风险。

二、类案索引

裁判要旨 1：受让人在交易前应当对光伏项目重要建设信息（如年利用小时数）进行核查，如受让人怠于核查相应重要信息仍受让拟收购企业股权的，应自行承担风险。

审理法院：陕西省高级人民法院

裁判时间：2018.09

基本案情：甲公司（出让方）与乙公司（受让方）签订《股权转让合同》，约定乙公司收购甲公司持有的项目公司股权进而持有项目公司名下的金太阳工程光伏项目。项目公司股权过户至乙公司名下后，乙公司发现相应金太阳工程的年平均上网发电小时数为 1749 万 kWh，远远低于甲公司在磋商时承诺的 2960 万 kWh 年发电小时数。乙公司诉至人民法院，要求甲公司赔偿损失。

法院观点：《股权转让合同》约定甲公司保证工程各项指标符合金太阳工程核准批复规定的标准，该文件的相关内容应当包括在合同之中，乙公司作为合同一方当事人理应对该文件进行查阅，而该批复中载明“年平均上网电量 2960 万 kWh，发电量由省电力公司统一调度。上网电价根据有关规定另行上报审批”，故乙公司对电站发电量需统一调度应属明知，即使其实际并未查阅，其应当自行承担相关不利后果。

裁判要旨 2：受让人在交易前应当对拟收购企业负债进行详尽调查。若受让人未妥善了解拟收购企业负债情况，且未在股转协议中约定存在未披露债务时的责任承担问题，受让人应自行承担相应风险。

审理法院：辽宁省高级人民法院

裁判时间：2018.05

基本案情：甲公司（出让方）与乙公司（受让方）签署《上海市产权交易合同》约定甲公司将其持有的项目公司 51%的股权转让给乙公司。乙公司依约支付部分股权转让款，甲公司和乙公司完成项目公司股权转让变更登记手续。双方就剩余股权转让款支付发生纠纷，乙公司认为相关股权转让所依据的《评估报告》中未对 17 241 140.70 元债务进行披露，应予扣减股权转让款。

法院观点：合同中并未约定如存在未披露债务如何承担责任的问题，加之乙公司在签订本次股权转让合同时已经持有项目公司 49% 股权的股东，其对公司负债情况应是知情的，故对其就上述债务应从尚欠股权转让款中扣减的主张不予支持。

裁判要旨 3：受让人在交易前应当对拟收购企业名下水电站用地合规性进行核查。若出让人未披露水电站用地存在涉及自然保护区等用地问题，受让人在交易前亦未对水电站用地进行审慎调查，应当由受让人自行承担相应交易风险。

审理法院：广东省韶关市中级人民法院

裁判时间：2019.05

基本案情：谢某、薛某（受让方）和刘某（出让方）签署股权转让协议，约定谢某、薛某向刘某收购其持有的项目公司全部股权进而收购其持有的某水电站。项目公司股权变更至谢某、薛某名下后，相应水电站所在地水务局在进行全省自然保护区小水电摸底调查时，确定该水电站位于国家级自然保护区缓冲区内，在省级自然保护区核心区内。谢某、薛某认为刘某未主动披露可能影响电站正常经营的重要信息，因此诉至法院要求解除合同并索赔。

法院观点：涉案合同涉及交易对价 1880 万元，受让方在签订合同时应尽审慎注意义务，其在进行案涉股权转让交易时应对拟交易水电站进行翔实的调查了解，或有针对性地就相关问题向出让方做询问，但本案中受让方却疏于调查了解或询问，由此亦应由受让方自行承担相应的交易风险。

三、风控指南

综合上述案例，可以看出在我国司法实践中，自地方法院至最高院，在股权并购纠纷中均倾向于认定“收购方负有审慎审查义务，未能全面履行该审查义务的，其应对其所做的商业决定自行承担相应的市场风险及法律后果”。

基于此种观点，在收购方未妥善进行尽职调查，并且相应交易协议中亦无针对性条款设计的情况下，人民法院往往不予支持收购方提出的诸如解除合同、付款条件不成就、索赔等诉讼请求。

为避免发生类似风险，建议收购方采取以下措施：

（1）收购方在进行股权并购前，应当组织专业人员或专业团队，针对拟收购企业的基本情况、拟收购企业名下新能源项目的具体情况，进行妥善的财务、法务、技术尽职调查，在参考尽职调查结果的基础上，审慎作出最终决策并设计交易方案。

（2）对于部分刚涉足新能源领域的投资者，建议在收购前考虑委托经验丰富的新能源领域的专业律师、会计师和技术团队，对项目公司的各项合规进行完整、彻底的梳理，并结合尽职调查结果在交易文件中设计有针对性的安排和调整，以最大程度规避交易风险。

03 陆上风电项目用地的“雷区”——陆上风电项目用地法律及政策简析

众所周知，风电项目开发建设中的土地开发涉及部门繁多，审批流程复杂，违规后果严重。笔者在近几年中先后承接几十起大型陆上风电和海上风电项目并购、融资或建设施工过程中的法律服务工作，在长期积累的风力发电项目法律实践成果的基础上，对陆上风电项目中的土地合规和风险防范作出总结归纳，形成本文，以期对陆上风电开发的相关企业有所裨益。

风电用地的开发具有用地面积大、占地性质复杂、手续办理难度大等特点，在实践中，项目用地建设层面可细分为风电机组用地、永久设施用地（管理区及升压站），同时还涉及送电线路用地及进场道路用地；在土地审批层面中涉林地、牧草地等多种土地类型及国有、集体两种不同的权属类别。就不同用地，其用地要求和审批手续均不相同，涉及税费亦有所差距。这些问题的梳理与掌握对切实规避风电项目土地风险至关重要。

一、风电场用地

就风电场用地而言，国家发展改革委和国土资源部早在2005年就出台了《风电场工程建设用地和环境保护管理暂行办法》(发改能源〔2005〕1511号)，对规划建设的风电场工程项目建设用地审批、环境保护等问题都作出了总体规定。后国家发展改革委、国土资源部等部门联合出台《关于支持新产业新业态发展促进大众创业万众创新用地的意见》(国土资规〔2015〕5号)，对于风电项目占地的不同情况作出了规定。2019年2月26日，国家林业和草原局发布《国家林业和草原局关于规范风电场项目建设使用林地的通知》(林资发〔2019〕17号)，进一步明确规定了风电场建设使用林地禁建区域、限制范围，强化对风电场道路建设和临时用地的管理。结合我国现行的土地、森林、草地相关的法律法规，相关规范性法律文件围绕着风电项目用地已经构成了一个完整的政策体系。

在适用相关规范性法律文件的过程中，笔者发现风电场用地的土地问题主要集中在集体土地租赁、国有土地租赁出让划拨、林地占用、草地占用、农用地占用等方面。

(一)集体土地租赁问题

国土资源部等六部委于2015年9月18日发布并生效的《关于支持新产业新业态发展促进大众创业万众创新用地的意见》(国土资规〔2015〕5号)第一点第(四)条:"采取差别化用地政策支持新业态发展。光伏、风力发电等项目使用戈壁、荒漠、荒草地等未利用土地的对不占压土地、不改变地表形态的用地部分，可按原地类认定，不改变土地用途……用地允许以租赁等方式取得，双方签订好补偿协议，用地报当地县级国土资源部门备案。"

因此，风电场占用集体未利用地时，可以通过同村集体签订租赁合同方式解决土地使用权问题。

在实践中经常出现的情况是投资人同村集体签署了租赁或补偿合同，但合同效力存在较大瑕疵，严重的甚至会对项目运营产生颠覆性风险，合同瑕疵主要体现为:

1. 项目用地权属不清晰

投资人在实际建设过程中，往往寻找当地政府作为中间人同村集体签署租赁合同，出于对政府的信任，未核实村集体对该块土地的权属证明，也忽视了前往国土部门查证权属的重要性。

在实践中，若该块土地权属不清或存在争议，投资人往往在后期运营中需付出巨额的沟通成本，甚至出现项目无法正常运营的风险。

2. 租赁土地过程中的村集体民主程序有瑕疵

在实践中，多数投资人意识到租赁村集体土地需要村集体完成相应民主程序，但对于该民主程序是否合法合规缺乏审查。笔者在实践中就曾遇到村民大会决议到会人数不足、少到多签、部分村民代表单独决定、多数村民不知情等情况。

在这种情况下，租赁合同将面临合同无效的风险。建议投资人补充完善相关民主程序。

根据《村民委员会组织法》(2018 年修正)第二十四条："涉及村民利益的下列事项，经村民会议讨论决定方可办理：……（八）以借贷、租赁或者其他方式处分村集体财产；（九）村民会议认为应当由村民会议讨论决定的涉及村民利益的其他事项。村民会议可以授权村民代表会议讨论决定前款规定的事项……"

投资人应当及时审查村民会议召开程序是否合法，若系村民代表会议决定的，该等代表会议是否已取得村民大会授权，参会的表决人数是否达到法律法规规定比例等。

3. 土地承包过程中村集体民主程序不合法

对于农村集体所有未利用地，通常指荒山、荒沟、荒丘、荒滩等"四荒"土地，根据《农村土地承包法》(2018 年修正)的规定，不宜采取家庭承包方式的荒山、荒沟、荒丘、荒滩等农村土地，可通过招标、拍卖、公开协商等方式承包，应当与村集体经济组织或者村民委员会签订《土地承包协议》。此种情形下投资人应当注意，以其他方式承包农村土地的，在同等条件下，本集体经济组织成员享有优先承包权。同时，将农村土地发包给本集体经济组织以外的单位或者个人承包，应当事先经本集体经济组织成员的村民会议三分之二以上成员或者三分之二以上村民代表的同意，并报乡（镇）人民政府批准。

4. 同集体签订租赁合同，但该块土地实际已发包到户

就集体土地而言，若该块土地已被他村民承包且该村民已完成登记备案手续取得承包权证，租赁合同或因侵犯第三人权益而无效。

根据《农村土地承包经营权流转管理办法》(农业部令第 47 号)第十一条："承包方与受让方达成流转意向后，以转包、出租、互换或者其他方式流转的，承包方应当及时向发包方备案”。

对于土地已发包的情况，投资人可在核实承包合同及承包权证后单独与该承包人签订土地租赁合同，并注意及时报发包方进行土地流转备案。

5. 土地租金发放

对于租赁方式取得土地使用权的，投资人基于便利考虑，往往将土地租金交付当地政府或相应村委会，未亲自发放至村民手中并取得收据。

在实践中，不能排除出现政府或村委会多拿少发，甚至干脆隐瞒相关租赁费收取等情况，在这些情况下，虽然投资人已完成了对价支付义务，但是村民未获得全额土地租金，因而投资人将面临出现村民群体性维权或阻工事件的风险。

（二）国有土地租赁、出让、划拨问题

根据未利用地的所有权权属不同，可分为国有未利用地和农村集体所有未利用地。对于国有未利用地，根据上文提及的《关于支持新产业新业态发展促进大众创业万众创新用地的意见》（国土资规〔2015〕5号），投资人可与当地国土资源局签订相关租赁协议。

若项目占用的土地并非国有未利用地，或者地方主管部门明确要求应当办理建设用地手续的，投资人应当就风电场用地向当地市、县人民政府土地主管部门提出国有建设用地申请，在完成项目选址、土地预审、土地征收（例如集体经营性建设用地以外的集体土地）等一系列手续后，若项目用地系出让的，投资人应当与市、县土地主管部门签订国有土地有偿使用合同；若项目用地系划拨的，应取得由市、县土地主管部门核发的国有土地划拨决定书；然后取得建设用地批准书，并及时申报不动产权证。

在实践中，就国有土地出让、划拨有以下方面需要提起注意：

1. 无偿划拨土地的转让、出租、抵押问题

若投资人以无偿划拨方式从当地政府取得土地使用权，根据《城镇国有土地使用权出让和转让暂行条例》第四十五条规定：“符合下列条件的，经市、县人民政府土地管理部门和房产管理部门批准，其划拨土地使用权和地上建筑物、其他附着物所有权可以转让、出租、抵押：……（二）领有国有土地使用证；（三）具有地上建筑物、其他附着物合法的产权证明；（四）依照本条例第二章的规定签订土地使用权出让合同，向当地市、县人民政府补交土地使用权出让金或者以转让、出租、抵押所获收益

抵交土地使用权出让金。转让、出租、抵押前款划拨土地使用权的，分别依照本条例第三章、第四章和第五章的规定办理。”

因此，若需要以划拨土地使用权及建筑物进行抵押融资，应当按照上述约定先补缴相关款项，该笔款项一般数额巨大，需要投资人特别注意。

2. 未批先建问题

鉴于风电项目建设工期较为紧张，为抢工期投资人往往会督促施工方及时施工，在未取得建设用地批准时，项目就已实际开工建设。从严格意义上看，该行为实际系非法利用土地，即便后期取得了权证，亦面临遭受行政处罚的风险。建议投资人尽量在取得相关批文后开始施工建设。

3. 手续及时申报问题

鉴于风电项目投资较大、专业程度要求高，投资人往往分别派多个团队先后跟进项目建设。在实践中常常出现前期开发人员完成前期开发后将相应工作简单交接，但后续建设及运维人员进场后忽视了土地权证办理，以至于在需办理不动产登记证时，出现了建设用地批准书已过期、相应竣工验收手续亦未办理的被动局面。

（三）林地占用问题

国务院机构改革后，在国家层面，国家林草局统一归口于自然资源部（原国土资源部）管理；在地方层面，部分地区的林业部门仍有独立的行政审批权限。目前，自然资源部核查的土地“三调”已经结束，但是大部分新能源项目取得的用地审批文件仍适用原有的土地“二调”结果及林地“一张图”，又由于原国土部门和原林业部门的认定标准不一，往往会出现虽然国土部门和林业部门认定用地类型不一致的情况。

因此，无论现场是否存在林木，投资人都应当前往林业部门核实该块土地性质是否被认定为林地，若该块地性质被认定为林地，应当注意以下要点：

1. 是否属于保护林地及审批问题

根据《建设项目使用林地审核审批管理办法（2016 修订）》，笔者理解，Ⅰ级、Ⅱ级、Ⅲ级保护林地不被允许用于风电项目建设，同时电力线性工程不得使用Ⅱ级保护林地中的有林地。

同时，根据该规定，建设项目占用林地，经林业主管部门（注：根据各地组织机构设置确定，部分地区实际变更为自然资源局，部分地区仍为林业局，下同）审核同意后，建设单位应当依照法律法规办理建设用地审批手续。

因此，投资人应当在施工前及时向林业主管部门申报办理建设用地审批手续，以规避被责令停止施工、恢复原状并被处以罚款等风险，具体而言，程序上应当满足：

（1）应当向县级以上人民政府林业主管部门提出用地申请，经审核同意后，按照国家规定的标准预交森林植被恢复费，领取使用林地审核同意书。用地单位凭使用林地审核同意书依法办理建设用地审批手续。

（2）占用或者征用防护林林地或者特种用途林林地面积 10 公顷以上的，用材林、经济林、薪炭林林地及其采伐迹地面积 35 公顷以上的，其他林地面积 70 公顷以上的，由国务院林业主管部门（现林草局）审核；占用或者征用林地面积低于上述规定数量的，由省、自治区、直辖市人民政府林业主管部门审核。占用或者征用重点林区的林地的，由国务院林业主管部门审核。

（3）需要采伐已经批准占用或者征用的林地上的林木时，应当向林地所在地的县级以上地方人民政府林业主管部门或者国务院林业主管部门申请林木采伐许可证。

2．林地补偿费问题

根据《森林法实施条例》（2018 修订），用地单位在办理建设用地审批手续前应当按照国家标准预交森林植被恢复费。

在实践中，部分森林主管部门自然资源局存在收取植被恢复费后告知鉴于该森林等级较低，无需办理审批手续的情况。提醒投资人注意，若该部门不配合办理审批手续，应至少取得该部门出具的书面说明并要求其提供法律依据，以免后期因领导更换、内部政策变动等情况导致项目因此遭受行政处罚。

（四）草地占用情况

在地域分布上，草地占用往往集中出现在新疆、内蒙古等区域。投资人在项目建设前应当前往当地草原主管部门核实风电场选址是否占用牧草地，若占用的，应注意以下事项：

1．办理建设用地审批手续

《草原法》（2013 修正）第三十八条载明："进行矿藏开采和工程建设，应当不占或者少占草原；确需征收、征用或者使用草原的，必须经省级以上人民政府草原行政主管部门（注：现林草局）审核同意后，依照有关土地管理的法律、行政法规办理建设用地审批手续。"

因此，若风电场占用草原，应当及时报省级以上主管部门审核，需要注意的是草原类土地的审核单位是省级以上主管部门，市、县级部门无权审核。

2. 草原植被恢复费及牧民安置费（如有）

《草原法》（2013 修正）第三十九条载明："因建设征收、征用集体所有的草原的，应当依照《土地管理法》的规定给予补偿；因建设使用国家所有的草原的，应当依照国务院有关规定对草原承包经营者给予补偿。因建设征收、征用或者使用草原的，应当交纳草原植被恢复费。"

提醒投资人注意，国有草原亦存在草原承包问题，该等草原存在承包关系的，需根据当地标准支付牧民安置费（补偿费）。投资人应取得相关牧民收取安置费的回执，以规避后期潜在的纠纷。

同样，在某些涉及草地占用的风电项目中，也存在部分主管部门收费后口头告知草场级别较低无需办理审批手续的情况，此时笔者仍建议投资人至少应取得该部门出具的书面说明并要求其提供法律或政策依据，以规避后期处罚风险。

（五）农用地的占用

《土地管理法》（2019 修正）第四十四条规定："建设占用土地，涉及农用地转为建设用地的，应当办理农用地转用审批手续。永久基本农田转为建设用地的，由国务院批准……在土地利用总体规划确定的城市和村庄、集镇建设用地规模范围外，将永久基本农田以外的农用地转为建设用地的，由国务院或者国务院授权的省、自治区、直辖市人民政府批准。"

因此，风电项目必须使用到农用地的，应当办理相应国有建设用地审批手续。投资人需要注意以下两点：

1. 基本农田不得侵占

《基本农田保护条例》（2011 修订）第十五条规定："基本农田保护区经依法划定后，任何单位和个人不得改变或者占用。国家能源、交通、水利、军事设施等重点建设项目选址确实无法避开基本农田保护区，需要占用基本农田，涉及农用地转用或者征收土地的，必须经国务院批准。"

根据《土地管理法》（2019 修正）及《基本农田保护条例》（2011 修订）的规定，应当注意到，国家对基本农田的保护极为严格，批准单位是国务院而非当地政府，稍有不慎侵占基本农田的将面临因非法占用农用地罪而被刑事追索的风险。

2. 农用地转用审批手续

根据前述《土地管理法》(2019 修正)的规定，建设占用土地，涉及农用地转为建设用地的，应当办理农用地转用审批手续。因此，若投资人未办理转用手续即擅自使用或建设，将面临限期拆除或没收建筑物并被处以行政罚款的风险。

(六)生态红线及其他生态保护区

根据 2018 年 6 月 16 日发布的《中共中央、国务院关于全面加强生态环境保护坚决打好污染防治攻坚战的意见》精神，国家严守生态红线，生态红线内范围是风电等新能源项目建设的重点避让区域。2017 年 5 月 27 日，原环境保护部(现生态环境部)出台《生态保护红线划定指南》，规定省级人民政府提交的生态红线划定方案报批稿需由环境保护部等有关部门报国务院审批后，由省级人民政府发布实施。2019 年 2 月 26 日，《国家林业和草原局关于规范风电场项目建设使用林地的通知》(林资发[2019]17 号)强调了对自然保护区、湿地、鸟类主要迁徙通道等生态敏感区域的保护，禁止在该等区域建设风电项目。在此基础上，2020 年起，安徽、陕西、山东、贵州等地相继出台"'三线一单'生态环境分区管控"的相关方案，进一步明确生态红线是生态环境的极重要区、极敏感区，属于禁止开发区域。因此，风电项目在初期选址时即应当综合国土部门、环保部门意见，严格筛查拟选址区域的生态红线及其他生态保护区，建设时注意避让，一旦触及该等区域，项目将面临颠覆性风险。

二、管理区及升压站用地

鉴于升压站和管理区均为永久性建筑物，应当办理建设用地审批手续，涉及林地、草地、农用地的，应办理相应手续，该等流程、要点与上文"风电场用地"部分所述无异，不再赘述。

电站建设过程中，就管理区和升压站土地问题，实践中常存在下列情况，需要予以注意：

1. 以租代征

"以租代征"即以租赁之名，行征地之实，违反法律强制性规定占用农民集体土地进行永久性建筑物建设的行为。

这种“以租代征”的行为属于“未经批准非法占用土地”的土地违法行为，将面临被土地行政主管部门要求限期拆除和罚款的风险，对于非法占用农用地，改变土地用途数量较大，造成农用地大量损坏的，甚至会涉及构成非法占用农用地罪。

2. 集体土地征收的审批权限问题

《土地管理法》(2019 修正)将“集体经营性建设用地入市”正式上升到立法层面，建设项目需使用集体经营性建设用地的，可以直接通过挂牌出让并与村集体签署出让合同（交县级自然资源局备案）的形式取得相应用地使用权。

因此，如升压站、管理区选址系集体经营性建设用地以外的集体土地，仍然应当先根据土地类型及用地面积报省级或国务院审批征地事宜，由县级以上政府组织实施征地手续，再由投资人通过国有土地出让或者划拨方式取得土地使用权。且由于各地对于“集体经营性建设用地入市”的操作办法和管理规定尚未完善，目前大部分投资人依然选择将集体经营性建设用地征收为国有用地的模式，以求稳妥。

在实践中，常常出现由当地政府、相应村集体、投资人三方签署一份以土地征收等为名的合同，以此确认投资人对该块土地的所有权的情况。该等合同违反法律明确规定，在司法实践中往往会被认定为无效，投资人将涉及非法利用土地，存在被责令整改和行政罚款的风险。

3. 升压站共用

此外，在某些大型的风电或风光基地，出现了一些新的用地形式，例如由多个项目单位以签署协议方式共用升压站，由共用企业分摊建设、维护费用。

此时，若升压站不属于投资人出资建设和管理，投资人虽然不会因升压站可能存在的违规用地遭受处罚，但如果升压站用地违规被勒令拆除或者整改，投资人的生产经营将会遭受影响，同时还应考虑风场运营期长达 20 年之久，如升压站的产权人在后期提高运维和使用价格，投资人将比较被动。因此，建议投资人在正式签署相关协议前，要求升压站的产权人出具正规的土地权证，同时注意在签署使用升压站相关协议时约定的期限应可以覆盖风电项目全部运营期。

三、送电线路用地

送电线路在项目实践中往往采用“高空挂线”或“地埋”两种方式。

就“高空挂线”方式而言，由于其输电铁塔等设施需要永久占地，根据《关于支持新产业新业态发展促进大众创业万众创新用地的意见》(国土资规〔2015〕5号)第一款四条的规定:“采取差别化用地政策支持新业态发展。光伏、风力发电等项目使用戈壁、荒漠、荒草地等未利用土地的……对项目永久性建筑用地部分,应依法按建设用地办理手续。对建设占用农用地的,所有用地部分均应按建设用地管理。”

因此,送电线路工程的输电铁塔等设施应依据有关法律规定办理相关建设用地转用和用地批准等手续。至于采取“地埋”方式送电的,通常风电场送电管线不在城镇范围内,一般情况不必考虑前往城镇管道主管部门办理相应手续。

但《民法典》第三百四十五条规定:“建设用地使用权可以在土地的地表、地上或者地下分别设立。”第三百四十六条规定:“设立建设用地使用权,应当符合节约资源、保护生态环境的要求,遵守法律、行政法规关于土地用途的规定,不得损害已经设立的用益物权。”因此采用“地埋”方式,针对管道埋设使用的用地应当办理相应建设用地或征求用益物权人意见的手续。

尽管实践中,土地主管部门往往对地埋的建设用地手续不作要求,但仍建议,如主管部门口头答复无需办理用地手续,投资人应尽量争取获得主管部门出具的证明公文。同时,投资人应当征得用益物权人(如有)书面同意。

四、进场道路用地

1. 政府、企业合作模式

该种情况主要出现在大型的风电基地,由当地政府修建道路,费用由园区内的企业按约定(如各自项目容量等)分担成本。一般来说,此种情况只需把握好相关协议的具体约定,内部风险评估通过即可。

除上述情况外,基于保护生态环境的考虑,部分政府鼓励进场道路建设采取与森林防火通道结合的方式。比如云南省《关于开展全省风电建设项目创新林地使用方式试点工作的意见》(云林联发〔2014〕47号)明确提出,进场道路在建设期间按临时用地处理,期满后,符合森林防火通道要求的,纳入当地森林防火发展规划,由当地县级以上人民政府按森林防火通道管理,并协调后续道路维护的具体事宜。

2. 与土地所有权人或用益物权人签订协议模式

该种情况主要出现在进场道路占用村集体土地时,此时一般由投资人与乡政府或村委会达成约定,由投资人出资修建道路,产权归于村集体,建成后由投资人免费使用或者租赁使用。

该种模式在实践中的主要问题体现在：

（1）土地属于村集体，但投资人只与当地政府签约，未与村集体签约。这样投资人通过当地政府协商的方式获取建设和通行权，并未直接与村集体签订合同，后期一旦政府换届，如村集体不认可该约定，可能存在较高的沟通成本。

（2）如果投资人与村委会签订的租赁合同未在村内履行必要的公告、民主程序，或者，投资人支付的租金被村委会留置或另做它用，如村民提出质疑，也将存在较大的风险。

建设单位应当考虑直接与村集体签订协议并及时取得村民出具的收据。

五、临时用地手续

临时用地主要适用于短期的设备运输道路、临时吊装平台及组件堆放。

《土地管理法》（2019 年修订）第五十七条规定："建设项目施工和地质勘查需要临时使用国有土地或者农民集体所有的土地的，由县级以上人民政府土地行政主管部门批准。……土地使用者应当根据土地权属，与有关土地行政主管部门或者农村集体经济组织、村民委员会签订临时使用土地合同，并按照合同的约定支付临时使用土地补偿费。

临时使用土地的使用者应当按照临时使用土地合同约定的用途使用土地，并不得修建永久性建筑物。

临时使用土地期限一般不超过两年。"

《森林法实施条例》（2018 年修订）第十七条规定："需要临时占用林地的，应当经县级以上人民政府林业主管部门批准。

临时占用林地的期限不得超过两年，并不得在临时占用的林地上修筑永久性建筑物；占用期满后，用地单位必须恢复林业生产条件。"

《草原法》第四十条规定："需要临时占用草原的，应当经县级以上地方人民政府草原行政主管部门审核同意。临时占用草原的期限不得超过两年，并不得在临时占用的草原上修建永久性建筑物、构筑物；占用期满，用地单位必须恢复草原植被并及时退还。"

综上，在陆上风电项目建设过程中，若需要临时使用土地以便工程施工的，应当向土地行政主管部门申请办理临时用地手续，涉及草地、林地的，应同时向相应主管部门报批，支付临时使用土地补偿费，以规避可能存在的被责令改正及行政罚款风险。

六、土地相关税费

除前述土地租金、草原植被恢复费、牧民安置费、林地补偿费等费用外，风电项目尚有以下土地相关的税费需要注意：

1. 耕地占用税

原《耕地占用税暂行条例》（2019 年 9 月 1 日起失效）第十四条规定："占用林地、牧草地、农田水利用地、养殖水面以及渔业水域滩涂等其他农用地建房或者从事非农业建设的，比照本条例的规定征收耕地占用税。"

2019 年 9 月 1 日生效的《耕地占用税法》第二条规定："在中华人民共和国境内占用耕地建设建筑物、构筑物或者从事非农业建设的单位和个人，为耕地占用税的纳税人，应当依照本法规定缴纳耕地占用税。

占用耕地建设农田水利设施的，不缴纳耕地占用税。

本法所称耕地，是指用于种植农作物的土地。"

参考《安徽省耕地占用税实施细则》（皖财税法〔2019〕969 号），其将征税税额按地域分为三等，由高到低分别为 37.5 元 / m^2，26.25 元 / m^2，18.75 元 / m^2。鉴于风电项目占地面积较大，若该项目实际占用耕地的，应当考虑在估算项目总投资时将耕地占用税纳入其中，以便精准地评估后期收益率。

2. 土地使用税

2019 年 3 月 2 日生效的《城镇土地使用税暂行条例》第二条载明："在城市、县城、建制镇、工矿区范围内使用土地的单位和个人，为城镇土地使用税（以下简称土地使用税）的纳税人，应当依照本条例的规定缴纳土地使用税。"

因此，若风电场用地涉及城市、县城、建制镇、工矿区，则应缴纳相应土地使用税。且依据该条例第四条："土地使用税每平方米年税额如下：（一）大城市 1.5 元至 30 元；（二）中等城市 1.2 元至 24 元；（三）小城市 0.9 元至 18 元；（四）县城、建制镇、工矿区 0.6 元至 12 元。"该税种的征收标准较高，提醒投资人注意相应成本问题。

同时，对于部分位于城镇范围之外的大型工业园区或风电基地，尽管与通常意义上的工矿区（即工商业比较发达，人口比较集中，符合国务院规定的建制镇标准，但尚未设立镇建制的大中型工矿企业所在地）有较大差别，但实践中有关部门仍将之认定为工矿区并要求缴纳土地使用税。因此，投资人在实际出资前应与地税部门核实相关土地税的征收标准。

七、实务建议

综上，投资人在投资和建设过程中，应谨慎审核风电机组用地、管理区及升压站用地、送电线路、进场道路的建设用地土地使用权获得程序、租赁集体用地土地、临时用地手续是否存在违规现象及潜在法律风险。同时亦应当在投资预算中考虑耕地占用税、土地使用税等税费缴纳问题，从而规避陆上风电项目建设中的法律风险。

04 收购光伏项目相关法律问题简析

近年来，我国光伏行业迅猛发展，中国早已成为全球光伏累计装机容量最大的国家。光伏行业作为重要的新能源行业之一，在“碳中和”时代将占重要席位，投资光伏行业必将迎来众多机遇与挑战。那么收购光伏电站又有哪些“合规”底线需要掌握？针对这一问题，本文将从土地合规、融资股权结构、过程质量以及竣工验收及并网发电材料几方面进行解读。

一、土地合规性审查

土地是我国最为重要的自然资源之一，我国土地政策交错复杂，非法用地法律后果严重，轻则没收违法所得或罚款，重则可能构成非法占用农用地等罪名，同时项目还面临被拆除的风险。因此，非法用地成为光伏电站项目需要重要防范的法律风险之一，投资人在收购时也需要注意土地符合国家相关法律法规和政策。在土地合规性审查方面，需要重点查明以下几个问题：

（一）明确土地性质，确认是否属于禁止或限制区域

根据土地性质分类，我国土地分为农用地、建设用地与未利用地，光伏发电项目用地应符合土地利用总体规划等相关规划。

《国土资源部、国务院扶贫办、国家能源局关于支持光伏扶贫和规范光伏发电产业用地的意见》（国土资规〔2017〕8 号）规定：“除本文件确定的光伏扶贫项目及利用农用地复合建设的光伏发电站项目（以下简称光伏复合项目）外，其他光伏发电站项目用地应严格执行国土资规〔2015〕5 号文件规定，[1] 使用未利用地的，光伏方阵用地部分可按原地类认定，不改变土地用途，用地允许以租赁等方式取得，双方签订补偿协议，报当地县级国土资源主管部门备案，其他用地部分应当办理建设用地审批手续；使用农用地的，所有用地均应当办理建设用地审批手续……”

结合《土地管理法》（2019 年修订）规定可知，我国对光伏项目用地的管控较为严格，原则上，占用农用地的光伏项目应就全部用地办理建设用地审批手续。但近年来，采用农光互补、渔光互补、林光互补等不同用地模式的复合型光伏电站逐渐成为光伏行业投资建设的热点，此类复合型光伏电站的特殊之处在于光伏电池板的架设并不直接改变土地性质，光伏方阵用地可以采用租赁方式取得。自国土资规〔2017〕8 号文发布以来，部分省市如山东、陕西、安徽、天津、浙江等先后出台光伏复合项目用地管理办法，允许光伏复合项目在保留原有用地性质的前提下使用除基

[1]《关于支持新产业新业态发展促进大众创业万众创新用地的意见》（国土资规〔2015〕5 号）规定：“光伏、风力发电等项目使用戈壁、荒漠、荒草地等未利用土地的，对不占压土地、不改变地表形态的用地部分，可按原地类认定，不改变土地用途，在年度土地变更调查时作出标注，用地允许以租赁等方式取得，双方签订好补偿协议，用地报当地县级国土资源部门备案；对项目永久性建筑用地部分，应依法按建设用地办理手续。对建设占用农用地的，所有用地部分均应按建设用地管理。”

本农田以外的农用地布设光伏方阵。对于此类建设项目，建议投资人在选址及确定项目红线范围前事先向当地国土部门充分沟通咨询，明确用地手续和建设标准，以及相应土地是否涉及如基本农田、基本草原、生态红线等禁止建设区域或限制建设区，避免项目产生颠覆性风险。

（二）项目用地权属获取方式及程序是否合规

光伏项目用地种类多样，而不同所有权土地的获取方式不同，例如农用地原则上不得直接出让，非永久性建筑用地可以按照原地类认定等。在收购光伏电站项目过程中，尤其需注意集体所有土地需经集体经济组织的表决程序，以保证项目用地流传程序的合法性。总之，在收购光伏电站项目时，投资人务必要查明项目用地的产权主体是否清晰、项目用地是否存在权属纠纷等，避免由于权属不明造成的合规风险。

（三）项目用地是否依法取得审批

从光伏项目管理体制上来看，涉及的部门包括自然资源部门、环保部门、水利部门等，政出多门，监管尺度不一。因此，投资人在收购光伏电站时，需高度重视该项目是否取得了所有相关行政部门的审批，缺少任一项审批都有可能导致违规用地风险。例如，2017 年 8 月 28 日，山东微山县人民政府发布环保督察报告，对南四湖省级自然保护区的 6 处光伏电站共计 298MW 进行了停电断网及拆除处理，其中某 100MW 光伏项目被认定为违法建设项目的理由就是其部分用地位于自然保护区缓冲区及实验区，但项目未取得自然保护区管理机构和环境保护行政主管部门同意。

由此可见，光伏项目政策性强，各地对项目具体用地手续及建设要求的规定不尽相同，因此建议投资人在收购前加强与有关部门的沟通协调，确认项目土地取得和使用合法合规，避免土地使用违规风险。

二、融资及股权结构

近年来，伴随国家的补贴政策退潮，平价光伏项目得到投资者的喜爱，由于平价光伏备案文件仍具有一定稀缺性，因此“买卖”平价光伏项目备案指标同样面临被认定为“路条买卖”的风险，平价光伏项目在取得备案文件之后并网发电之前变更投资主体、项目场址、建设规模等主要条件也应取得相关部门的批准。

在打击倒卖“路条”的监管方面，2013 年国家能源局发布《光伏电站项目管理暂行办法》(国能新能〔2013〕329 号)要求项目单位不得自行变更光伏电站备案文件的重要事项，包括项目投资主体、项目场址、建设规模等主要条件。2014 年国家能源局发布《关于进一步加强光伏电站建设与运行管理工作的通知》(国能新能〔2014〕445 号)进一步明令禁止买卖项目备案文件及相关权益，要求已办理备案的项目如果投资主体发生重大变化，应当重新备案。国家能源局关于规范光伏电站投资开发秩序的通知(国能新能〔2014〕477 号)规定，制止光伏电站投资开发中的投机行为。申请光伏电站项目备案的企业应以自己为主(作为控股方)投资开发为目的，能够按照规划和年度计划及时开展项目建设。对于不以自己为主投资开发为目的，而是以倒卖项目备案文件或非法转让牟取不当利益为目的的企业，各级能源主管部门应规定其在一定期限内不能作为投资主体开发光伏电站项目。在光伏电站前期工作中企业间正常的技术服务和商业合作应依法合规进行。出于正当理由进行项目合作开发和转让项目资产，不能将政府备案文件及相关权益有偿转让。已办理备案手续项目的投资主体在项目投产之前，未经备案机关同意，不得擅自将项目转让给其他投资主体。项目实施中，投资主体发生重大变化以及建设地点、建设内容等发生改变，应向项目备案机关提出申请，重新办理备案手续。2015 年，国家能源局再次下发了《国家能源局关于下达 2015 年光伏发电建设实施方案的通知》(国能新能〔2015〕73 号)，该通知再次要求未经备案机关同意，实施方案中的项目在投产之前，不得擅自变更投资主体和建设内容。

基于上述文件要求，建议投资人谨慎收购尚未并网投产的光伏电站，根据《民法典》相关规定，“路条”买卖行为可能被认定为违反法律、行政法规的强制性规定或违背公序良俗，一旦未来交易一方提起合同效力之诉，该合同很可能被法院认定为无效。因此，收购方需要谨慎论证交易方案的合法性和可行性，同时充分调查发现项目公司历史沿革中既存的投资人变更情况，以防由此导致的政府补贴丧失乃至项目投资失败等更大的法律风险。

此外，传统能源项目的融资方式主要有银行融资、融资租赁、资产证券化等，而在光伏领域较为特殊，其常用融资方式有融资租赁和信托融资，而此类融资方式相关的融资协议常会对光伏项目的收购兼并行为设定限制性条件。因此，在收购光伏电站时，需要注意光伏项目在初始融资时，相关协议中是否约定了项目公司的收购兼并行为应当提前取得投资方的书面同意。例如，如果融资租赁协议中约定了项目公司股权变更应当提前取得出租人的书面同意，否则出租方有权要求承租方承担违约责任或提前解除协议等，对于此类前期的协议约定，均需要拟收购电站的投资方根据该等条款触发时所产生的成本和效果等作出相关的交易设计和安排。

此外，项目原融资协议一般约定的担保方式包括公司股权质押、项目收费权质押、固定资产抵押、股东保证担保等。就该等事项，新投资方应当提前与相关各方就股权质押解除、保证担保置换等具体方式和流程协商一致。

三、工程质量及重要组件质量

光伏项目工程缺陷问题较为常见，而质量问题是重要的投资风险之一，所有的质量问题都有可能最终影响到发电量，最终影响未来投资收益乃至引起安全事故。

因此，在收购光伏电站时首先应当确保当前项目工程质量达标，不存在重要的资料缺失、设计缺陷、设备问题、系统效率、施工质量问题等，此外，还需重点关注相关总承包合同 / 施工承包合同是否约定了质量保证条款，查明质量保证的期限以及质量保证金的额度等。

此外，在光伏电站的建造中，组件成本占项目总造价的比重较大，重要组件的质量情况对于光伏电站发电量等的影响尤其重大，光伏系统运行周期长达 20 至 25 年，能够在合理运维成本下稳定安全地运行是项目成败的关键。但是，当前越来越多已建成的光伏电站正在面临组件质量问题引发的风险。因此，投资方在收购项目时，对于光伏项目的组件采购合同中的质量保证条款、组件功率衰减保证条款等应当予以重点关注，以及需要关注相关组件采购合同是否约定了在采购方全额支付货款之前，供应商保留设备所有权的相关条款，目前合同履约情况是否正常等问题开展调查，以减少日后可能发生的纠纷。

四、竣工验收及并网发电材料是否齐全

光伏电站项目建成后需要接入国家或地方电力网，因此，项目不仅需要符合光伏行业的政策，还需要符合国家对于电力行业的一般性监管要求，以及对光伏电站并网发电的特殊规定。

据此，若投资人拟收购已建成的光伏电站，在前期尽职调查的过程中，需要了解

确认项目是否已经正常竣工验收，是否在规定的期限内全容量并网发电并且获得电力业务许可证等。实践中并网验收文件主要包括建筑工程质量监督报告、电力质量监督报告、并网前安全性评价报告、并网前技术监督报告等。根据《电力许可证管理规定》（2005 年电监会 9 号令），申请电力业务许可证之前须取得项目备案文件、环评批复、发电设施具备发电能力的证明文件和竣工验收文件，与此相关的前置文件也是投资人在交易过程中需要格外注意的。

此外，项目并网时间与补贴电价密切相关。根据《关于加快推进可再生能源发电项目补贴项目清单审核工作的通知》（财办建〔2020〕70 号），光伏补贴项目（除分批次并网项目外）执行全容量并网时的上网电价，项目全容量并网时间由地方能源监管部门或电网企业认定；无法认定的，应按照补贴项目承诺的全容量并网时间、电力业务许可证明确的并网时间、并网调度协议明确的并网时间来确认全容量并网时间：三项时间一致的，按一致的时间享受对应电价政策；三项时间不一致但不影响电价政策的，按企业承诺的全容量并网时间享受对应电价政策；三项时间不一致且影响电价政策的，按其中的最后时点确认全容量并网时间，享受对应电价政策。因此，投资人也应当重点关注前述影响并网时间的文件的取得时间及载明内容，避免项目因不符合政策规定而无法取得补贴电价。

五、实务建议

土地合规、融资及股权架构、工程质量、竣工验收及并网发电材料合规是收购光伏项目的风险高发地，除此之外投资人还需关注项目指标是否存在瑕疵、是否获得预期的电价、当地电力市场交易情况如何、电力消纳是否存在障碍等问题。建议投资人在收购项目前对项目做技术、财务和法律等全方位的尽职调查，以合理规避交易风险。

第5章 《民法典》及其他风控理论篇

本章从法律规定及行业实务等宏观角度对新能源项目法律风控要点进行分析，旨在强调事前风险控制的重要性、必要性，并为相关企业提供企业治理、新能源项目开发、建设及运营相关的有效法律建议。

01 《民法典》"绿色原则"对能源企业的影响与思考

随着我国经济的高速发展，资源紧张、环境污染等问题日益突出，"环境保护"这一理念被提升至前所未有的高度，2020 年中央经济工作会议将"做好碳达峰、碳中和工作"作为 2021 年度 8 项重点任务之一。2021 年 1 月 1 日起施行的《中华人民共和国民法典》，亦是在立法层面通过诸多条款确立了体现环保要求的"绿色原则"，以回应环境、资源、生态问题等给社会发展带来的巨大挑战。

本文旨在探讨《民法典》生效后，"绿色原则"对能源企业发展提出的新要求、能源企业面临的新挑战，并对能源企业如何应对"绿色原则"提出有效的实务建议。

一、《民法典》“绿色原则”之确立

（一）总则编

《民法典》第九条规定：“民事主体从事民事活动，应当有利于节约资源、保护生态环境。”

本条是“绿色原则”在《民法典》中的纲领性体现，以立法的形式明确将环保要求作为民法的基本原则之一。早在民法总则中，我国已将“绿色原则”直接纳入立法规定[1]。此次《民法典》继续沿袭既往的原则性规定，进一步凸显出我国发展对资源节约与保护生态环境的迫切要求。

（二）合同编

1. 合同履行应“绿色”

《民法典》第五百零九条规定：“当事人应当按照约定全面履行自己的义务。

当事人应当遵循诚信原则，根据合同的性质、目的和交易习惯履行通知、协助、保密等义务。

当事人在履行合同过程中，应当避免浪费资源、污染环境和破坏生态。”

本条第三款与《民法典》第九条相辅相成，是《民法典》在合同编对当事人履行合同所提出的原则性规定之一，即规定了当事人履行合同时应尽的绿色附随义务。有观点认为，民法以保护当事人意思自治与私权利为基础，不应将“保护生态环境、节约资源”这一公共目标作为法定义务纳入限制私权的范畴[2]。但需注意的是，为实现经济、文明、生态的健康发展，“保护生态环境、节约资源”是对每一位公民的必然要求。并且，合同作为开展民商事交易的基本载体和重要手段，承担着贯彻和落实《民法典》“绿色原则”的重要角色。如不对民商事主体履行合同加以原则性的指导与约束，则无法真正将“绿色原则”扎根于社会土壤中生长。因此《民法典》合同编如此规定有其必要性和必需性。

---

[1] 《民法总则》第九条　民事主体从事民事活动，应当有利于节约资源、保护生态环境。

[2] 刘长兴 . 论绿色原则在民法典合同编的实现 .《法律科学》.2018 年第 6 期。

2. 附随义务应“绿色”

《民法典》第六百一十九条规定：“出卖人应当按照约定的包装方式交付标的物。对包装方式没有约定或者约定不明确，依据本法第五百一十条[1]的规定仍不能确定的，应当按照通用的方式包装；没有通用方式的，应当采取足以保护标的物且有利于节约资源、保护生态环境的包装方式。”

本条同样为《民法典》合同编的内容，主要是买卖合同交易中，对当事人在货物买卖中附随包装义务的“绿色要求”。本条规定在充分保护当事人意思自治的同时，也在当事人意思表示不明且无法确定的情形下，对合同履行的缺口进行了引导性填补，即要求当事人尽可能采取有利于环保的方式进行包装。虽然本条仅对买卖合同包装义务这一方面进行了补充规定，但同样能够体现《民法典》在商事活动各个方面对于保护环境、节约资源这一基本原则的贯彻和要求。

3. 后合同义务应“绿色”

《民法典》第五百五十八条规定：“债权债务终止后，当事人应当遵循诚信等原则，根据交易习惯履行通知、协助、保密、旧物回收等义务。”

《民法典》第六百二十五条规定：“依照法律、行政法规的规定或者按照当事人的约定，标的物在有效使用年限届满后应予回收的，出卖人负有自行或者委托第三人对标的物予以回收的义务。”

一般认为后合同义务，是指在合同终止后，当事人根据诚信原则而应当履行的旨在维护给付效果或者妥善处理合同终止事宜的通知、协助、保密等义务，上述第五百五十八条则为《民法典》新增的买卖合同中当事人在合同终止后的“旧物回收”义务。第六百二十五条则明确了在当事人有约定或法律法规有直接规定下的“旧物回收”义务适用前提。上述“旧物回收”义务是《民法典》的新增规定，未来在具体案件中的适用边界仍需要在司法实践中进一步厘清。

（三）物权编

《民法典》第二百九十四条规定：“不动产权利人不得违反国家规定弃置固体废物，排放大气污染物、水污染物、土壤污染物、噪声、光辐射、电磁辐射等有害

---

[1] 《民法典》第五百一十条　合同生效后，当事人就质量、价款或者报酬、履行地点等内容没有约定或者约定不明确的，可以协议补充；不能达成补充协议的，按照合同相关条款或者交易习惯确定。

物质。”

本条明确了不动产权利人的预防污染、环境保护的义务。能源企业应当在生产经营过程中尽可能减少污染，建议在相关产业投入运行前，做好相应测评工作，例如环境影响评价、噪声、辐射、电磁影响评价等，并重视合理、合法排污工作，以确保产业运营符合国家法律法规的要求。

（四）侵权责任编

《民法典》第一千二百二十九条规定:“因污染环境、破坏生态造成他人损害的，侵权人应当承担侵权责任。”

本条明确了污染环境、破坏生态的侵权人需对损害结果承担相应侵权责任。实践中，侵权责任承担形式主要包括赔偿生态环境受到损害至修复完成期间服务功能丧失导致的损失、生态环境功能永久性损害造成的损失、生态环境损害调查、鉴定评估等费用，清除污染、修复生态环境费用，防止损害的发生和扩大所支出的合理费用等。对能源企业来说，需要注意的是，如发生此类侵权行为，造成生态环境损害，应当采取措施尽可能防止损害结果扩大，若生态环境能够修复的，亦应及时自行或者委托他人进行修复，避免发生二次损害。

二、《民法典》“绿色原则”实务适用之分析思考

“绿色原则”在《民法典》中多为原则性规定，在司法审判实践中，如何解释并贯彻“绿色原则”仍有待厘清。鉴于《民法典》施行时间尚且较短，援引适用的案例数量有限，因此，笔者围绕前述《民法典》相关法条，以“可再生能源”“清洁能源”“环保”等为关键词进行检索，选取并分析了下列案例，以供能源企业参考。

1. 生态环境部通报案例：辽宁沈阳某新能源科技有限公司超标排污案件

2020 年 3 月 6 日，辽宁省沈阳市某生态环境分局执法人员对沈阳某能源公司进行现场检查，发现该公司存在利用雨水井直接排放水污染物的嫌疑。执法人员对该公司雨水井中的存水进行采样监测，结果显示 COD 浓度值超标 7.44 倍、氨氮浓度值超标 6.11 倍、总磷浓度值超标 0.4 倍、总氮浓度值超标 5.67 倍、氟化物浓度值超标 6.66 倍，证实该公司存在利用雨水井以逃避监管的方式直接排放水污染物的违法行为，且超标情况严重。

随后，该市某生态环境分局根据《中华人民共和国水污染防治法》等相关规定，责令该公司立即改正违法行为，并处罚款100万元。

2. 微山湖光伏电站拆除案件

2017年12月22日，山东省济宁市微山县人民政府作出《关于责令对山东南四湖省级自然保护区违规建设光伏项目限期整改的通知》等文件，要求于2017年12月底前拆除微山县内6处光伏电站，被要求拆除的6个光伏电站装机容量总计达298MW，总投资近20亿元。

此次拆除系因经济宁市南四湖自然保护区管理局摸底排查，认定该6个光伏电站项目位于南四湖省级自然保护区内。而根据国家法律法规及相关政策，光伏电站项目不能在自然保护区内建设。因此，上述6个光伏电站项目被判定为违规项目而被责令强制拆除。

3. 低氮锅炉燃烧超标排污案件

在河北某案件中，双方当事人为了保证在生产过程中氮气排放标准符合地方环保部门的要求，签订了《锅炉低氮改造协议》。后甲公司因改造后的低氮锅炉燃烧器不符合空气污染排放标准被处以罚款，甲公司诉至法院请求乙公司承担损失。

法院认为，甲公司锅炉低氮改造协议是为了保证在生产过程中氮气排放标准符合国家和地方标准，符合地方环保部门的要求，且双方签订的《锅炉低氮改造协议》对改造后锅炉氮气排放有明确约定。甲公司因燃气锅炉烟气排口氮氧化物浓度超标被该市生态环境局处以20万元罚款，该处罚是因乙公司改造的燃烧器不符合河北省空气污染排放标准，甲公司设备改造目的没有实现，因此，该损失应当由乙公司承担。

在上述案例中，对于违反环保要求的能源企业，国家相关行政部门均给予了罚款等不同程度的行政处罚，严重者，甚至被责令限期拆除、关停整改，严重影响企业的经营效益和稳定运营。可以看出，无论是在过去还是将来，环保红线、生态红线始终是社会经济健康发展的底线，企业应重视环保要求和“绿色原则”，切实防范环境风险，保障环境安全，注重环保合规。不可否认的是，《民法典》“绿色原则”更多的是原则性规定，实践中，在“绿色原则”法律适用问题上，援引其对当事人的行为进行肯定或者否定的评价，同样会受到相关司法、行政部门自由裁量权的因素影响，仍需要在大量实践案例中明确“绿色原则”的内涵与外延。

三、能源企业应对“绿色原则”之建议

1. 缔约、履约应贯彻“绿色原则”

在开展商事活动的过程中，能源企业在缔结合同时应当注意加强对合同条款的审查，在拟定相关条款时应当注意遵循上述《民法典》的“绿色原则”，避免合同条款因与“绿色原则”存在潜在冲突或违背“绿色原则”而引发争议，进而对后续交易的顺利开展造成不必要的负面影响。其中，若涉及特定标的物买卖的，如大型主设备（例如风机、光伏板、逆变器）等，双方应在起草谈判合同条款时，对标的物特定包装、未来旧物处置与回收等相关义务和要求加以考虑，秉持节约资源、保护生态环境的理念，尽量在各方面明确相关义务履行的标准，并在履约过程中自觉主动地遵守相应规范或约定。

2. 生产、研发应落实“绿色要求”

能源企业应当在商业活动中始终贯彻落实绿色发展的理念。在设计、研发、生产、制造、销售等各个环节中，应当采用对环境无害或者危害较少的绿色生产技术，使用符合特定环保要求、节能高效的设备设施，减少环境污染物和温室气体排放。对于无法避免的环境污染，应积极进行环境治理或生态修复，主动承担保护生态环境、维护社会生态文明建设的社会责任。

3. 经营、管理应注意“绿色合规”

能源企业在日常管理经营中，同样应当注意增强资源节约、环境保护的意识。近年来，环保执法越发严格，企业开发项目因触碰生态红线、违反环保要求等情形而遭受行政乃至刑事处罚的案例屡见不鲜。在此背景下，能源企业应注重建立绿色生产、绿色经营的环保合规制度，提升企业环保合规综合管理水平，加强对企业员工环保意识的提升，以尽可能避免合规风险。

四、实务建议

2021 年 1 月 19 日，最高人民法院印发《关于深入推进社会主义核心价值观融入裁判文书释法说理的指导意见》（法〔2021〕21 号），这是人民法院以公正裁判树立行为规则、引领社会风尚的重要举措。鉴于此，我们不难预想，在日后的司法实践

中，将会出现更多的能够呼应人民群众幸福生活迫切需求、顺应时代可持续发展要求的裁判说理，贯彻落实“绿色原则”同样是司法裁判所肩负的重任之一。能源企业同样应关注并及时响应《民法典》的“绿色号召”，实现“绿色生产”“绿色经营”，争做时代的“绿色标兵”。

02 《最高院新建设工程司法解释》重要修订新旧对比与解读

《最高人民法院关于审理建设工程施工合同纠纷案件适用法律问题的解释（一）》（法释［2020］25号）（以下简称“新解释”）于2020年12月29日正式公布，2021年1月1日生效。

本次新解释系配合《民法典》的实施，在三件旧司法解释的基础上进行了整理与部分修订。新解释生效后，伴随工程领域多年并具有较大影响的如下三件司法解释即告废止：

（1）《最高人民法院关于建设工程价款优先受偿权问题的批复》（法释［2002］16号，2002-06-27生效，以下简称“02年批复”）；

（2）《最高人民法院关于审理建设工程施工合同纠纷案件适用法律问题的解释》（法释［2004］14号，2005-01-01生效，以下简称“05年解释一”）；

（3）《最高人民法院关于审理建设工程施工合同纠纷案件适用法律问题的解释（二）》（法释［2018］20号，2019-02-01生效，以下简称“19年解释二”）。

新解释共计45条规定，除部分条款进行了重要修订外，其余条款未做重大变更，均在上述三件旧司法解释的基础上吸收合并而来，继续适用。

整体来看，经过整合修订后的新解释，在体系上更加模块化、系统化，在措辞上更加严谨化，与《民法典》的理念与措辞保持统一。在内容上，也作出了一些新的调整。本文拟对新解释的重要修订与三件旧解释比较的重大变化部分进行简要梳理与解读。

一、法条解读

1. 承包人优先受偿权期限由“6 个月”修改为“合理期限”+“最长不得超过 18 个月”

旧规定和新解释见表 5-1。

表 5-1 旧规定和新解释

旧规定	新解释
2002 年批复 第四条 建设工程承包人行使优先权的期限为六个月，自建设工程竣工之日或者建设工程合同约定的竣工之日起计算。 2019 年解释二 第二十二条 承包人行使建设工程价款优先受偿权的期限为六个月，自发包人应当给付建设工程价款之日起算	第四十一条 承包人应当在合理期限内行使建设工程价款优先受偿权，但最长不得超过十八个月，自发包人应当给付建设工程价款之日起算

解读：

本次新解释继续沿用了 2019 年解释二关于承包人优先受偿权期限起算点的规定，即“自发包人应当给付建设工程价款之日起算”，但对承包人优先受偿权期限进行了重大调整，由原来“6 个月”固定期间修改为“合理期限”并且同时规定“最长不得超过 18 个月”。

首先，承包人优先受偿权保护期并非绝对的 18 个月，此处的 18 个月仅仅是最长的期限，在个案中，即便承包人主张优先受偿权时仍在 18 个月最长期间内，但如果人民法院认定承包人能够或应当主张而未及时主张的，已经超出了人民法院认定的“合理期限”，此时可能存在不予以支持承包人主张优先受偿权的风险。其次，新解释未明确“合理期限”如何确定，这或给予了法官一定的自由裁量权。

因此，为避免产生权利消灭的潜在风险，笔者建议承包人应及时行权、积极行权，而不应消极等待或者拖延主张。

2. 明确承包人的优先受偿权优于抵押权和其他债权

旧规定和新解释见表 5-2。

表 5-2 旧规定和新解释

旧规定	新解释
2002 年批复 第一条 人民法院在审理房地产纠纷案件和办理执行案件中，应当依照《合同法》第二百八十六条的规定，认定建筑工程的承包人的优先受偿权优于抵押权和其他债权	**第三十六条** 承包人根据《民法典》第八百零七条规定享有的建设工程价款优先受偿权优于抵押权和其他债权。 **附：《民法典》第八百零七条** 发包人未按照约定支付价款的，承包人可以催告发包人在合理期限内支付价款。发包人逾期不支付的，除根据建设工程的性质不宜折价、拍卖外，承包人可以与发包人协议将该工程折价，也可以请求人民法院将该工程依法拍卖。建设工程的价款就该工程折价或者拍卖的价款优先受偿

解读：

本次新解释对批复第一条进行了吸收合并，对承包人优先受偿权的实现顺位进行了明确，建设工程折价或者拍卖的，承包人的优先受偿权先于抵押权和其他一般债权优先受偿。

3. 对承包人工程质量保证义务从严规定

旧规定和新解释见表 5-3。

表 5-3 旧规定和新解释

旧规定	新解释
2005 年解释一 第十一条 因承包人的过错造成建设工程质量不符合约定，承包人拒绝修理、返工或者改建，发包人请求减少支付工程价款的，应予支持	**第十二条** 因承包人的原因造成建设工程质量不符合约定，承包人拒绝修理、返工或者改建，发包人请求减少支付工程价款的，人民法院应予支持

解读：

在建设工程施工合同纠纷中，在承包人起诉索要工程价款时，发包人常见抗辩理由之一即工程质量不符合合同约定，承包人又拒绝或怠于整改，因此请求减少支付工程价款。此种情形下，承包人常见抗辩即为对工程存在质量问题不存在过错，可以免责，因此工程价款不应减少。

但本次新解释将“因承包人的过错造成建设工程质量不符合约定”修订为“因承包人的原因”，即在承包人无过错的情形下，其对工程质量也负有责任。此修订降低了发包人对主张工程存在质量问题的证明标准，同时警惕承包人应从严履行对工程质量的保证义务。

4. 放宽对实际施工人提起代位权之诉的要求

旧规定和新解释见表 5-4。

表 5-4　旧规定和新解释

旧规定	新解释
2019 年解释二 第二十五条 实际施工人根据《合同法》第七十三条规定，以转包人或者违法分包人怠于向发包人行使到期债权，对其造成损害为由，提起代位权诉讼的，人民法院应予支持	第四十四条 实际施工人依据《民法典》第五百三十五条规定，以转包人或者违法分包人怠于向发包人行使到期债权或者与该债权有关的从权利，影响其到期债权实现，提起代位权诉讼的，人民法院应予支持。 附：《民法典》第五百三十五条第一款 因债务人怠于行使其债权或者与该债权有关的从权利，影响债权人的到期债权实现的，债权人可以向人民法院请求以自己的名义代位行使债务人对相对人的权利，但是该权利专属于债务人自身的除外

解读：

（1）扩大代位权之诉的范围：新解释沿袭《民法典》表述，明确了实际施工人在两种情形下均可提起代位权之诉：一是转包人或者违法分包人“怠于向发包人行使到期债权”的情形；二是新增了转包人或者违法分包人怠于行使“与该债权有关的从权利”的情形，扩大了实际施工人可提起代位权之诉的范围。

（2）放宽实际施工人提起代位权之诉的要求：此前实际施工人在提起代位权之诉时，需证明转包人或违法分包人怠于行权的行为对其造成了损害且存在损害后果，证明标准较高，证明责任较重。

经修订后，新解释仅要求证明到“影响其债权实现”，降低了证明标准，减轻了实际施工人的证明责任，有利于实际施工人实现其债权。此修订应是承继 2005 年解释一、2019 年解释二，新解释保护实际施工人的倾向又一次得到体现。

5. 多份合同无效可参照实际履行 / 最后签订的合同折价补偿

旧规定和新解释见表 5-5。

表 5-5 旧规定和新解释

旧规定	新解释
2019 年解释二 第十一条 当事人就同一建设工程订立的数份建设工程施工合同均无效，但建设工程质量合格，一方当事人请求参照实际履行的合同结算建设工程价款的，人民法院应予支持。 实际履行的合同难以确定，当事人请求参照最后签订的合同结算建设工程价款的，人民法院应予支持	第二十四条 当事人就同一建设工程订立的数份建设工程施工合同均无效，但建设工程质量合格，一方当事人请求参照实际履行的合同关于工程价款的约定折价补偿承包人的，人民法院应予支持。 实际履行的合同难以确定，当事人请求参照最后签订的合同关于工程价款的约定折价补偿承包人的，人民法院应予支持

解读：

因合同无效情形下，承包人就已验收合格工程应获得的对价，并非有效合同约定的“工程价款”，因此从“结算工程价款”的表述修改为参照合同约定进行“折价补偿”，更符合《民法典》的措辞和内在逻辑。

多份合同均无效，折价补偿可参照实际履行的合同；实际履行的合同无法确定，折价补偿则可参照最后签订的合同。

需注意的是，《民法典》第七百九十三条第一款规定：“建设工程施工合同无效，但是建设工程经验收合格的，可以参照合同关于工程价款的约定折价补偿承包人。”根据《民法典》及结合新解释理解，参照合同约定“折价补偿”并非承包人获得工程对价的唯一方式，在一些特殊情形下（例如当事人自身不愿参照合同约定进行折价），可能需要通过司法鉴定等其他手段解决纠纷。

6. 装饰装修工程具备折价 / 拍卖条件，承包人即可主张优先受偿

旧规定和新解释见表 5-6。

表 5-6 旧规定和新解释

旧规定	新解释
2019 年解释二 第十八条 装饰装修工程的承包人，请求装饰装修工程价款就该装饰装修工程折价或者拍卖的价款优先受偿的，人民法院应予支持，但装饰装修工程的发包人不是该建筑物的所有权人的除外	第三十七条 装饰装修工程具备折价或者拍卖条件，装饰装修工程的承包人请求工程价款就该装饰装修工程折价或者拍卖的价款优先受偿的，人民法院应予支持（删除了但书部分）

解读：

新解释删除了原解释二中的但书部分“但装饰装修工程的发包人不是该建筑物的所有权人的除外”，因此在装饰装修工程领域，承包人优先受偿权的受偿前提不再以发包人是否为该建筑物的所有权人为判断标准。新解释明确，只要装饰装修工程具备折价或者拍卖条件，装饰装修承包人即可主张优先受偿权。

但新解释未明确如何认定“装饰装修工程具备折价或者拍卖条件”，留下一定自由裁量空间，有待司法实践明确判断标准。

7. 未约定工程欠款利息，分段适用贷款利率或市场报价利率（LPR）

旧规定和新解释见表 5-7。

表 5-7　旧规定和新解释

旧规定	新解释
2005 年解释一 第六条 当事人对垫资和垫资利息有约定，承包人请求按照约定返还垫资及其利息的，应予支持，但是约定的利息计算标准高于中国人民银行发布的同期同类贷款利率的部分除外。 当事人对垫资没有约定的，按照工程欠款处理。 当事人对垫资利息没有约定，承包人请求支付利息的，不予支持。	第二十五条 当事人对垫资和垫资利息有约定，承包人请求按照约定返还垫资及其利息的，人民法院应予支持，但是约定的利息计算标准高于垫资时的同类贷款利率或者一年期贷款市场报价利率的部分除外。 当事人对垫资没有约定的，按照工程欠款处理。 当事人对垫资利息没有约定，承包人请求支付利息的，人民法院不予支持。
2005 年解释一 第十七条 当事人对欠付工程价款利息计付标准有约定的，按照约定处理；没有约定的，按照中国人民银行发布的同期同类贷款利率计息	第二十六条 当事人对欠付工程价款利息计付标准有约定的，按照约定处理。没有约定的，按照同期同类贷款利率或者同期贷款市场报价利率计息

解读：

自 2019 年 8 月 20 日起，银行贷款利率取消，改由中国人民银行授权全国银行间同业拆借中心于每月 20 日公布贷款市场报价利率（LPR），新解释同步引入 LPR 计息标准。需注意的是，在具体案件中，对于当事人未约定情形下欠付工程款的利息，应注意以 2019 年为时间节点进行分段计算，适用不同的利率（银行贷款利率或市场报价利率）。

8. 新解释的适用范围

旧规定和新解释见表 5-8。

表 5-8 旧规定和新解释

旧规定	新解释
2002 年批复 第五条 五、本批复第一条至第三条自公布之日起施行，第四条自公布之日起六个月后施行。 2005 年解释一 第二十八条 本解释自 2005 年 1 月 1 日起施行。 施行后受理的第一审案件适用本解释。 施行前最高人民法院发布的司法解释与本解释相抵触的，以本解释为准。 2019 年解释二 第二十六条 本解释自 2019 年 2 月 1 日起施行。 本解释施行后尚未审结的一审、二审案件，适用本解释	第四十五条 本解释自 2021 年 1 月 1 日起施行

解读：

新司法解释虽未明确规定适用范围的问题，但结合此前的司法解释及《最高人民法院关于适用〈民法典〉时间效力的若干规定》（法释〔2020〕15 号）的规定，笔者理解，原则上尚未审结的一审、二审案件，应适用新解释；新解释施行前已经终审、施行后当事人申请再审或者按照审判监督程序决定再审的案件，则不适用新解释。

二、风控建议

综上，新解释在平衡发包人与承包人权利义务的基础上，更加倾向于保护稍处于弱势地位的承包人及实际施工人，但是就工程质量担责问题，新解释对承包人提出了更高的要求。因此建议发承包双方均应注意学习《民法典》及系列新解释，领悟重要规定及修订的立法理念，以便在合同履行过程中更好地维护自身权益。尤其注意以下几点：

（一）承包人主张优先受偿权的期间发生变化

承包人的优先受偿权优于抵押权和其他债权，但同时承包人应在合理期限内及时主张权利，不要超过 18 个月。

（二）装饰装修工程的承包人主张优先权的前提条件发生变化

只要装饰装修工程具备折价或者拍卖条件，装饰装修承包人即可主张优先受偿权，不再以发包人是否为该建筑物的所有权人为前提。

（三）承包人对工程质量不合格承担无过错责任

承包人无过错的情形下，其对工程质量也负有责任，承包人拒绝返修的，发包人有权请求减少工程价款。

（四）实际施工人代位权之诉条件更低、范围更广

实际施工人在转包人或者违法分包人“怠于向发包人行使到期债权”或怠于行使“与该债权有关的从权利”两种情形下均可提起代位权之诉；提起代位权之诉不再以对实际施工人造成实际损害为前提，满足“影响其到期债权实现”即可。

03 违约责任的约定与违约金的调整

违约条款作为合同的重要部分，由合同各方当事人自由协商确定，以确保合同如约履行。但在实践中，由于双方对违约金调整规则的认知不同导致各种争议。如何在合同中约定违约责任，如何明确违约金的计算方式，以及在合同条款中已经明确约定违约金数额时当实际违约发生后违约金是否可以调整？本文以某风电项目中钢材买卖合同纠纷为典型案例，旨在分析调整违约金的影响因素，尝试为能源企业在今后的商务往来中合理设计合同中违约条款以维护自身权益提供可行的建议。

一、典型案例［某贸易公司与某建筑公司合同纠纷再审案］

（一）当事人关系图

当事人关系图如图 5-1 所示。

图 5-1 当事人关系图

（二）案件基本事实

2018 年 2 月，某新能源公司作为发包人与承包人某建筑公司签订《建设工程施工合同》，约定由某建筑公司作为施工方承包建设“某风电项目”升压站、厂房、宿舍楼等配套附属设施项目。2018 年 3 月，承包人某建筑公司（作为乙方）与某贸易公司（作为甲方）签订一份《钢材购销合同》，约定由甲方向乙方提供该某风电项目建设所需要的所有钢材。关于钢材价格，双方约定“根据乙方需要和市场价格变动情况，每批供货的数量及价格以甲乙双方当日确认的数量和市场价格（含运杂费）为准，甲乙双方签字的物资调拨单是合同的组成部分”。

关于违约责任，双方约定“乙方在 90 天内按每吨钢材价格月息 3 分支付加价，超期每吨钢材由月息 3 分调整为每天每吨钢材按 6 元收取资金占用费，直到付清货款为止。”

在签订《钢材购销合同》后，从 2018 年 3 月起至 2019 年 1 月止，某贸易公司先后多次向某建筑公司提供钢材。2019 年 1 月底，经双方共同核实确认，使用钢材共计 2000t，总货款为 965 万元，双方在对账单上盖章确认。

2019 年 4 月至 6 月期间，某建筑公司账户先后向某贸易公司转账三笔款项，分别为 50 万元、50 万元、100 万元用于支付部分钢材货款及资金占用费，剩余货款及资金占用费未付。

（三）当事人主张

原告某贸易公司的诉讼请求如下：

（1）判决被告某建筑公司支付原告某贸易公司货款 843 万元；

（2）判决被告某建筑公司按照月息 3 分支付资金占用费 1784 万元。

一审、二审法院判决某建筑公司支付货款及按照月利率 2 分赔偿利息损失。

某建筑公司提出再审，理由如下：一审、二审法院按照月利率 2 分计算利息损失远远超过违约金不得高于损失的 30% 的法律规定，依法应以不超过某贸易公司银行贷款利息损失的 30% 判决违约金数额。一审、二审判决的资金占用费（违约金）太高，不符合法律规定，不符合民事活动的公平、合理原则，明显加重了再审申请人依法应承担的合同义务。

（四）争议焦点

法院认为本案的争议焦点为违约金是否过高及应如何确定违约金数额。

（五）法院判决

二审法院认为：关于资金占用费，根据合同关于违约责任的约定，可以看出是资金占用费分为两部分：一是收到货物后 90 天内未付款的加价款项；二是收到货物后 90 天后未付款的资金占用费。

对于第一部分加价款项，根据合同关于钢材价格的约定，每批供货的价格以双方当日确认的数量和市场价格（含运杂费）为准，双方签字的物资调拨单是合同的组成部分，而物资调拨单对每批次的钢材均注明了具体价格，故某贸易公司主张第一部分加价费系价格条款与合同约定不符，该资金占用费的约定并非价格约定，而是因占用资金产生的利息，一审法院根据当事人调低资金占用费的请求，参考民间借贷利率调整为月息 2 分并无不当。

对于第二部分资金占用费，系逾期付款应承担的责任，本质上属于违约金，根据《中华人民共和国合同法》第一百一十四条第一款规定（现更新为《民法典》第五百八十五条第一款），某贸易公司在某建筑公司逾期付款时主张资金占用费于法有据，应予支持。根据《中华人民共和国合同法》第一百一十四条第二款规定（现更新为《民法典》第五百八十五条第二款），违约金的高低取决于损失的大小，只有约定的违约金过分高于造成的损失的，当事人才可以请求人民法院予以适当减少。根据最高人民法院《关于适用〈中华人民共和国合同法〉若干问题的解释（二）》第二十九条第二款规定（现已废除），只有高于损失的 30% 时才能认定违约金过高。本案中，某贸易公司有证据证明且与本案有关的损失是因某建筑公司逾期付款而向银行贷款，承担了相应的银行贷款利息，即其损失是银行贷款利息损失，一审判决按民间借贷利率上限月息 2 分的标准支持资金占用费足以弥补其损失且惩戒了违约行为，如果按每天每吨钢材 6 元的标准支持资金占用费，根据某贸易公司提供的提货单可以看出，其钢材单价均在 4000 元 /t 左右，每吨钢材的资金占用费一年将高达 2000 余元，相当于日万分之十五，远超出其银行利息损失的 30%，故一审法院调低资金占用费至月息 2 分合法有据，某贸易公司主张按每天每吨钢材 6 元的标准支持资金占用费的上诉请求本院不予支持。

再审判决中最高院认为：人民法院在对违约金进行调整的过程中，不仅以实际损失为基础，还要兼顾合同的履行情况、当事人的过错程度以及预期利益等综合因素适当调整违约金数额，而非机械地将“适当减少违约金”数额理解为将违约金减少至实际损失的百分之一百三十。

本案《钢材购销合同》的履行过程中，某贸易公司按时按期履行了自己交付货物的合同义务，而某建筑公司作为支付货款一方在欠付货款高达九百余万元的情况下，仅支付了其中的两百万元，并未全面积极地履行己方合同义务。一审、二审法院认为“每天每吨 6 元的资金占用费”过高，将资金占用费下调，按照月息 2 分的标准支持，既弥补了某贸易公司的损失且惩戒了某建筑公司的违约行为。故一审、二审法院对违约金数额确定并无不当，予以维持。

二、法律分析

当事人对违约金的约定有两种明确的方式：一是直接约定固定金额的违约金，二是约定损失赔偿数额的计算方法。如何判断根据前述两种计算方式得出的违约金是否“过分高于”以及怎么调整，笔者在此梳理分析了以下相关法律规定。

已经失效的《最高人民法院关于适用〈中华人民共和国合同法〉若干问题的解释（二）》第 29 条第二款规定，当事人约定的违约金超过造成损失的百分之三十的，一般可以认定为合同法第一百一十四条第二款规定的“过分高于造成的损失”。该条规定采用的是法定因素加一般标准的模式，所谓法定因素就是规定法院在调整违约金时要考量的具体因素，包括实际损失、合同履行情况、当事人过错程度、预期利益等，而所谓的一般标准则是划定了高于实际损失的 30% 作为“过分高于”的判断标准。虽然该条规定尝试为认定违约金过高提供一个可量化的标准，但仍需以明确损失为前提，未涵盖损失难以确定的情形。不仅如此，随着 2020 年 12 月最高人民法院对该司法解释的废止，百分之三十的标准也不再适用，似乎使得违约金“天花板”的界线越发模糊。

2019 年 11 月《全国法院民商事审判工作会议纪要》(“九民纪要”) 中认为，不能以受法律保护的民间借贷利率上限作为判断违约金是否过高的标准，认定约定的违约金是否过高，主要是结合逾期付款行为给当事人造成的损失，并结合合同履行情况和违约恶意程度等情形综合考量。

《民法典》第五百八十五条规定，约定的违约金低于造成的损失或过分高于造成的损失的，当事人可以请求人民法院或仲裁机构予以适当增加或减少。该规定并未对违约金过高的认定标准及调整幅度进行量化规定，而是将其纳入法官自由裁量的范围。

2021 年 4 月 6 日《最高人民法院关于印发〈全国法院贯彻实施民法典工作会议纪要〉的通知》规定:“当事人请求人民法院增加违约金的，增加后的违约金数额以不超过《民法典》第五百八十四条规定的损失为限。增加违约金以后，当事人又请求对方赔偿损失的，人民法院不予支持。当事人请求人民法院减少违约金的，人民法院应当以《民法典》第五百八十四条规定的损失为基础，兼顾合同的履行情况、当事人的过错程度等综合因素，根据公平原则和诚信原则予以衡量，并作出裁判。约定的违约金超过根据《民法典》第五百八十四条规定确定的损失的百分之三十的，一般可以认定为《民法典》第五百八十五条第二款规定的‘过分高于造成的损失’。当事人主张约定的违约金过高请求予以适当减少的，应当承担举证责任；相对人主张违约金约定合理的，也应提供相应的证据。”

由以上规定和分析可以看出，虽然违约金数额以实际损失为基础可以调整，但也因法官自由裁量的程度增加了许多不确定性。

实践中，在债权人没有提供证据证明其因债务人迟延付款而造成损失的情况下，一般认定债权人损失主要是因债务人延迟付款造成的资金占用期间的利息损失。

例如笔者代理的某工程款纠纷案件中，合同中约定延迟履约违约金为日万分之五，最终法院认为约定违约金过分高于实际利息损失，判决违约方承担的违约金为日万分之二；又如某承揽合同纠纷案件中，对于案涉合同约定“每延迟交货一日，违约金为合同总额的千分之三，延迟超过 20 天后为合同总额的百分之三”，法院认定违约金过高，且违约方并不存在恶意违约，最终确定违约金应以合同总价款为基数，按照中国人民银行公布的贷款基准利率为基础，参照逾期罚息利率（上浮 50%）予以计算；再如某建设工程施工合同纠纷案件，案涉合同约定延迟支付合同款应以日千分之一的利率支付违约金。法院认为该案为欠付合同工程款而引起的诉讼，实际的经济损失为利息损失，最终法院参照审判时最新民间借贷司法解释对不同时段的逾期利息进行了计算。

对以上案例分析后，可以看到尽管双方在合同中以相对固定的方式约定违约金的目的就是简化举证责任，从而减少纠纷、提高效率。但完全的契约自由却将导致实质的不公正，导致双方当事人权利义务失衡，故法院依照当事人的请求，结合双方过错、合同履行情况对违约金数额进行了调整。但通过分析法院对于违约金调整幅度的说理部分不难发现，大多数判例对违约金调整理由部分是一笔带过，或是对原则、标准的简单列举，实则缺少详细的、量化的分析说明，违约金调整的适用前提和调整边界仍受法官自由裁量权的影响。

三、实务指南

尽管违约金的司法酌减仍属于法院自由裁量的范畴，但相关法律规定以及裁判案例仍然为企业合理设计违约责任条款、促使合同顺利履行、争取利益最大化以及降低诉讼成本提供了以下启发：

1. 在合同中明确违约责任，合理设计违约金计算方式

在实务中违约金的调整很大程度上不可避免地会受到法官自由裁量权的影响，但交易双方可以通过对违约金的性质、数额、利率、计算周期、违约情形等相关要素的详细协商约定，确保在违约情形出现的情况下，有明确清晰且在双方合意范围内的违约金计算模式。

一方面，交易双方在协商时应当重视对违约金的相关约定，经过设计以及交易双方讨论认可的违约金计算模式，不仅可以督促交易双方遵信守诺，提高交易效率、交易质量，同时也能在发生纠纷时，减少交易双方的推诿扯皮，在双方提前设计好的合意、合情、合理的补偿赔偿机制下，大幅度节约维权的时间及诉讼成本。

另一方面，违约金作为一种督促交易双方诚实守信，遏制违约行为随意发生的惩罚机制，其本质就是合同当事人相互之间认可的、对违约方的一种私力制裁，公权力以法律的形式对违约金的介入调整是为了保证市场的公平，既要保障受害方得到相应的补偿，也要保障违约方不受到其责任范围之外的惩罚。因此，交易双方在协商如何承担违约责任的过程中，也应当同样本着公平合理，诚实信用的原则，这样，既可以促进交易双方的相互信任，使得违约金制度可以作为意思自治的产物切实在市场交易中起到惩罚违约以及补偿损失的作用，维护诚实守信的市场交易原则，也可以在双方就执行支付违约金无法达成合意的情况下，以意思自治原则为依托，为法官调整违约金提供详细客观的参考。

2. 交易过程及时保留相关证据，诉讼时采取有针对性的诉讼策略

由于在实务中，就调整违约金案件的举证责任如何分配的问题，根据案情差异，法院可能会采取不同的处理措施。但总体来说，法院仲裁庭如认为确实需要调整违约金的，根据民诉法“谁主张谁举证”的原则，一般要求由主张违约金过高 / 过低的一方进行举证，如果根据案情判断，主张的一方举证确有困难或者无法举证的，再由另一方举证或者双方共同举证。

在此背景下，无论是举证方还是被举证方都存在承担证明责任的可能，且不仅是要就违约金的过高 / 过低进行举证，也可能需要就其主张的违约金额的合理性进行举证，这就要求交易双方以合意协商建构的违约金计算体系为基础，在交易的过程中及时保留相应的电子、文书、图片、影音资料证据，例如对方当事人在履行过程是否存在重大过错、己方或对方是否受有实际损失以及损失大小等证据，以备在可能发生的诉讼中配合有针对性的诉讼策略进行举证，充分说明主张调整的理由，最大程度保护己方的利益。

四、相关法条

1.《中华人民共和国民法典》(主席令第 45 号)

第五百八十四条 当事人一方不履行合同义务或者履行合同义务不符合约定，造成对方损失的，损失赔偿额应当相当于因违约所造成的损失，包括合同履行后可以获得的利益；但是，不得超过违约一方订立合同时预见到或者应当预见到的因违约可能造成的损失。

第五百八十五条 当事人可以约定一方违约时应当根据违约情况向对方支付一定数额的违约金，也可以约定因违约产生的损失赔偿额的计算方法。

约定的违约金低于造成的损失的，人民法院或者仲裁机构可以根据当事人的请求予以增加；约定的违约金过分高于造成的损失的，人民法院或者仲裁机构可以根据当事人的请求予以适当减少。

当事人就迟延履行约定违约金的，违约方支付违约金后，还应当履行债务。

2.《最高人民法院关于审理买卖合同纠纷案件适用法律问题的解释（2020 修正）》（法释［2020］17 号）

第十八条 买卖合同对付款期限作出的变更，不影响当事人关于逾期付款违约金的约定，但该违约金的起算点应当随之变更。

买卖合同约定逾期付款违约金，买受人以出卖人接受价款时未主张逾期付款违约金为由拒绝支付该违约金的，人民法院不予支持。

买卖合同约定逾期付款违约金，但对账单、还款协议等未涉及逾期付款责任，出卖人根据对账单、还款协议等主张欠款时请求买受人依约支付逾期付款违约金的，人民法院应予支持，但对账单、还款协议等明确载有本金及逾期付款利息数额或者已经变更买卖合同中关于本金、利息等约定内容的除外。

买卖合同没有约定逾期付款违约金或者该违约金的计算方法，出卖人以买受人违约为由主张赔偿逾期付款损失，违约行为发生在 2019 年 8 月 19 日之前的，人民法院可以中国人民银行同期同类人民币贷款基准利率为基础，参照逾期罚息利率标准计算；违约行为发生在 2019 年 8 月 20 日之后的，人民法院可以违约行为发生时中国人民银行授权全国银行间同业拆借中心公布的一年期贷款市场报价利率（LPR）标准为基础，加计 30%~50% 计算逾期付款损失。

第二十条 买卖合同因违约而解除后，守约方主张继续适用违约金条款的，人民法院应予支持；但约定的违约金过分高于造成的损失的，人民法院可以参照《民法典》第五百八十五条第二款的规定处理。

3.《最高人民法院关于审理商品房买卖合同纠纷案件适用法律若干问题的解释（2020 修正）》（法释［2020］17 号）

第十二条 当事人以约定的违约金过高为由请求减少的，应当以违约金超过造成的损失 30%为标准适当减少；当事人以约定的违约金低于造成的损失为由请求增加的，应当以违约造成的损失确定违约金数额。

4.《全国法院民商事审判工作会议纪要》（法［2019］254 号）

（笔者注：第 50 条）认定约定违约金是否过高，一般应当以《合同法》第一百一十三条规定的损失为基础进行判断，这里的损失包括合同履行后可以获得的利益。除借款合同外的双务合同，作为对价的价款或者报酬给付之债，并非借款合同项下的还款义务，不能以受法律保护的民间借贷利率上限作为判断违约金是否过高的标准，而应当兼顾合同履行情况、当事人过错程度以及预期利益等因素综合确定。主张违约金过高的违约方应当对违约金是否过高承担举证责任。

5.《最高人民法院关于印发〈全国法院贯彻实施民法典工作会议纪要〉的通知》（法［2021］94 号）

（笔者注：第 11 条）《民法典》第五百八十五条第二款规定的损失范围应当按照《民法典》第五百八十四条规定确定，包括合同履行后可以获得的利益，但不得超过违约一方订立合同时预见到或者应当预见到的因违约可能造成的损失。

当事人请求人民法院增加违约金的，增加后的违约金数额以不超过《民法典》第五百八十四条规定的损失为限。增加违约金以后，当事人又请求对方赔偿损失的，人民法院不予支持。

当事人请求人民法院减少违约金的，人民法院应当以《民法典》第五百八十四条规定的损失为基础，兼顾合同的履行情况、当事人的过错程度等综合因素，根据公平原则和诚信原则予以衡量，并作出裁判。约定的违约金超过根据《民法典》第五百八十四条规定确定的损失的百分之三十的，一般可以认定为《民法典》第五百八十五条第二款规定的“过分高于造成的损失”。当事人主张约定的违约金过高请求予以适当减少的，应当承担举证责任；相对人主张违约金约定合理的，也应提供相应的证据。

04 不可抗力对新能源项目建设的影响常见问题解析——以新冠肺炎疫情为视角

突如其来的新冠肺炎疫情（简称“疫情”）不可避免地对 2019 年已经掀起且正在进行的风电、光伏“抢装潮”产生了重大影响。新冠肺炎疫情造成大量新能源项目的工程竣工、并网投产日期延后等影响已成定局。根据现有政策，并网的延期对建设单位获得可再生能源电价补贴造成重大影响。本文就新能源企业关心的不可抗力事件导致的上述相关问题，以问答方式进行梳理，并分析“不可抗力”的法律定性和处理建议、对能源项目建设施工的影响、相关法律风险的防范措施和建议以供参考。

一、不可抗力的法律定性和处理建议

（一）本次新冠肺炎疫情在法律上是否属于不可抗力或情势变更？应当如何定性和处理？

鉴于，新冠肺炎疫情已被世界卫生组织评级为国际关注的突发公共卫生事件，且到目前为止虽然已经研制出疫苗但是还没有专门用于治疗新型冠状病毒感染的药物，笔者以与新能源项目最密切关联的建设工程施工合同为对象，通过以“疫情”“不可抗力”“情势变更”或“公平原则”为关键词，检索出案件权利义务处理与新冠肺炎疫情有较强关联性的案件共 42 起：其中，将疫情认定为不可抗力的判决有 17 起；否认疫情在个案中作为免责事由的判决有 14 起；综合案件事实，适用公平原则处理疫情影响的判决 7 起；未认定疫情性质但将疫情作为免责事由的判决 4 起（笔者注：检索时间为 2020 年 3 月）。

法院判决关于新冠肺炎疫情的法律性质定性如图 5-2 所示。

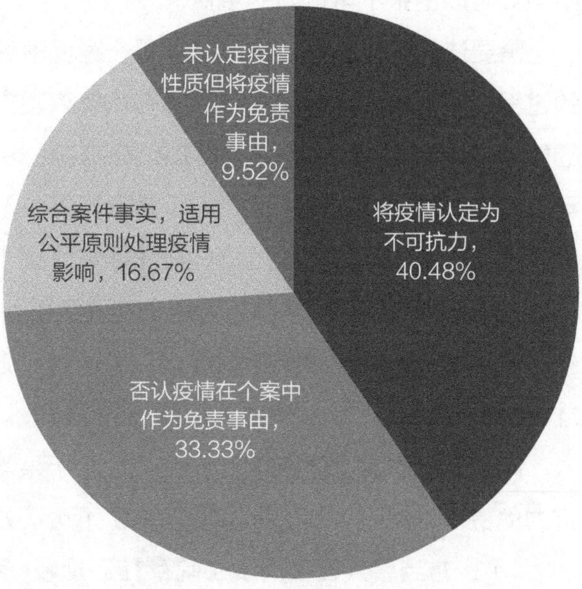

图 5-2 法院判决关于新冠肺炎疫情的法律性质定性

考虑《民法典》中进一步完善了情势变更制度（合同成立后，合同的基础条件发生了当事人在订立合同时无法预见的、不属于商业风险的重大变化，继续履行合同对于当事人一方明显不公平的，受不利影响的当事人可以与对方重新协商；在合理期限内协商不成的，当事人可以请求人民法院或者仲裁机构变更或者解除合同。人民法院或者仲裁机构应当结合案件的实际情况，根据公平原则变更或者解除合同。）该制度是对合同履行中公平原则的进一步体现，结合上述新冠肺炎疫情期间案例，笔者理解，本次疫情对新能源项目建设的影响存在被人民法院通过不可抗力或情势变更两种之一方式处理的可能。

（二）何为不可抗力？应该如何理解不可抗力的适用条件与法律后果？

按照《民法典》第一百八十条的规定，不可抗力系指不能预见、不能避免且不能克服的客观情况，合同当事人可基于不可抗力主张免除责任。[1]

1. 不可抗力的适用条件

从“新冠肺炎疫情”最初的爆发情况来看，疫情在客观上具备不能预见、不能避免且不能克服的特点，与不可抗力的规定一致。

但根据法律规定并参考人民法院判例，当事人是否可主张疫情构成合同履行的不可抗力，尚需结合合同的具体情况进行判断，即需满足以下条件：

（1）合同签订需在疫情发生之前。不可抗力的重要法理基础在于事件发生的不可预见性，如合同签署于疫情发生后，签约主体按照商业常识应当可以判断疫情对其交易的影响程度，此时，其不能主张不可抗力的免责；如合同主体在疫情发生前签署合同则其可以主张不可抗力的免责。

需要注意的是，疫情爆发并非是一蹴而就的，公众对疫情的知悉是一个循序渐进的过程，不宜过分苛责要求其具备在疫情爆发之初即具备辨识疫情严重性及商业风险的能力，笔者理解，可以考虑将国家卫健委发布 2020 年第 1 号公告的时间（2020 年 1 月 20 日，即将新型冠状病毒感染肺炎纳入乙类传染病，并采取甲类传染病的预防、控制措施）作为判断疫情构成法律意义上不可抗力的发生时间节点。

（2）疫情与合同不能如期履行之间存在因果关系。按照《民法典》第一百八十条、第五百九十条第一款的规定，疫情不可克服地导致合同不能如期履行的，当事人才可以主张免责。[2]

同时，在满足上述条件的前提下，对于某些特殊情况，法律作出了禁止主张不可抗力免责特殊规定，即下列情况构成了不可抗力的例外：

1）一方当事人在疫情发生前存在迟延履行的。《民法典》第五百九十条第二款规定：“……当事人迟延履行后发生不可抗力的，不免除其违约责任。”即当事人在疫

---

[1]《民法典》第一百八十条　因不可抗力不能履行民事义务的，不承担民事责任。法律另有规定的，依照其规定。不可抗力是不能预见、不能避免且不能克服的客观情况。

[2]《民法典》第五百九十条第一款　当事人一方因不可抗力不能履行合同的，根据不可抗力的影响，部分或者全部免除责任，但是法律另有规定的除外。因不可抗力不能履行合同的，应当及时通知对方，以减轻可能给对方造成的损失，并应当在合理期限内提供证明。

情发生前已经迟延履行的，不得以不可抗力为由要求免除该等迟延履行对应的违约责任。

2）当事人未尽通知义务导致损失扩大的。《民法典》第五百九十条第一款规定："……因不可抗力不能履行合同的，应当及时通知对方，以减轻可能给对方造成的损失，并应当在合理期限内提供证明。"即当事人在疫情发生时未能尽到妥善通知义务，导致对方损失扩大的，应当就未能尽到妥善通知义务给对方造成的损失承担赔偿责任。

此外，需要强调的是不可抗力作为我国法律规定的免责事由，其适用不以相应合同中存在不可抗力约定为必要条件，在受不可抗力影响一方充分举证的前提下，其可以直接依据法律的规定主张疫情构成不可抗力并主张免责。

2. 不可抗力的法律后果

疫情并非对任何的项目的建设施工均造成影响，如在个案中确实构成不可抗力，会直接导致合同义务不能履行。该等情况可细分为三种类型：合同全部不能履行、合同部分不能履行、合同不能如期履行，由此引申出不同的法律后果：合同的变更或解除；延期履行、部分履行与完全不履行。

同时，从《民法典》第五百九十条规定来看，适用不可抗力的法律后果是当事人可以主张部分或全部免除责任。即不可抗力并非可以一概免责，如损害发生除不可抗力因素外，还有其他原因的，则该过错方亦应当承担因其他原因导致的责任。

（三）何为情势变更？应该如何理解情势变更的适用条件与法律后果？

根据《民法典》第五百三十三条规定："合同成立后，合同的基础条件发生了当事人在订立合同时无法预见的、不属于商业风险的重大变化，继续履行合同对于当事人一方明显不公平的，受不利影响的当事人可以与对方重新协商；在合理期限内协商不成的，当事人可以请求人民法院或者仲裁机构变更或者解除合同。人民法院或者仲裁机构应当结合案件的实际情况，根据公平原则变更或者解除合同。"

1. 情势变更的适用条件

从前述条文可以看出，如适用情势变更，需满足以下条件：

（1）合同订立时的基础条件在合同订立后发生重大变化，且该等变化不具备被预见的可能，不属于商业风险。

（2）该等客观变化发生在合同成立以后，履行终止之前。

（3）因该等客观变化而使原合同的继续履行对当事人一方明显不公平。不同于不可抗力，不可抗力与情势变更虽均构成履行障碍，但程度不同，不可抗力已构成履行不能，而情势变更未达到履行不能的程度，仍属于可能履行，只是其继续履行极为困难并导致显失公平。

需要注意的是，在《关于正确适用〈中华人民共和国合同法〉若干问题的解释（二）服务党和国家的工作大局的通知》（法［2009］165号）中，最高院强调："对于上述解释条文……确需在个案中适用的，应当由高级人民法院审核。必要时应提请最高人民法院审核。"虽然目前相应司法解释已经失效，但前述通知依然有效，结合相关司法实践，笔者理解，人民法院对适用情势变更仍保留着较为严格的尺度。

2. 情势变更的法律后果

情势变更原则的目的在于排除因客观情况的变化而发生的不公平的结果，使合同在公平的基础上得到履行或解除合同。其法律后果为：

（1）协商，即一方当事人可以要求对方就合同的内容重新协商。

（2）诉请人民法院或仲裁机构变更或解除合同，变更合同在于使合同双方的权利义务趋于平衡，如增减给付、延期或分期履行等；解除合同即使合同关系自始消灭。

二、不可抗力对能源项目建设施工的影响

（一）建设工程施工合同中，承包人是否可以依据不可抗力主张免除工期延误的违约责任？法院有哪些常见的裁判观点？

建设工程施工合同的履行直接影响到新能源项目的建设进度，在疫情下，承包人、分包、供应商均不得擅自开工复工且该等企业的生产经营可能还会因疫情受到其他因素（如用工困难、资金链等）的干扰，显然，类似疫情的不可抗力将对项目建设的工期将产生重大影响。

因此，需讨论不可抗力是否可以作为工期延误的免责事由。

疫情发生后，政府采取推迟企业复工、要求企业员工自我隔离、人员流动控制等防疫措施，显然会对建设工程工期造成延误，而该等延误不能归责于承包人，因此承包人可以对工期延误主张免除违约责任（包括违约金等）/工期顺延。

但需要注意的是，如承包人不能举证证明疫情对工期延误存在影响或未按合同约

定履行工期顺延相关程序的，承包人的免责主张存在被法院否认的风险。

实践中人民法院基于不同案情有不同裁判观点，以下观点均值得关注：

1. 判例观点一：疫情属于不可抗力，属于工期延误免责事由

云南省曲靖市中级人民法院在 2020 年某新冠肺炎疫情引发的案件中认可了一审法院观点：“原告并无明确证据证实被告延误工期具体情况，且被告春节后没有及时复工，系疫情影响，属不可抗力……”并认为：“因受春节放假、新冠肺炎疫情影响，工期延误的原因亦不能单纯归咎于被告。原告所举证据不足以证明因被告的过错致其遭受相关损失以及各项损失的计算依据，应承担举证不能的法律后果。”

2. 判例观点二：依公平原则，结合疫情等因素综合认定工期延误应当免责

江苏省南京市中级人民法院在 2019 年审理一起“非典”引发争议的案件中认为：“甲公司主张工期迟延的主要原因是乙公司分包项目的施工单位延误工期、应由乙公司履行的事项迟延以及发生‘非典’。……2003 年上半年的‘非典’疫情系突发情况，对正常的生产、生活秩序确有不利影响，甲公司主张疫情是导致工期迟延的原因之一，予以采信。”

3. 判例观点三：在合同有类似“工期顺延需经确认，方可顺延工期”的约定下，承包人未按照合同约定提出顺延工期的要求并经确认，仍应承担工期延误的违约责任

山东省青岛市中级人民法院在 2014 年某“非典”引发纠纷案件中释明：“甲公司上诉称涉案工程逾期完工交付系因‘非典’的不可抗力和乙公司逾期支付工程款造成。本院认为，根据合同约定，工期顺延应当经乙公司的工程师确认，而甲公司未提交证据证实其曾提出过顺延工期的要求，因此其主张对于逾期完工不应承担责任，不予支持。”

4. 判例观点四：当事人不能举证证明疫情影响合同正常履行的，疫情在个案中不构成不可抗力，不能免责

河南省开封市中级人民法院 2010 年某“非典”引发纠纷案件中认为：“非典疫情并不是对所有合同的履行都有影响，如果不影响合同正常履行，‘非典’就不能被视为不可抗力。甲公司对其主张的三种情形的出现，是否造成在建工程必须全面停工、部分停工或不能以正常效率施工的情况，均未提交有效证据证明。另外，当事人一方因不可抗力不能履行合同的，应当及时通知对方，以减轻可能给对方造成的损失。甲公司未提交有效证据证明其履行了告知义务。对此，其应承担举证不能的后果。”

（二）建设工程施工合同中，EPC总包模式下，分包人受不可抗力影响不能对总包如期履约，以至于总包单位对发包人构成工期违约的，总包单位能否免责？

根据2020年1月《最高人民法院关于审理建设工程施工合同纠纷案件适用法律问题的解释（一）》第十三条规定，发包人直接指定分包人分包专业工程，造成建设工程质量缺陷，应当承担过错责任。承包人有过错的，也应当承担相应的过错责任。

因此，首先应审查分包人是否为发包人直接指定，如果系发包人直接指定，且总包单位不存在过错的，总包单位不对分包人的工期延误行为承担责任。但是，提醒特别注意，总包单位需有证据证明分包人为发包人所指定的，否则存在因举证不能而被迫承担违约责任的风险。

其次，对于不存在发包人指定分包人的情况。《建筑法》二十九条规定："建筑工程总承包单位可以将承包工程中的部分工程发包给具有相应资质条件的分包单位……建筑工程总承包单位按照总承包合同的约定对建设单位负责；分包单位按照分包合同的约定对总承包单位负责……"按照前述规定，基于合同相对性，即便分包人系因不可抗力违约的，总包单位亦须按照总包合同约定承担违约责任，此时总包单位能否主张免责需分情况讨论。

第一，总包合同存在明确且可适用的免责条款的，总包单位可免责。在不存在发包人指定分包人的情况下，需先审查发包人与总包单位的总包合同中是否有关于分包人受疫情影响不能对总包单位如期履约情况时总包单位免责的约定，有约定的从约定。

第二，如总包合同不存在相应免责条款，需考虑不可抗力影响总包合同及分包合同履行的范围或程度可能存在的差异：

（1）如不可抗力导致分包合同无法履约，因总包合同对分包合同依赖性较高导致总包合同也不能履行或被迫迟延履行的，比如分包人技术不存在可替代性的，此时总包单位可考虑主张不可抗力免责。

（2）如不可抗力导致分包合同无法履约，但是未导致总包合同无法履约的，例如，假设分包商为疫情高风险地区的企业，由于该区域"封城"导致交通受阻，施工队伍无法如期履行分包义务，在该情况下总包可以选择给予分包商一定的履约宽限期，但是如果疫情在宽限期内仍无法控制，而总包单位可以通过选择其他低风险地区分包商替代原分包商继续履约的，即总包单位存在可以恢复履行能力。

综上分析，总包单位以分包人遭受疫情为由主张自身免责的难度相对较大。

（三）建设工程施工合同中，不可抗力导致的财产损失、费用增加等应当如何在发包人与承包人之间分摊？

建设工程施工合同履行中因疫情原因出现的财产损失、费用增加，如新增疫情防护费用、建设工程停工期间的停工损失、停工期间必要管理人员费用及设备租赁费等，对于该等费用的承担，需根据实际情况进行讨论：

（1）如疫情对合同一方构成不可抗力，则可按照合同关于不可抗力项下损失承担约定调整财产损失、新增费用等的承担；如合同无相关约定的，根据法律规定或商业习惯处理。

1）合同约定优先。一份完整的建设工程施工合同，往往会对由于不可抗力造成的财产损失、费用增加的承担问题进行详细约定。

如《建设项目工程总承包合同（示范文本）》（GF—2020—0216）第 17.4 条约定："不可抗力导致的人员伤亡、财产损失、费用增加和（或）工期延误等后果，由合同当事人按以下原则承担：①永久工程，包括已运至施工现场的材料和工程设备的损害，以及因工程损害造成的第三人人员伤亡和财产损失由发包人承担；②承包人提供的施工设备的损坏由承包人承担；③发包人和承包人各自承担其人员伤亡及其他财产损失；④因不可抗力影响承包人履行合同约定的义务，已经引起或将引起工期延误的，应当顺延工期，由此导致承包人停工的费用损失由发包人和承包人合理分担，停工期间必须支付的现场必要的工人工资由发包人承担；⑤因不可抗力引起或将引起工期延误，发包人指示赶工的，由此增加的赶工费用由发包人承担；⑥承包人在停工期间按照工程师或发包人要求照管、清理和修复工程的费用由发包人承担。不可抗力引起的后果及造成的损失由合同当事人按照法律规定及合同约定各自承担。不可抗力发生前已完成的工程应当按照合同约定进行支付。"

而人民法院亦会基于尊重合同双方意思自治的角度按照合同约定对疫情导致的财产损失、新增费用等承担问题进行处理。

2）合同无约定的，则可根据法律、法规相关规定或交易习惯进行协商或诉讼。如施工合同未约定不可抗力导致的费用、损失的承担问题的，合同双方应根据法律法规的相关规定或交易习惯进行协商处理。

《建设工程工程量清单计价规范》(GB 50500—2013)第 9.10.1 条规定可供参考:“因不可抗力事件导致的费用，发、承包双方应按以下原则分别承担并调整工程价款:①工程本身的损害、因工程损害导致第三方人员伤亡和财产损失以及运至施工场地用于施工的材料和待安装的设备的损害，由发包人承担;②发包人、承包人人员伤亡由其所在单位负责，并承担相应费用;③承包人的施工机械设备损坏及停工损失，由承包人承担;④停工期间，承包人应发包人要求留在施工场地的必要的管理人员及保卫人员的费用由发包人承担;⑤工程所需清理、修复费用，由发包人承担。”需要注意的是，司法实践较多地认为前述规范不属于法律法规中的效力性强制性规定，因此在未征得另一方同意适用的情况下，该规范更多体现为参考价值。

如协商不成的，任何一方均可考虑根据实际情况决定是否通过诉讼/仲裁方式诉请适用公平原则进行调整处理。

在石家庄市裕华区法院 2006 年某案件中，对于非典疫情导致的停工损失，法院明确:“2003 年因非典停工属不可抗力，也是众所周知的事实，该部分停工损失 145 554.57 元由原审原、被告双方各自负担 72 777.29 元为宜。”

(2)如疫情未对承包人构成不可抗力，但疫情导致继续履约成本大幅上升的，继续履约对其中一方明显不公平，且根据施工合同的约定不能妥善解决该等问题，也不能就变更合同条款协商一致的，承包人可考虑通过诉请法院主张情势变更的规定进行处理。

北京铁路运输中院 2013 年某案件中，对于受非典疫情影响而增加的材料成本，法院便是综合各个因素通过公平原则予以处理:“钢材等原材料价格出现大幅度上涨，增加的钢材差价款 150 万元如何分担，双方持有异议。按照《无繁公路跨京广铁路、107 国道大桥工程补充协议》的约定，增加的钢材差价款由双方进行协商解决，可直至今日诉讼双方也未能协商一致……根据补充协议双方对钢材差价款进行协商处理的约定，参照河北省交通厅文件‘补贴材料差价、双方共担’为原则的规定，考虑建设方某政府未提供钢材等建筑材料，且是工程建成后的受益方，也考虑施工方某公司签订总价承包合同等因素，该院酌定钢材差价款由建设方某政府负担主要部分即 120 万元，由施工方某公司负担小部分即 30 万元较为合理。”

但考虑司法实践中情势变更从严适用，尤其是在约定了固定价格的合同中，人民法院更倾向于将履约成本增加定义为商业风险。如江苏高院在 2012 年某案件中认为，钢材价格涨幅超过 77% 且施工方反复论证按照该等价格工程已无利润可言的情况下，法院认为："根据《11 月 14 日合同》，合同造价包工包料，所有材料不执行任何信息价和任何定额取费，不受市场材料价格波动的影响，采取一次性包死的约定。从合同约定来看，对于材料价格的上涨，属于承包人自行承受的风险范围，不应当予以调整。因此，对于承包人要求增加钢材差价的上诉理由，不予支持。"

因此，在合同约定固定价格的情况下，建议承包人优先通过磋商谈判的方式与发包人协商解决。

（四）设备买卖合同中，卖方是否可以依据不可抗力免除逾期交货违约责任？法院有哪些裁判观点值得关注？

首先，设备安装系新能源项目建设中的主要工作，设备是否如期供应将直接影响新能源项目的建设进度。

项目建设单位通常会采取两种方式进行：第一种，总包负责施工、设备采购和安装；第二种，总包只负责施工不负责设备采购和安装，由建设单位自行采购设备。第一种方式中，设备交货及安装问题通常已在总承包合同中进行了约定处理，而第二种方式施工、设备采购与安装施工分开的模式中，则需进一步讨论设备买卖合同中发生的逾期交货问题对设备采购合同卖方履约的影响。

如疫情已不可克服地导致买卖合同项下设备不能按期交付的，卖方可以考虑以不可抗力为由主张免除买卖合同项下迟延交货的违约责任。

但卖方主张不可抗力并非没有限制条件，实践中人民法院存在以下裁判观点：

（1）不可抗力发生后，卖方需严格按照法律、合同约定履行必要通知义务，否则需承担相应过错责任。

佛山市中院在 2016 年某征地纠纷案件中认为："该征地行为属于不能预见、不能避免且不能克服的客观情况，属于合同法规定的不可抗力。但甲某并没有及时提前通知乙工厂，故其对此应承担相应的违约责任，即虽然发生不可抗力的情形，但不能全部免除其不能履行合同的责任。"

（2）卖方的延迟交付行为需与不可抗力间存在因果关系且卖方需承担相应证明责任。

山西省高级人民法院在 2017 年审理某非典纠纷案件中认为："本案中，甲公司并未举证证明通知乙公司不能履行合同，且'非典'期间并未封锁交通、限制货物交易，故对甲公司这一上诉理由，本院不予采信。"

因此，需要特别提示的是，本次疫情并未导致全国范围的交通封锁，如卖方并非因为本次疫情导致履约不能，而是在疫情发生前已存在延迟交货行为或其他原因导致违约的，则卖方不得基于不可抗力免责。

特别是，对于新能源项目中的风电、光伏设备而言，由于“抢装潮”导致风机、光伏设备订单激增，部分卖方因产能不足在疫情发生前实际已经存在延迟供货行为，卖方需对相关违约责任进行特别关注，本次疫情无法免除该等延迟交货的违约责任。

（五）疫情是否可作为解除新能源项目相关合同的事由？

如疫情符合已签署合同中的解除条款，则合同双方均有权按照合同约定解除相应合同。

在合同无约定的情况或合同约定未成就的前提下，而疫情在相应合同履行中构成不可抗力的，则可适用《民法典》第五百六十三条规定：“有下列情形之一的，当事人可以解除合同：（一）因不可抗力致使不能实现合同目的……”如疫情并非不可克服但因疫情原因导致一方履约显失公平的，则可适用情势变更原则解除合同。

为免疑义，如本次疫情导致合同订立时情况发生较大变更，包括但不限于一方对履约有重大意义的核心管理人员因治疗或隔离发生人事变更、关键材料无法采购、成本大幅上升而另一方坚持不同意变更合同价格等，以至于合同一方合同目的不能实现的，则合同目的不能实现一方在充分举证的情形下可诉请法院/仲裁机构解除相应合同。

需要注意的是，最高院于2020年4月至6月期间出台的三份《关于依法妥善审理涉新冠肺炎疫情民事案件若干问题的指导意见》均明确以保护交易为原则，要求相关法院加强调解工作，除疫情或疫情防控措施确实导致合同目的不能实现外，应尽量避免解除合同。且司法实践中法院/仲裁机构往往从严把握合同解除的条件，一方需妥善处理合同解除权实现的举证责任，否则将承担违约解除合同的责任，而该等举证存在较大难度，因此有意解除合同的一方应当优先通过协商方式进行合同解除工作。

（六）疫情导致能源项目配套外送线路工程工期延迟，项目无法如期并网，建设单位应如何处理？

2020年1月30日，国家能源局综合司印发《关于切实做好疫情防控电力保障服务和当前电力安全生产工作的通知》(国能综通安全〔2020〕6号),强调:“电力企业要及时修订施工作业方案,重新确定合理工期,严禁抢进度、赶工期!”

由于新能源项目配套外送线路工程原则上是由电网公司承建,在疫情背景下,国能综通安全〔2020〕6号必然对相应配套外送线路工程的建设进度产生重大影响,可能造成相应新能源项目的并网时间延迟。

新能源项目建设单位需特别关注该等并网时间延迟进而导致项目无法获得电价补贴的风险。建议项目建设单位与电网公司协商,尽快推进外送线路的建设和施工,如外送线路确实因疫情无法如期竣工,可与电网公司签署书面协议或形成会议纪要等方式约定能源项目完成竣工验收等程序并符合并网条件之日,即视为项目并网投产日,以确保项目电价不受影响。

三、不可抗力相关法律风险防范的措施和建议

(一)新能源项目的建设单位应采取何种措施规避法律风险?

基于上文的分析,建议新能源项目的建设单位在发生不可抗力后注意采取以下措施:

(1)建设单位应及时与施工企业、供货企业沟通不可抗力发生后合同履约事宜。

(2)建设单位应及时就相应建设工程施工合同履行、设备买卖合同履行同施工企业、供货企业进行沟通,了解施工企业、供货企业是否因不可抗力而暂时或长期难以履行相应合同。

1)如施工企业、供货企业因不可抗力而出现履约困难的,建设单位应针对性采取督促合同履行、合同解除等措施保证项目建设进度并要求施工企业、供货企业提供不可抗力对其产生实质性影响的证明文件。

2)如施工企业、供货企业未因不可抗力而遭受严重影响却恶意违约的,建设单位应考虑及时解除合同并提出相应索赔。

(3)建设单位应及时与当地主管电力公司沟通相应配套送出线路工程安排,并视情况决定是否与承包人变更建设工程施工合同范围,为后续项目及时并网做必要准备。同时,如外送线路确实无法如期竣工,可与电网公司签署书面协议或形成会议纪要等方式约定能源项目完成竣工验收等程序并符合并网条件之日,即视为项目并网投

产日，以确保项目电价不受影响。

（二）新能源项目的施工、供货企业应采取何种措施规避法律风险？

基于上文的分析，建议新能源项目的施工、供货企业应注意采取以下措施：

（1）施工、供货企业应当立即对企业正在履行中及将要履行的合同作及时梳理，以判断合同的履行受到不可抗力事件的影响程度和期限，例如能否克服困难按照合同约定按期竣工、供货等。

（2）施工、供货企业应对受到事件影响的合同，进一步审查合同中的“不可抗力”条款。

（3）施工、供货企业应履行必要的通知义务以减损对方损失，即按照法律规定和合同约定审慎履行通知义务（包括但不限于 EMS 邮寄、专人送达、邮件等方式）并妥善留存相应送达凭证。在司法实践中，如施工、供货企业未履行合同约定的程序向发包人发出通知、提供证明，则施工、供货企业存在被人民法院要求承担过错责任的可能。

（4）施工、供货企业需承担因不可归责于自身原因导致不能履约或履约困难的举证责任。对于政府部门有明文规定企业不能复工的期间，举证自无困难。但对于政府政策以外的其他因素导致施工、供货企业不能正常履约的，如现场不具备施工条件（村民封路）、主要材料因发生不可抗力无法采购、企业人手不足等，施工、供货企业需注意保留照片、视频等相应证据的固定和保留工作，以便后续出现举证不能的情况。

（5）在双方未对因不可抗力导致合同履约成本增加如何处理作出书面约定的情况下，施工、供货企业可以参考部委规章国家政策等规范性法律文件的有关规定、公平原则进行谈判和磋商。如合同双方就该等问题不能形成一致意见，施工、供货企业可考虑通过诉讼 / 申请仲裁的方式主张适用不可抗力或情势变更的规定进行处理。

（6）不可抗力事件发生后，施工、供货企业应积极采取措施减少损失的发生，如施工企业应当在此期间做好项目现场管理工作，合理管理人工和器械，以控制成本。

（7）施工、供货企业如认为事件导致施工合同目的不能实现而有意解除合同的，应考虑先通过协商方式解除合同并就合同解除后相应款项结算及违约责任等事宜同建设单位签署书面协议。如前文所述，事件并非在所有合同中均构成不可抗力，即使构成不可抗力也未必能满足法律规定的法定解除全部要件；因此如果在没有协商一致的情况下单方解除合同，一旦该解除行为被法院或仲裁认定为违法解除，则施工或供货企业将依法向对方承担违法解除的违约赔偿责任或同时被裁判继续履行合同义务，并且还将会影响已经履行的部分合同的工程款或款项结算工作。

（三）针对不可抗力导致项目并网逾期进而导致并网电价损失的风险，新能源项目建设单位、行业协会可向政府主管部门提出何种建议？

就新能源发电项目而言，项目电价是项目建设的核心因素，而一定的项目电价往往以项目并网时间满足政府主管部门要求作为前提条件。

如《关于完善风电上网电价政策的通知》（发改价格〔2019〕882 号）规定：“2018 年底之前核准的陆上风电项目，2020 年底前仍未完成并网的，国家不再补贴；2019 年 1 月 1 日至 2020 年底前核准的陆上风电项目，2021 年底前仍未完成并网的，国家不再补贴。”

又如《关于 2019 年风电、光伏发电项目建设有关事项的通知》（国能发新能〔2019〕49 号）附件 2 规定：“列入国家补贴范围的光伏发电项目，应在申报的预计投产时间所在的季度末之前全容量建成并网，逾期未建成并网的，每逾期一个季度并网，电价补贴降低 0.01 元 /kW · h。在申报投产所在季度后两个季度内仍未建成并网的，取消项目补贴资格。”

再如，根据《关于加快推进可再生能源发电项目补贴项目清单审核工作的通知》（财办建〔2020〕70 号）（“70 号文”），新能源项目（除分批次并网项目外）执行全容量并网时的上网电价，项目全容量并网时间由地方能源监管部门或电网企业认定；无法认定的，应按照补贴项目承诺的全容量并网时间、电力业务许可证明确的并网时间、并网调度协议明确的并网时间中最晚的时间确认全容量并网时间。70 号文的附件《可再生能源发电项目全容量并网时间认定办法》则规定，项目并网时间滞后于企业承诺时间且影响价格的，对延后 1 个月以内、3 个月以内、3 个月及以上的不同情况分别、逐级给予核减补贴直至移出补贴名单的处理。

不可抗力事件导致的供货企业、承包人延迟复工必然会推迟新能源项目的设备到货进度及工程竣工时间，出现新能源项目的并网投产时间被迫延后的后果，从而可能导致补贴项目电价降低。

同时，《关于切实做好疫情防控电力保障服务和当前电力安全生产工作的通知》（国能综通安全〔2020〕6号）规定："电力企业要及时修订施工作业方案，重新确定合理工期，严禁抢进度、赶工期！"

基于该文件，不难预测实践中可能出现由于电网公司原因导致新能源项目配套外送线路工程未能顺利建成进而导致新能源项目不能及时并网，从而导致项目电价降低的情况。

关于降低疫情影响，笔者建议新能源项目投资/建设单位、行业协会可向能源主管部门提出以下建议：

（1）由于本次疫情原因导致的并网投产延误问题不应归责于建设或投资等单位，基于公平角度，建议国家能源主管部门尽快出台相应政策，将新能源项目的并网截止日期相应顺延，顺延期间应综合考虑疫情持续时间、政府部门关于疫情下企业复工政策、施工过程中疫情防护需要等因素。

（2）建议国家能源主管部门明确电网公司承建的配套外送线路工程未能顺利建成进而导致新能源项目不能及时并网时，新能源项目建设单位免于承担相应逾期并网责任，项目电价不做降低处理。

四、实务建议

在2020年度新冠肺炎疫情对新能源项目的建设已经造成重大影响，当下疫情尚未得到完全控制，新能源项目的建设开发企业、施工企业、供货企业均应针对性地做好疫情下建设施工、合同履行的法律风险防控工作，共同保障合同履行及项目顺利推进。如新能源企业遭遇类似不可抗力事件，应注意做好相应的法律风控工作，以免遭受更大损失。

附录　新能源领域热点政策集锦

随着社会“节能减排”“绿色低碳”意识的不断加强，以光伏、风电为首的新能源逐渐被广泛应用于各大领域的诸多场景，有效推动了我国的能源结构转型。

扫一扫
新能源领域热点政策集锦

多年来，新能源市场在中国的蓬勃发展得益于法律、法规及政策的支持，其中，政策的市场敏感度较高，更新频率较快，对新能源项目的开展甚至收益都存在更为直接的影响。“双碳”背景下，能源相关企业要抓住发展机遇，更应系统了解新能源相关的核心政策。本书特别选取了行业内适用频率较高的部分热点政策，供读者了解、参考，欢迎扫码查看。